U0721628

老年人社会化网络
服务采纳及持续使用行为研究

刘 炜 著

吉林科学技术出版社

图书在版编目（CIP）数据

老年人社会化网络服务采纳及持续使用行为研究 /
刘炜著 . -- 长春：吉林科学技术出版社，2020.9
ISBN 978-7-5578-7552-7

Ⅰ . ①老… Ⅱ . ①刘… Ⅲ . ①老年人－网络服务－信
息服务业－研究 Ⅳ . ① C913.6 ② F490.6

中国版本图书馆 CIP 数据核字（2020）第 200252 号

老年人社会化网络服务采纳及持续使用行为研究

著　　者	刘　炜	
出 版 人	宛　霞	
责任编辑	汪雪君	
封面设计	薛一婷	
制　　版	长春美印图文设计有限公司	
开　　本	16	
字　　数	300 千字	
印　　张	13.5	
版　　次	2020 年 9 月第 1 版	
印　　次	2020 年 9 月第 1 次印刷	
出　　版	吉林科学技术出版社	
发　　行	吉林科学技术出版社	
地　　址	长春净月高新区福祉大路 5788 号出版大厦 A 座	
邮　　编	130118	
发行部电话 / 传真	0431—81629529　　81629530　　81629531	
	81629532　　81629533　　81629534	
储运部电话	0431—86059116	
编辑部电话	0431—81629520	
印　　刷	北京宝莲鸿图科技有限公司	
书　　号	ISBN 978-7-5578-7552-7	
定　　价	55.00 元	

版权所有　翻印必究　举报电话：0431—81629508

进入 21 世纪，随着工业化和城市化的发展，年轻人逐渐外流，社会及家庭结构发生了变化，家庭成员相互照顾的功能也随之降低，空巢及独居老人数量增加、年长者生活起居、赡养照护等问题日益严重。老龄社会的管理以及老年人的养老问题已经成为世界性的重要社会问题之一，关怀老人，改善老人生活成为全世界必须共同面对的问题。中国也已经全面进入老龄化社会，据预测，到 2050 年左右，中国的老年人口将会占全国总人口数的三分之一以上。

与此同时，21 世纪又是信息化时代，以基于互联网技术的各式各样网络信息服务正在快速地渗透到各行各业以及人们生活的各方面。基于移动互联网平台的各种 APP 以及基于社交网络的 QQ、微信和微博等各种网络应用服务，已经成为人们每天工作和交流必不可少的媒介和平台，B2B、O2O 等电子商务形式、在线旅游订票、微信挂号看病、滴滴打车以及智能穿戴设备等新技术、新服务已经成为人们生活中不可或缺的信息技术，彻底地改变了人们以往的生活方式，给我们的生活带来了极大的便利和快乐。尽管老年人的数量在不断增加，在人口构成中的比例也越来越高，但一直以来老年人群都被认为是远离信息技术的人群，他们在以互联网为代表的信息科技中所占的比例是微不足道的。在信息化浪潮中，老年群体的失落却是显而易见的。日常生活中，老年人不会使用自动取款机、不会使用 APP、不会使用即时通信工具、不会操作网络和电脑等科技产品的情况还十分常见。其实大多数老年人都了解信息技术和网络信息服务的好处和发展趋势，但是，随着年龄的增长，人们生理和认知方面的功能逐渐下降，使得老年人在使用信息技术和网络服务的时候会感到力不从心和孤立无助，极大地打击了他们使用这些网络信息服务的自信心，从而削弱了他们使用新科技的意愿。另一方面，研究还表明，在已经开始接触和使用信息技术和网络服务的老年人群中，他们使用网络信息产品的频率和沉浸度远远不及年轻的群体。

同时，在信息技术高速发展以及网络应用服务高度普及的今天，面向老年人群的信息服务平台却不尽如人意，老年人群信息技术采纳的意愿和行为都还相当的低。科技进步和服务现代化并未给老龄社会的管理和老年人群的关爱带来应用发福利，问题根源在哪呢？当我们国家步入老龄社会，整个社会还未适应也未做好应对之策。人口老龄化进程中的一些发展动向给网络技术以及信息服务的进一步发展带来了一系列的新问题和新挑战。人口老龄化进程中,老年人最为关心的养老和社会保障问题、低龄老人的就业问题、老年人认知和参与社会的问题以及老年人闲暇生活的寄托问题等,这些问题都还未能在网络环境下得到充分的展示,这就造成网络应用服务偏离老年人的生活和精神需求,即便有,形式也过于单调,未能充分考虑到老年人群的认知和生理特征,也使众多老人用户深感不满意。老年人的身心特点、生活需求、经济状况与文化水平等向网络应用服务的内容及服务方式提出了一系列的要求。人口老龄化的迅速扩展迫切需要网络应用服务改善服务内容与服务方式,以适应老年人的各项信息需求。

在信息技术渗透到人们生活学习各领域的时代,如果老年人不能跟上社会信息化的步伐,那么他们必将脱离社会,影响他们的生活。因此,在信息化时代,如何通过信息技术的使用和具备相关的技能,协助老年人群达到具有生产力的老化,成为降低社会养老成本,促进老年人群实现自我价值,这对于处于老年化社会的中国来说是不容忽视亟待各界共同面对和关心的议题。

本研究从老年人的生理和心理层面着手,分析了社会化网络环境下,老年人的信息需求以及行为特征,通过大量文献分析,在经典的信息技术采纳模型基础上构建老年人社会化网络服务初次采纳及持续使用模型,采用实证研究的方法,通过深入访谈和问卷调查,分析和探讨老年人社会化网络服务初次采纳和持续使用的行为特征和影响因素;通过比较中英两国老年人社会化网络服务初次采纳和持续使用行为的差别,更加深入了解老年人社会化网络服务初次采纳和持续使用行为的特征。

目 录

1 绪论

　　本研究从老年人的生理和心理层面着手,分析了社会化网络环境下,老年人的信息需求以及行为特征。通过大量文献分析,在经典的信息技术采纳模型基础上构建老年人社会化网络服务初次采纳及持续使用模型,采用实证研究的方法,通过深入访谈和问卷调查,分析和探讨老年人社会化网络服务初次采纳和持续使用的行为特征和影响因素;通过比较中英两国老年人社会化网络服务初次采纳和持续使用行为的差别,更加深入了解老年人社会化网络服务初次采纳和持续使用行为的特征。本章节将介绍本研究报告的研究背景、研究问题、研究方法等。

1.1　研究背景

（一）老年人群在社会信息化进程中的缺失

　　进入21世纪,随着工业化和城市化的发展,年轻人逐渐外流,社会及家庭结构发生了变化,家庭成员相互照顾的功能也随之降低,空巢及独居老人数量增加、年长者生活起居、赡养照护等问题日益严重。老龄社会的管理以及老年人的养老问题已经成为世界性的重要社会问题之一,关怀老人、改善老人生活成为全世界必须共同面对的问题。中国也已经全面进入老龄化社会,据预测,到2050年左右,中国的老年人将会占全国总人口数的三分之一以上。

　　与此同时,21世纪又是信息化时代,基于互联网技术的各式各样网络信息服务正在快速地渗透到各行各业以及人们生活的各方面。基于移动互联网平台的各种APP以及基于社交网络的QQ、微信和微博等各种网络应用服务,已经成为人们每天工作和交流必不可少的媒介和平台,B2B、O2O等电子商务形式、在线旅游订票、微信挂号看病、滴滴打车以及智能穿戴设备等新技术、新服务已经成为人们生活中不可或缺的信息技术,彻底地改变了人们以往的生活方式,给我们的生活带来了极大的便利和快乐。尽管老年人的数量在不断增加,在人口构成中的比例也越来越高,但一直以来老年人群都被认为是远离信息技术的人群,他们在以互联网为代表的信息科技中所占的比例是微不足道的。在信息化浪潮中,老年群体的失落却是显而易见的。日常生活中,老年人不会使用自动取款机、不会使用APP、不会使用即时通信工具、不会操作网络和电脑等常用科技产品的情况还十分常见。其实大多数老年人都了解信息技术和网络信息服务的好处和发展趋势,但是,随着年龄的增长,人们生理和认知方面的功能逐渐下降,使得老年人在使用信息技术和网络服务的时候会感到力不从心和孤立无助，极大地打击了他们使用这些网络信息服务的自信心，从而削弱了他们使用新科技的意愿。另一方面，研究还表明，在已经开始接触和使用信息技术和网络服务的老年人群中，他们使用网络信息产品的频率和沉浸度远远不及年轻的群体。

同时，在信息技术高速发展以及网络应用服务高度普及的今天，面向老年人群的信息服务平台却不尽如人意，老年人群信息技术采纳的意愿和行为都还相当的低。科技进步和服务现代化并未给老龄社会的管理和老年人群的关爱带来应用发福利，问题根源在哪呢？当我们国家步入老龄社会，整个社会还未适应也未做好应对之策。人口老龄化进程中的一些发展动向给网络技术以及信息服务的进一步发展带来了一系列的新问题和新挑战。人口老龄化进程中，老年人最为关心的养老和社会保障问题、低龄老人的就业问题、老年人认知和参与社会的问题以及老年人闲暇生活的寄托问题等。这些问题都还未能在网络环境下得到充分的展示，这就造成网络应用服务偏离老年人的生活和精神需求，即便有，形式也过于单调，未能充分考虑到老年人群的认知和生理特征，也使众多老人用户深感不满意。老年人的身心特点、生活需求、经济状况与文化水平等向网络应用服务的内容及服务方式提出了一系列的要求。人口老龄化的迅速扩展迫切需要网络应用服务改善服务内容与服务方式，以适应老年人的各项信息需求。

在信息技术渗透到人们生活学习各领域的时代，如果老年人不能跟上社会信息化的步伐，那么他们必将脱离社会，影响他们的生活。因此，在信息化时代，如何通过信息技术的使用和具备相关的技能，协助老年人群达到具有生产力的老化？成为降低社会养老成本，促进老年人群实现自我价值，这对于处于老年化社会的中国来说是不容忽视亟待各界共同面对和关心的议题。

（二）社会化网络服务在老龄社会中的作用

社会化网络服务是基于 Web2.0 技术的全新网络信息服务形态，这种以社交媒体平台和即时通信工具为主要形式的网络服务不断的渗入到人们沟通交流和日常生活的各个方面。近年来，国内外很多学术研究和政府报告都表明社会化网络服务能给老年人提供各种服务和信息，以此来满足老年人群的日常生活需求，可以扩展老年人的社会交往圈，以此满足老年人与家人和社会群体沟通交流的需求，为老年人更好地融入家庭和社会提供一个数字化的环境。

很多实证研究结果也表明，退休以后的老年人在网络信息和交流方面有着更强烈的需求，而老年人最基本的需求就是获取信息和保持社会联系。社会化网络服务正好迎合了老年人的这种需求。老年人可以通过社会化网络服务及时获取各种社会信息，与子女对社会信息的接收保持同步，相互之间可以找到更多的共同话题，也可以让自己的心态保持年轻，跟上时代的步伐。对于身体运动机能下降、行动不便的老年人群来说，社会化网络服务可以改善和提高他们的功能性的自理能力，比如，他们可以在线购物、缴费以及获取专业信息和咨询服务。合适的辅助设备也能帮助老年人群更好地通过社会化网络服务改善自己的生活,比如,智能穿戴设备可以与即时通讯服务连接,实时的监控和传递老年人的健康状态信息。

与此同时,随着越来越多有文化、熟悉或过往工作中接触过信息技术的中年人开始迈入老年人队伍,老年人群中使用信息技术人群的比例也势必不断地增加。虽然目前中国老年网民在总体网民数量中所占比重还相对较小,但数量正逐年增加,中国互联网络信息中心于 2018 年 1 月发布了第 33 次中国互联网络发展状况统计报告,其数据显示,虽然老年人使用网络信息技术的比例相对较低,但所占的比例在逐年增加。这些数据表明,以互联网和智能手机为基础的社会化网络服务已经真实地走进老年人群的生活。

老年人群的增加所带来的社会问题是显而易见的,养老服务、医疗服务、卫生保健等社会资源分配不均衡以及养老成本不断攀升的问题都将日益凸显。社会化网络服务的日趋成熟,为社会养老服务提供了新的模式和手段。越来越多的国家期望能够借助网络信息技术能够缓解老年人群的医疗保健和社会养老服务的压力,同时能够降低社会和家庭养老成本,改善老年人的生活质量。

1.2 问题的提出

目前,基于 Web2.0 技术的社会化网络服务的主要受众是中青年人群,老年人群所占的比重相对较低。但是,与十多年前相比,老年人群的信息需求、使用网络信息技术的态度和行为方式都发生了很大的变化,特别是 20 世纪 60 年代以后出生的人开始逐渐步入老年人群,他们大多数接受过教育,也见证了信息技术的发展。因此,可以想象,在不久的将来会有越来越多具有信息技术素养和需求的老年人主动地使用各种信息科技产品。但是,目前的状况是,基于 Web2.0 技术的社会化网络服务使用对象一直被定位于拥有主流网络设备和较高计算机技能的中青年人群,而老年人群被严重忽视。

老年人退休后,他们的生活状况以及社会角色都发生了变化,因此,老年人对网络信息的需求以及使用行为与年轻一代有着很大的差别。此外,老年人的生理状况和认知能力等方面也开始不同程度的衰退(如:行动不便、设备操作能力较差、社交圈缩小引发的孤独感等)也决定了老年人信息需求和操作行为的特殊性。因此,基于 Web2.0 技术的社会化网络服务的功能设计以及整体的社会环境可能是老年人群不能接受或者不方便使用新技术的重要原因,而且最初接受社会化网络服务也并不能保证老年用户将继续使用它。没有持续有效的使用是不可能真正构建适合老年人的社会化网络服务环境,也无法使社会化网络服务成为老龄社会有效管理的工具。因此,全面系统的了解社会化网络时代,老年人群使用社会化网络服务的行为,构建面向老年人群的社会化网络服务环境势在必行。

信息技术以及信息服务的初次采纳和持续使用一直是学者关注的热点问题。信息技术初次采纳和持续使用的理论模型也是丰富多彩, 研究成果斐然。用户信息技术初次采纳行为是信息系统取得成功的第一步, 但是信息系统要长期存活并最终获得成功, 更多的是依靠用户的持续使用。目前大多数的研究对象集中在青少年和中青年人群, 针对老年人群初次采纳和持续使用信息技术行为的研究还非常少, 缺少相关的资源和文献, 这个领域的研究还不成熟, 特别尚未形成统一的理论模型。

针对以上问题, 本研究在过往研究文献和已有采纳理论的基础上, 尝试构建老年人社会化网络服务初次采纳和持续使用模型, 通过深度访谈和问卷调查的方法进行实证研究, 分析讨论影响老年人社会化网络服务初次采纳和持续使用的关键因素, 并检验研究假设。

1.3 对象界定

(一) 老年人群

关于老年人的定义, 不同的应用和领域有不同的定义方法, 例如日历年龄、生理年龄、心理年龄和社会年龄。

联合国根据人口的平均期望寿命来界定老年人群的起始年龄, 发达国家为 65 岁而发展中国家为 60 岁。如果根据人们的劳动力来定义, 劳动工人的年龄在 50 到 55 岁就当作了老年人, 因为在这个年龄段, 劳动能力在衰退。从信息技术使用能力方面来看, 随着年龄的增长, 老年人群在生理以及认知能力方面都会发生变化, 这种变化大概在 45 岁以后会更加的明显。在中国, 男性退休年龄为 60 岁, 女性退休年龄为 55 岁, 因此人们习惯性将退休年龄作为进入老年人群的起始年龄。综合以上的观点, 考虑到我国的实际情况, 本研究的研究对象定位在 55 岁以上年纪的人群。

(二) 社会化网络服务

社会化网络服务 (Social Networking Service, 简称 SNS) 2003 年兴起于美国, 随着 Facebook、Twitter、YouTube 等为代表的网络服务应用不断的被人们熟知和使用, 社会化网络服务迅速风靡全球。社会化网络服务是基于 Web2.0 技术, 帮助人们获取信息和进行社会交互的一种网络应用服务, 它是 Web 2.0 体系下的一个技术应用架构, 它允许每个使用者在系统上构建自己的公共的或半公共的档案, 每个用户通过自己所拥有的 Blog、网络空间、即时通讯账号以及邮件等方式连接到一起。按照六度空间的理论, 单个个体的社交圈通过相互连接, 最后会形成一个巨大的人际交往空间, 也就是我们经常说的社交网络。Boyd and Ellison (2008) 研究指出, 社会化网络服务具有以下特性:

1. 每个人都可以在网络服务中建立一个公开或半公开的档案。

2. 使用者可以跟虚拟社区成员联系, 共享信息。

3. 使用者可以添加、查看与浏览好友名单。

如图 1-1 所示，社会化网络服务几乎囊括了全部网络应用，比如微信、QQ 等即时通信工具、博客、微博等社交网络服务，还有优酷视频等娱乐性网络服务等，它们共同的特征是基于 Web2.0 技术，以个体为中心，突出互动性，这些应用和服务之间相互联系形成庞大的社交网络。

在本研究的研究中，社会化网络服务包括 4 大类：1. 即时通讯服务，如微信、QQ、Twitter 等；2. 生活服务及资讯类服务，如淘宝网、Facebook、YouTube 等网络服务；3. 老年人社交类网站，如国内的乐龄网等，国外的 Silversurfs；4. 博客、评论类网络服务，如新浪微博、Facebook 等网站。图 1-1 是社会化网络服务详细的分类。

图 1-1　社会化网络服务图谱

1.4　研究目的、内容和意义

（一）研究目的及内容

本研究的研究目的是从老年人的生理和心理特征着手，分析老年人的网络信息需求以及信息行为特征，并在信息技术采纳模型的基础上构建老年人社会化网络服务初次采纳及持续使用模型，分析和探讨老年人社会化网络服务初次采纳和持续使用的行为特征以及影响因素。研究内容如下：

（1）老年人网络信息需求及行为特征分析

在文献分析的基础上，从老年人的生理和心理特征着手，分析老年人的网络信息需求。参考 SCT 模型，从技术因素、环境因素和个体因素三个方面分析老年人初次采纳和持续使用社会化网络服务的主要影响因素，并构建老年人社会化网络服务初次采纳和持续使用二阶段过程模型。

（2）老年人初次采纳社会化网络服务行为及影响因素分析

在文献分析的基础上，通过深度访谈，参照信息技术采纳的相关理论，构建老年人社会化网络服务初次采纳模型。并对模型进行实证检验，采用结构化方程方法来研究探讨老年人初次采纳社会化网络服务的关键影响因素以及因素的影响程度。

采用 T 检验和方差分析等方法对调查问卷数据进行描述性和相关性分析，探讨老年人初次采纳社会化网络服务的行为特征以及人口变量的干扰作用。

（3）老年人社会化网络服务持续使用行为及影响因素分析

随着环境和时间的变化，老年人初次采纳社会化网络服务的影响因素，采纳后的满意度都有可能发生变化。这些影响可能是直接的，也可能是间接的，通过某些中介因素进行传递而对其后的潜在变量产生影响。

在文献分析的基础上，通过深度访谈，参考信息技术采纳的相关理论，构建老年人社会化网络服务持续使用模型。并对模型进行实证检验，采用结构化方程方法来研究探讨老年人持续使用社会化网络服务的关键影响因素以及这些因素的影响程度和路径。

采用 T 检验和方差分析等方法对调查问卷数据进行描述性和相关性分析，探讨老年人持续使用社会化网络服务的行为特征以及人口变量的干扰作用。并与初次采纳的行为进行分析比较。

（4）中英两国老年人社会化网络服务采纳和持续使用行为比较分析

根据老年人社会化网络服务采纳和持续使用模型，以英国老年人为样本，通过问卷调查和样本数据的统计分析，分析英国老年人初次采纳和持续使用社会化网络服务的影响因素和行为特征，并进行中英两国老年人社会化网络服务采纳和持续使用行为比较分析。

（二）理论意义

（1）社会化网络服务作为一种新兴的网络应用服务，研究老年人使用社会化网络服务的行为特征以及影响老年人初次采纳和持续使用意向的影响因素。这在一定程度上丰富了社会化网络环境下老年人群信息行为的研究内容、拓展老龄化社会研究的视角。

（2）在经典信息技术采纳与扩散理论的基础上，构建老年人初次采纳和持续使用社会化网络服务的整合模型，并从老年人生理和心理特征的视角来考察老年人社会化网络服务初次采纳和持续使用的影响因素。本研究对于传统信息技术采纳模型在不同情境中的运用提供了借鉴。

（3）本研究对老年人信息技术采纳影响因素的相关研究进行了梳理，分析整理了国内外相关的老年人采纳和持续使用创新型科技的研究成果，为面向老年人群的社会化网络服务开发活动提供了参考。

（三）实践意义

社会化网络环境下，传统的老年人养老服务体系正悄然地发生着变化，通过实证研究，分析老年人群使用社会化网络服务的行为特征，发现影响老年人群采纳和持续使用社会化网络服务的关键影响因素，其研究结果的实践作用体现在：

（1）社会化网络服务提供方可据此采取针对性的措施来吸引新用户并保留老用户，促进老年人接受并持续使用社会化网络服务；提供更多能满足老年人养老需求的社会化网络服务，提升养老服务水平，促进老年人更好地融入现代生活。

（2）为政府相关职能部门在社会化网络服务环境下构建新型的养老模式提供了思路，为如何构建面向老年人群的社会化网络服务环境提供参考。

1.5 思路、框架及实施方法

（一）研究思路

在技术采纳理论、行为理论以及客户忠诚理论等研究成果的基础上，通过理论分析与实证研究，分析社会化网络环境下老年人群的信息需求和行为特征，研究分析老年人使用社会化网络服务的影响因素以及这些因素对老年人初次采纳和持续使用社会化网络服务意愿的影响力。研究思路与方法如图1-2所示。

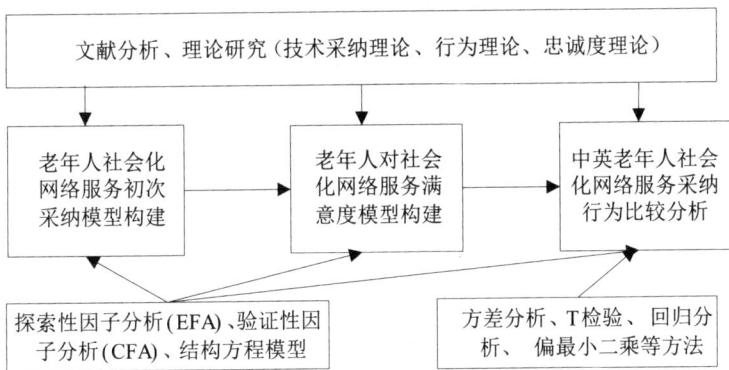

图1-2 研究思路与方法

（二）研究框架及方法

本研究研究实施程序如下：首先，针对老年人的信息行为、影响老年人使用信息技术的主要因素和信息技术采纳研究做文献分析，在此基础上构建老年人社会化网络服务采纳和持续使用行为的两阶段模型。然后，分别通过质性研究中的深度访谈方法，深入了解影响老年人初次采纳和持续使用社会化网络服务意愿的关键因素，并在此基础上构建老年人初次采纳和持续使用社会化网络服务模型。最后，通过问卷调查方法进行实证研究,采用统计分析和结构化方程模型方法对样本数据进行描述性分析,对研究假设进行验证。具体如图1-3。

本研究除了采用文献综述和跨学科分析的方法外,主要是通过质性研究中的深度访谈以及问卷调查获取数据,再进行量化统计分析来研究老年群体社会化网络服务初次采纳及持续使用情况和影响因素。

（1）文献综述法

为了在现有理论基础上系统构建老年人初次采纳和持续使用社会化网络服务的研究模型,本研究参考了大量国内外相关文献资料,跟踪了解国内外信息技术初次采纳和持续使用理论以及用户行为理论等相关研究进展及其实践应用状况,形成研究思路。通过分析老年人的生理和心理特征,在经典信息技术采纳理论的基础上,结合老年人心理和生理的特殊性以及信息行为的特征,对影响因素及相互关系进行深入探讨,构建了老年人社会化网络服务采纳及持续使用模型。

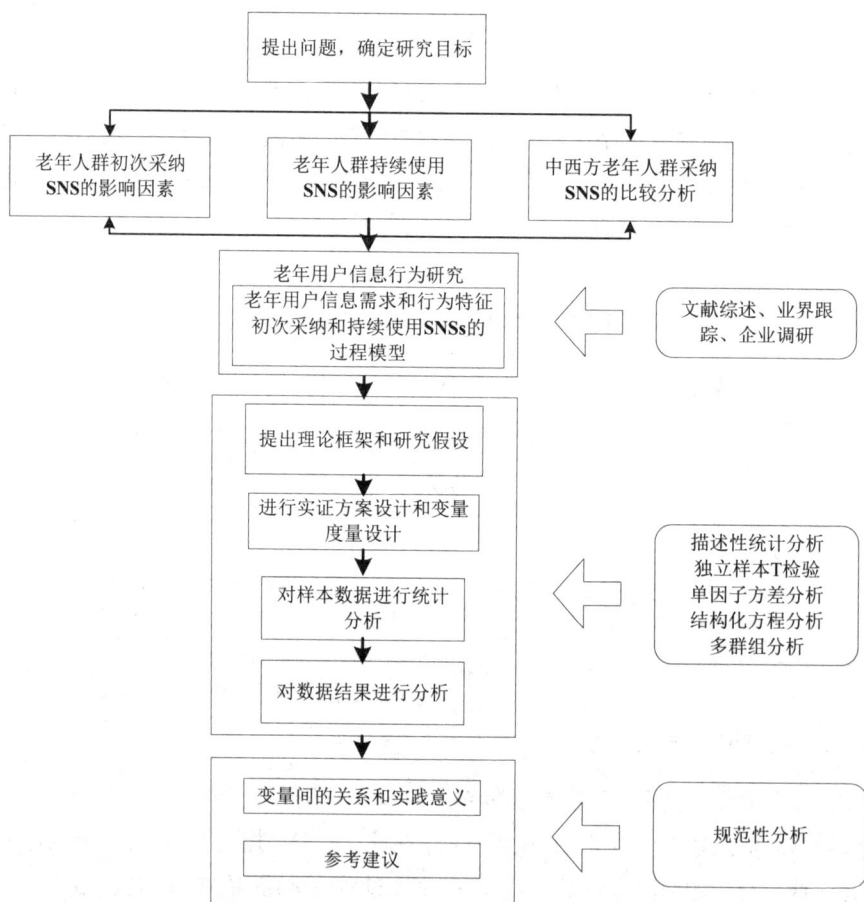

图1-3 研究框架及方法

（2）跨学科分析

本研究综合运用社会管理学、用户行为学、创新扩散理论及信息技术采纳等多学科的知识，以老年人群为研究对象，以社会化网络服务为情境，试图通过跨学科理论分析的方面构建老年人群社会化网络服务采纳及持续使用行为模型，并通过深度访谈和问卷调查等实证研究的方法进行数据分析。

（3）深度访谈法

在前期调研中，通过半结构化访谈的形式，对老年人初次采纳和持续使用社会化网络服务进行深度访谈，试图深入了解老年人初次采纳和持续使用社会化网络服务的影响因素，从而构建研究模型提出研究假设。

（4）问卷调查法

实证研究采用的是调查问卷的方法，本研究在相关文献研究的基础上，参考了信息技术采纳的经典调查量表以及老年人使用信息技术意愿的调查量表，设计开发了老年人社会化网络服务初次采纳和持续使用意愿的量表，并形成调查问卷。本研究采用封闭式结构化问卷，以利于资料的统计与量化分析。考虑到老年人对纸质问卷更加熟悉，因此，本研究采用了纸质的不记名问卷。问卷设计时尽量避免使用较长的题项，以免老年人在填写问卷时感到疲劳。

（5）统计分析方法

问卷回收整理后，首先进行样本数据质量评估以及信度和效度分析，然后对样本数据进行描述性统计分析、独立样本 T 检验和单因子方差分析。采用的主要分析工具是 SPSS 22.0 软件；对样本数据进行结构方程模型分析以及干扰变量的多群组分析，用到的分析工具为 SmartPLS 2.0。

①独立样本 T 检验

独立样本 T 检验是指两个样本间彼此相互独立，没有关联性。两个样本分别接受同性质的测量，再用来比较两组样本之间的平均数差异是否取得显著效果。

独立样本 T 检验是比较自变量内的不同属性在因变量所得到的平均数是否有显著差异，也就是说，我们要了解自变量是否会对因变量产生影响。

②单因子方差分析（ANOVA）

单因子方差分析（ANOVA）主要是用来检验三组或三组以上不同类变量的样本数据之间平均值的差异程度。比如，用单因子方差分析检验不同年龄、不同的教育程度和不同居住状态的老年人使用社会化网络服务情况的差异是否具有显著性。如果检验结果 F 值显著，则采用雪费法（Scheffe's method）对各变量关系进行比较。

③结构方程模型

PLS 是一种结构方程模式（SEM）的分析技术，以回归分析为基础。PLS 的实用性高且优于一般的线性结构关系模式的分析技术，它可以同时处理反应性（reflective）和形成性（formative）的模型结构。该方法并不严格要求变量必须符合常态分配、随机性以及大样本数。此外，PLS能克服多变量共线性问题、有效处理干扰数据及遗失值且具良好的预测及解释能力。因为老年人群对问卷填写的认知度、参与度等特殊性，使得样本量不会太大，使用PLS进行分析可不受样本数的限制及变量分配形态的影响。为求各变量估计的稳定性，PLS采用bootstrap再抽样的方法，次数为500次。

采用SmartPLS 2.0软件进行结构化方程分析，分析步骤分为两阶段：第一个阶段针对测量模型进行信度分析与效度分析，第二个阶段针对结构模型进行路径系数检验和模型预测能力估计。这样的估计步骤是为了检验变量是否具有信度与效度，即先确认各衡量指标对研究变量解释的适当性，进而再对各研究变量间的关系进行检验，具体指出各研究变量的关系，从而检验研究架构的各项假设。

（三）逻辑关系

根据研究思路，本研究研究报告共分为七章：

第一章节，导论。对研究背景、研究意义、研究的基本思路、内容、方法及技术路线进行介绍。

第二章节，国内外文献综述。本研究是以老年人群为研究对象，以社会化网络服务为情境。因此对消费心理学、技术采纳和创新扩散理论及行为科学等相关理论知识进行综述分析。

第三章节，老年人网络信息需求、行为特性以及影响因素分析。基于SCT模型，对老年人的生理和心理特征对其采纳信息技术的影响进行了分析，并构建了老年人初次采纳和持续使用社会化网络服务的两阶段模型。

第四章节，老年人社会化网络服务初次采纳行为分析。通过深度访谈确定老年人社会化网络服务初次采纳模型，并提出研究假设，采用问卷调查的方法收集数据，然后进行统计分析和结构化方程分析，对研究假设进行论证，探讨老年人社会化网络服务初次采纳的影响因素及其影响路径。

第五章节，老年人社会化网络服务持续使用行为分析。通过深度访谈确定老年人社会化网络服务持续使用模型，并提出研究假设，采用问卷调查的方法收集数据，然后进行统计分析和结构化方程分析，对研究假设进行论证，探讨老年人社会化网络服务持续使用意愿的影响因素及其影响路径。

第六章节，中英两国老年人使用社会化网络服务行为的比较分析。以英国老年人为研究样本，采用与前章节相同的初次采纳和持续使用模型，并提出研究假设，通过问卷调查的方法收集数据，然后进行统计分析和结构化方程分析，对研究假设进行论证，探讨西方老年人社会化网络服务持续使用意愿的影响因素及其影响路径，并进行中西方差异分析。

第七章节，分析比较及结论分析。将老年人初次采纳社会化网络服务的状况及影响因素与老年人持续使用社会化网络服务的状况及影响因素进行比较分析，探讨老年人初次采纳社会化网络的动态过程。比较分析中英两国老年人初次采纳和持续使用社会化网络服务的各项数据结果，探讨中西方老年人初次采纳和持续使用社会化网络服务的差异；对老年人初次采纳和持续使用社会化网络服务影响因素进行总结。

2 理论基础

老年用户社会化网络服务采纳问题属于信息技术采纳的研究领域，技术采纳理论主要是构建在心理学和行为学的理论基础之上，研究的目的主要是对个体使用信息技术的意向和行为进行预测分析并发现关键影响因素。在现实生活中，用户采纳一项新技术的意愿和持续使用行为往往会受到很多方面的影响，不同的群体在不同的技术应用情景下的影响因素也是不尽相同的。本研究研究老年人社会化网络服务初次采纳和持续使用行为，在传统经典的信息技术采纳模型基础上，结合老年人的特征以及社会化网络服务应用的情景构建老年人社会化网络服务初次采纳和持续使用行为模型，并进行实证研究。因此，本章节将对本研究所涉及的信息技术采纳相关理论以及老年人的生理和心理特征影响其初次采纳和持续使用社会化网络服务的相关理论进行综述分析。

2.1 信息技术采纳理论

2.1.1 信息技术采纳

关于信息技术采纳和使用问题，一直是信息管理研究领域的重要内容，随着网络技术以及基于 Web2.0 技术的网络新服务不断的出现，信息技术采纳问题的重要性进一步凸显出来。

信息技术采纳行为是一种复杂的行为过程，信息技术采纳研究的目的是从不同侧面来研究个体采纳各种信息技术的行为特征以及内在动因等，分析影响个体采纳信息技术的各种关键因素以及这些因素之间的相互关系，从而能够深入地了解并预测个体采纳信息技术的意愿和行为。

一直以来，信息技术采纳并没有统一的定义，而是在使用行为上制定出一些条件，以此作为信息技术采纳的定义。采纳定义的主要分歧在于使用行为是否包含持续行为的观点上，在研究中可以区分为"使用行为不用持续"以及"使用行为要持续"两大类。

（1）使用行为不用持续：Ryan and Gross（1943）将采纳定义为首次使用；Lionberger（1960）将采纳定义为人们决定使用一项新事物，但并不一定要继续使用它。

（2）使用行为要持续：Rogers（1968）将采纳定义为一种持续、完整使用一项创新的决定。

根据本研究的动机与目的，老年人采纳社会化网络服务的过程包括了初次采纳以及持续使用行为，因此，关于采纳的概念，我们采用 Rogers（1968）的定义。

2.1.2 理性行为理论

理性行为理论是 Fishbein & Ajzen 在 1975 年为了分析人类的行为模式所提出的一个社会心理学理论,以行为态度、主观规范和行为意愿来解释、预测人们在特定情境下的行为。理性行为理论模型如图 2-1 所示。

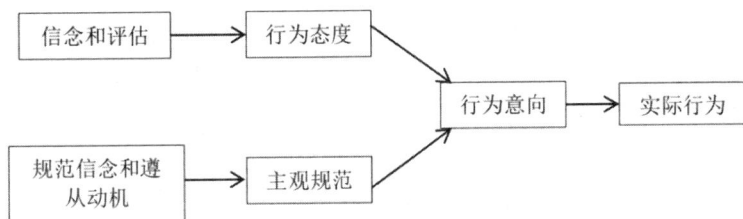

图 2-1 理性行为理论模型

态度是指个体对物体、人、事件或机构的正面或非正面的感受,其定义强调的是正向或负向、喜好或不喜好的评价。行为信念是指人们对某事所抱有的主观想法或评价,是属于认知层面;结果评估则是指某种行为会导致特定后果的评估。行为态度是个人对某特定行为所抱有的正面或负面的评价。行为态度是由个人对可能发生的结果所持有的一种主观想法或者期望。主观规范是指个体在做出某项决策之前所感受到的来自外界的各种影响,比如亲戚朋友对他决策行为的看法。规范信念是指其他个人或团体对于个人此一行为的意见;遵从动机则是指个体在进行决策时对来自外界影响的服从程度,大多数人在做决策时,都面临着不得不服从现实环境的影响。

普遍认为,行为意愿决定最终行为,行为意愿越强,被预期会尝试某种行为的概率就越大。而行为意愿往往又要受到行为态度与主观规范的因素。当个人行为态度与主观规范影响越正向,则行为意愿越高,反之,则越低。在理性行为理论中,主观规范代表的是个人在从事行为时所面临的社会期望。主观规范的衡量由规范信念与随从动机交互影响而成;行为态度包含行为信念与结果评估。

理性行为理论假设每个人都是理性的,并且具有获取信息进行决策的能力。然而在实际生活中,人并非是完全理性的。当人们处于不完全理性的状态下,个体的行为意愿并不能完全解释最终行为。而且,人们在实际行为中往往会受到诸如时间、金钱等多方面因素的影响,这些影响因素会干扰个体的行为,从而削弱理性行为理论的准确性。因此,近年来,学者们都会在理性行为理论基础上加入一些外部变量,并在不同的情景应用。

2.1.3 计划行为理论

Ajzen(1991)对理性行为理论进行了适当的扩展,从而提出了计划行为理论,期望能够更为准确地对个人行为进行预测和解释。理性行为理论假设个体行为是受个体的行为意愿影响的,而在现实情况下,个体的行为意愿往往受到许多不同的因素制约。

计划行为理论包括态度、主观规范、感知行为控制、行为意向以及最终行为五个要素。态度（Attitude）是指个体对某行为所抱有的正面或负面的感觉；主观规范（Subjective Norm）指个体在做出某项行为决策时，受到的来自外界的各种影响，比如亲戚朋友对他决策行为的看法或者干扰；感知行为控制（Perceived Behavioral Control）是指个体在做出决策时，主观感觉到的对决策行为或未来结果的控制程度；行为意向（Behavior Intention）是指个体可能会做出某项行为决策的概率；行为（Behavior）是指个人做出决策后所采取的具体行动。计划行为理论的理论模型如图2-2所示。

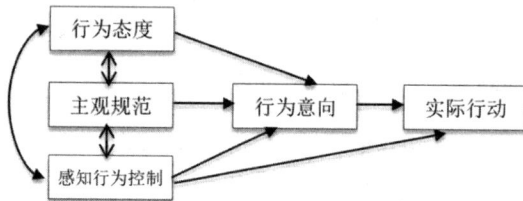

图 2-2 计划行为理论的理论模型

计划行为理论也认为个体行为意向决定了最终的行为，而那些影响最终行为的变量大多是通过影响行为意愿来作用最终行为的，影响行为意愿的变量有很多，主要的有个体对该行为的主观态度、干扰个体决策的外部变量，即主观规范、个体对决策和行为过程的主观感知的掌控能力。这三个变量均正向影响着行为意愿。

2.1.4 科技接受模型

1989年，Davis对理性行为理论进行修正和扩展，创建了科技接受模型，用来预测个体信息系统接受行为，该模型主要目的在于揭示和预测用户对信息系统的接受度，该模型还提供了一套理论基础用来解释外部变量对使用者内在的信念、态度、意愿以及使用行为的影响。

科技接受模型已经被许多实证研究用来作为模型构建的理论基础，在很多领域得到了大量实证分析结果的支持。整体而言，科技接受模型在预测用户对信息系统接受程度上有较强的解释力，是目前最常被使用来研究使用者科技接受行为的理论模型之一。

如图2-3所示，科技接受模型的核心变量是感知有用性和感知易用性，而外部变量包括人口统计变量、技术的功能特性、环境特征等。这些外部变量通过影响感知有用性与感知易用性变量，然后对使用态度与使用行为意愿产生影响，最后作用于使用行为。

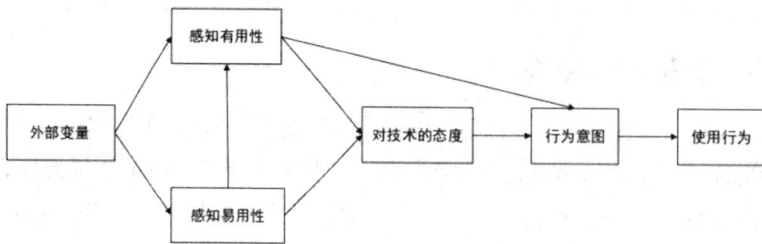

图 2-3 科技接受模型（原始模型）

（1）感知有用性可以定义为：潜在使用者主观地认为，使用某一特定的创新型科技将会改善其生活，提升工作及学习绩效的可能性。感知有用性是影响使用者的使用态度、行为意图及实际行为的重要因素，也就是说当使用者在使用新信息技术时，感知有用性程度越高，则使用态度、行为意图及实际行为越趋正向。感知有用性的重要性甚至超过感知易用性。

（2）感知易用性定义为：用户掌握和使用特定信息系统的难易程度。当用户认为信息技术是感知易用的，该信息技术往往也被认定为感知有用的，所以感知易用对感知有用有正向的影响。反之，有研究结果显示，感知有用性对感知易用并无明显影响。

2.1.5　基于TAM模型的改进

从许多学者的研究中可发现，在信息技术采纳的相关研究议题，虽然 TAM 模型是解释信息科技接受程度决定因素的主要模型，然而它并非一个僵化的模型。Davis 认为可以根据研究视角以及应用的情景来修改科技接受模型，从而加强该模型的解释能力。Davis 根据众多学者提出的问题，对原始的科技接受模型进行了两次改进。在 1993 年的修正模型中，Davis 舍弃了原始模型中的行为意图，而在 1996 年的再次修正中将原始模型中对信息系统的态度也舍弃了，建立后来被普遍使用的技术接受模型（如图 2-4 所示）。在实践应用中，态度只是个体对某项行为决策或某种技术主观上的认知或看法，并不代表该项决策的正确性或有用性，也不代表该项技术是否有用或者是否容易使用，也无法真实的反映这些变量对行为意愿的影响作用。因为，态度带有很强的主观意识，它往往受到个体教育背景，成长经历以及性格等多方面因素的影响。

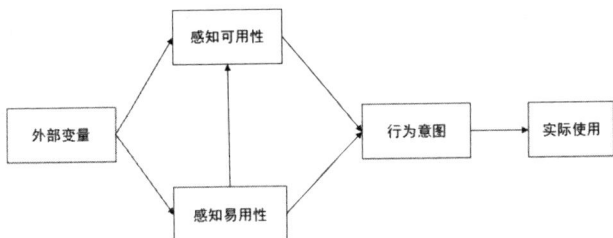

图 2-4　科技接受模型（TAM）

TAM 模型对外部变量并没有明确的阐述，因而，也无法详细说明这些外部变量如何影响感知有用性和感知易用性。现有大多研究都是对 TAM 模型的外部变量进行补充，从而使其适合具体的研究情境。Venkatesh & Davis 于 2000 年提出了拓展的 TAM2 模型，对 TAM 原模型的外部变量进行了完善说明和具体补充，提供了较好的外部变量参考，例如，引入了主观规范和映像等构念，将它们归类为社会影响过程，引入了工作相关性、输出质量以及结果展示性，将它们归类为认知工具性过程。许多研究证明 TAM2 对于创新型信息技术的采纳行为解释能力更强。如图 2-5 所示。

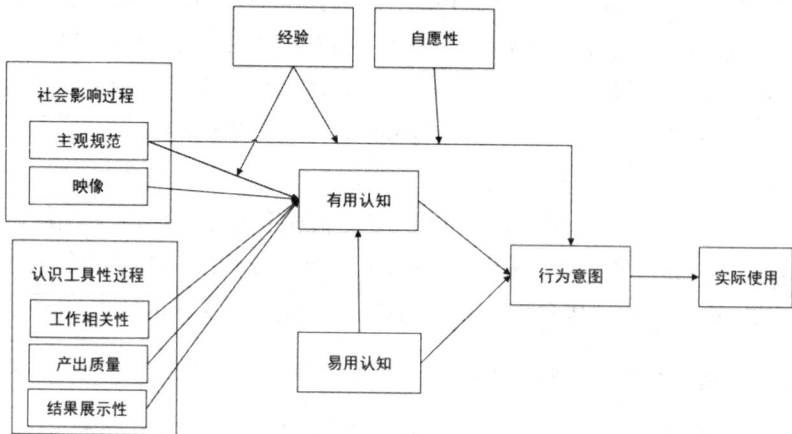

图 2-5　扩展的科技接受模型（TAM2）

2003 年，Venkatesh 融合了理性行为理论以及创新扩散理论等 8 个模型，提出了 UTAUT 模型。在 UTAUT 模型中包括了绩效期望、努力期望、社会影响以及便利条件四个影响行为意愿的变量以及性别、年龄、经验和态度四个外部干扰变量，具体模型如图 2-6 所示。

绩效期望是指个体主观上对某项技术的期待，也就是说他们觉得使用了该技术后，他们的工作达到某种期待的成效和表现；努力期望是指个人主观上觉得使用某项技术可能会付出的努力程度；社会影响是指个人在做出某项决策时，受到外部环境和关键人物影响的程度；促成因素是指个人关注的组织或周围环境氛围对其使用新技术时所能给予的支持程度。在 Venkatesh 的模型中，他认为可以用主观规范来解释社会影响。

围绕 UTAUT 模型的许多研究结果显示，该模型在许多应用情境中都有很好的表现和较高的预测力。

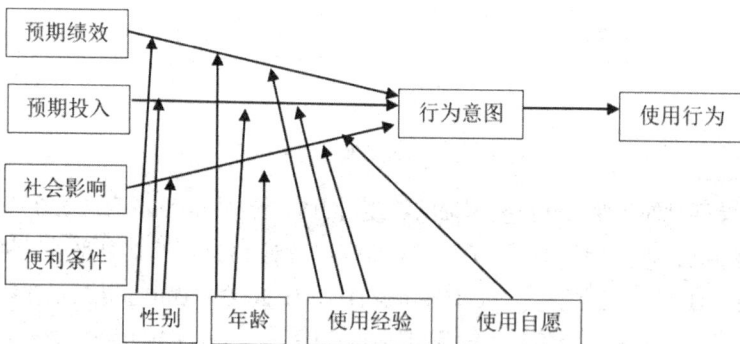

图 2-6　整合技术接受模型（UTAUT）

2.1.6　研究模型分析

经过多年来的研究和发展，信息技术采纳行为研究成果丰富，形成了大量的理论模型。主要的理论基础包括：理性行为理论（TRA）、科技接受模型（TAM）、社会认知理论（SCT）、计划行为理论（TPB）、科技接受模型2（TAM2）以及整合技术接受模型（UTAUT）。

这些的模型在影响变量和构念的选择，以及变量之间的影响关系是各不相同的。当然这些模型也有许多相似的变量和描述。例如，大多模型都认同感知有用性和感知易用性对个体信息技术采纳行为的影响作用。

一般而言，当用户考虑是否采用新的信息技术时，他们通常会将新技术跟现有技术做比较，考虑新的信息技术是否会给他们的生活带来更多便利或者是否会提高他们完成任务的效率。而很多研究都表明信息技术对人们完成工作会有正面的影响。当用户在决定是否使用新技术时，如果他们感觉到新的技术更有效且更易使用，那么他们就有采纳该技术的意愿。新的技术不需要花费太多精力去学习的话，人们大多都会积极地去接纳新的技术。因此，本研究认为当老年用户感觉社会化网络容易使用或很容易学会，且不需要付出太多的努力，那么他们也会比较愿意采纳社会化网络服务，否则就会放弃。

尽管网络技术已经逐渐普及，但老年人由于其自身的生理特征和社会环境，他们的信息需求和行为特征与年轻人群完全不同。因此，当老年人在决定是否采纳社会化网络服务时，往往会受到诸如老年人的朋友，亲戚是否也在使用社会化网络服务，对老年人采纳社会化网络服务所持有的态度以及周边环境使用社会化网络服务的氛围等因素的影响。

除了用户个人的使用意图外，对于非专业人士和新手来说，他们大多希望能有专业型的指导或有训练课程来帮助他们尽快熟练和熟悉新的技术。当用户发现自己有能力使用新技术或者是在使用过程中能得到相应的帮助，那么他们采纳信息技术的意愿会更强。因此，我们认为使用技术的自信心以及良好的技术使用环境会促进老年用户使用社会化网络服务。

一般而言，用户使用意图越强，那么他的使用频率也就会越高。研究表明，当用户感觉到大多数人都在使用某项新的技术并且使用该技术可以得到专业帮助，那大多数的人还是愿意使用新的技术的。

2.2　信息技术持续使用研究

近年来，关于信息技术初次采纳的研究非常多，然而，初次采纳只是用户接触信息技术的第一个阶段，目前无论是研究领域还是实践领域，越来越多的人在关注用户持续使用某项信息技术的行为，因为只有用户继续不断地使用，该信息技术的商业价值和功能价值才能充分体现出来。

实证研究表明，用对某种新技术或新服务的初次采纳和持续使用的动机是截然不同的。信息技术最终要获得成功，不仅仅需要用户了解和接触，更依赖用户持续使用的意愿。近年来，信息技术采纳行为的研究对象正逐步从信息技术的初次采纳转向持续使用。持续使用行为模型构建是研究的重点，通常的做法是对经典的信息技术采纳模型基础进行改进，然后在特定的应用情境中进行验证，例如，刘炜将 TTF 和 UTAT 的相关变量结合起来，构建了老年人使用社会化网络服务模型，并采用实证方法验证模型的有效性。此外，许多学者试图借鉴相关研究领域的理论模型，构建适用于信息技术持续使用行为研究的理论和模型框架，其中最为成功的是 A. Bhattacherjee 构建的信息技术持续使用模型——期望确认模型（ECM），该模型是借鉴了营销学领域的期望确认理论，A. Bhattacherjee 认为信息技术持续使用行为与营销学领域的用户在购买行为类似。此后，Bhattacherjee 的期望确认模型被广泛应用于研究用户信息技术持续使用行为。例如，Liu 以 ECM 模型为基础，构建了老年人社会化网络服务持续使用模型，并进行实证研究，验证了模型的有效性。Byoungsoo Kim 将 Bhattacherjee 的期望确认模型与 TPB 结合，构建了移动数据服务持续使用模型，并通过实证研究验证了模型的有效性。

2.2.1 期望确认模型

（一）期望理论

1980 年，美国学者 Oliver 提出了期望确认理论（ECT），该理论主要作为研究消费者满意度模型的基础架构。目前该模型被广泛地使用在评估消费者满意度与再购意愿间关系。ECT 架构中包含了期望（Expectation）、期望确认（Confirmation）、感知绩效（Perceived Performance）、满意度（Satisfaction）及再购意愿（Repurchase Intention）等五大构面。该理论指出消费者购买产品（或服务）的过程中，首先消费者对某项特定产品或服务会产生"购前期望"。所谓期望，是指消费者在做出购买产品或体验服务之前，对该产品或服务能给自己带来何种效益的预期，这种预期是建立在对产品或服务信息了解程度的基础之上的；在使用或体验产品或服务之后，消费者会对产品或服务形成新的认知，即所谓的"感知绩效"，在使用过程中，消费者会将持续使用某种产品或服务后的"感知绩效"与他们在初次体验产品或服务时的"购前期望"作比较，如果两者一致，"期望确认"就会产生，如果不一致，就会产生"期望不确认"，也就是说，所谓的期望确认就是消费者在购前的预期与实际产生的绩效之间的差距。确认或不确认的程度会影响用户对产品或服务的满意度从而影响用户再次购买的意愿。确认程度越高，用户的满意度就会越高；反之不确认程度越高，用户的满意度就越低。因此，期望确认的程度是用户满意程度的重要影响因素之一。期望确认可以通过满意度来影响用户再次购买产品或服务的意愿。

（二）信息系统采纳后持续使用模型

Bhattacherjee（2001a）将用户持续使用信息技术的行为与消费者多次购买同类产品的行为进行比较，发现他们之间有许多类似之处，因此，他借鉴了 Oliver 提出的期望确认理论（ECT）的思想，并结合科技采纳模型加以改进，提出了信息技术持续使用模型（ECM）。Bhattacherjee 利用该模型研究了网上银行用户的持续使用情况，研究结果显示该模型适合信息系统采纳行为的情境,能够有效预测与解释信息系统用户的持续使用行为。ECM 模型架构如图 2-7 所示,从模型可以看出,持续使用意愿会受到满意度和感知可用性变量的影响,而感知可用性和确认因素又影响了用户使用产品或服务的满意度。信息技术持续使用模型与用户行为领域的期望确认模型的区别体现在:

(1)信息系统采纳后持续使用模型仅注重于采纳后变量的影响,这是因为采纳前变量的影响已被涵盖在确认程度以及满意度的构面内。

(2)原先的 ECT 模型仅调查用户的消费前期望,但使用者的期望是会随着使用系统而发生改变。因此在信息系统初次采纳后的持续使用模型中,特别注重在采纳和使用一段时间后的期望。

(3)在信息系统持续使用模型中,采用 TAM 中的感知有用性因素来替代使用后的期望,此概念与 ECT 所定义的期望是一致的。

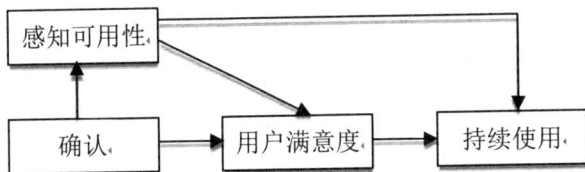

图 2-7　ECM-IT 模型

2.2.2　基于ECM模型的研究情况

近年来,ECM 模型成为研究信息技术持续使用行为的主要模型,很多研究者尝试将 TAM、TPB 等其他信息技术采纳模型整合进 ECM 模型。如,Lean(2009)将 TPB 整合进 ECM 模型,研究认为用户的满意度,感知有用性和主观规范会对在线服务持续使用的意愿产生影响;Limayem(2003)在信息技术持续基础上加入了任务匹配度理论的主要变量,并对在线电子服务持续使用行为进行了实证研究;Shaw & Manwani(2011)将 TAM 和 ECM 进行整合,并对医疗电子记录的持续使用行为进行研究。

随着基于 web2.0 的社交网络的兴起,ECM 还被广泛地应用于基于 Web2.0 技术的社会化网络服务情景。如即时通讯、微博、虚拟社区服务等。Barnes & Böhringer(2011)研究发现用户持续使用推特的行为主要受感知有用,满意度以及习惯变量的影响。此外,也有研究表明,人们持续使用推特会受到社会压力,感知娱乐性以及感知易用性影响,而感知行为控制和主观规范也是影响持续使用行为的重要变量。Hu & Kettinger(2008)在 ECM 基础上融合社会交换理论、社会资本理论以及流理论,对社会化网络服务持续使用行为进行了实证研究,研究结果显示对社会化网络服务的满意度、感知效益以及感知成本是关键影响因素。Kim(2010)在对韩国 Cyworld 社交网站用户行为进行实证研究时,将主观规范变量加入到 ECM 模型,研究结果显示 ECM 模型对持续使用行为有很强的解释能力,并且主观规范对持续使用行为也具有较强的影响力。

事实上,我们认为不同的群体在不同的应用情景下,持续使用行为的影响因素应该是不尽相同的，综合文献研究可以看出，在 ECM 模型基础上根据信息技术使用对象以及具体的应用情景，结合相关的理论模型或加入适当的变量能够获得具有较强的解释力的模型。

2.3 消费者行为相关理论

2.3.1 个人特质的影响作用

消费者行为学相关研究结果显示创新技术或服务使用者的个人特征会显著影响创新技术或服务的使用行为。一般而言，个人特征包含人口统计变量、个人价值观、信息获得能力、个人的风险态度、社会因素、个人采用创新的利益考量及个人先前的相关经验与相关知识等。

（1）人口统计变量包含年龄、收入、教育程度、社会地位等。过往许多研究都发现创新技术或服务的采纳速度与采纳者的年龄呈反向关系，而消费者的收入水平、教育程度及社会地位对创新技术和服务的采用产生正向的影响。

（2）个人风险态度。许多研究发现个人的风险态度对创新采纳行为产生负向影响作用，也就是说个人的风险偏好程度愈低或对创新产品的认知风险愈高，采用创新产品所需的时间就愈长。

（3）个人价值观。价值观是指个人对一个事件的态度或信念，是个人的社会认知系统，会受到所处文化的影响，因此在营销学的研究领域中，价值观常被用来解释消费者的个人行为。在创新扩散的相关研究中，学者也主张个人价值观会显著影响消费者对创新采纳的倾向，也就是说创新产品与个人价值观的吻合程度愈高，个人对于创新产品的接受速度就会愈快。

（4）先前经验与相关知识。Rogers（1983）提出的创新五大特性中的兼容性可以用来说明先前经验与创新采纳之间的关联性，他们认为一旦消费者有使用相似产品的经验，在面对创新产品时，就会自行采用相似的使用行为，而且这些行为会使得他们很快就能顺利地使用创新产品。Hirschman（1980）延续 Taylor（1977）的研究提出更进一步的说明，他认为消费者对某一产品类别的相关知识或类似的消费经验会让消费者更有能力使用同一产品类别的新产品，而且对于使用类似的产品类别中的新产品也会有促进作用。因为每个消费者都不会是站在同一个消费平行线，购买某产品所产生的欲望也不尽相同，所以新科技产品知识与新科技产品的采纳行为直接必定存在关联影响性。

此外，社会因素（如意见领袖、关联群体及社会团体等的压力）也会对消费者是否决定采用创新产品造成影响，特别是接触技术较晚的或者技术接受能力较弱的消费者受到社会因素的影响更明显。因此，若创新产品愈能吸引意见领袖的使用，就愈能提升该产品的扩散速度。

2.3.2　生活形态

生活形态的概念起源于心理学和社会学，William Lazer 将这个概念引进营销领域，在 1970 年代后期被营销界广泛应用。生活形态是一个复杂的、系统性的社会性概念，它表现出的是一个社会群体的复杂生活模式，具有的区别于其他社会群体生活模式的独有特征，不同的社会或群体大多具有区别与其他社会或群体的生活形态。生活形态形成是长时间的作用结果，是社会文化、群体价值观、经济发展状况等多方因素共同作用的结果。由于生活形态能解释人口统计变量无法解释的消费行为，比如，购买产品的态度及决定购买的过程等。因此，在消费行为学研究领域，生活形态已成为一种描述、预测消费者行为的重要方法。

由于生活形态牵涉的领域广泛，众多的学者对其看法都不太相同。关于生活形态的定义虽然没有一个统一的说法，但仍可举出几个具有代表性的定义。Kolter（2003）指出生活形态就是一个人的生活方式，可以通过个体的活动特征、兴趣爱好和观念态度三个方面来描述，这也就是经常说到了 AIO 模型。生活形态的差异也可以反映在购买决策上，如支配金钱、人格特质和价值观等因素的不同，形成个人特定的消费方式，Blackwell, Miniard & Engel（2001）指出生活形态可反映一个人的活动、兴趣、意见和人口统计变量。从这些研究的结果可以看出，生活形态是人或群体在生活与行为之间的模式，又受到社会文化、价值观及个人性格特质等因素影响，反映在个人活动、兴趣及意见上的生活方式以及对时间、金钱的支配，也反映在个人的消费决策，形成个人特定的消费方式。

2.3.3　顾客感知价值

19 世纪初，英国作家边沁（Bentham, 1748-1832）认为人类一切行为是追求最大的快乐，这种快乐程度可以量化，帮我们了解快乐的价值。他还认为，财富是靠价值来表现的，但所有价值都是以效用为基础，所以，创造效用也就是增添财富的行为。边沁的边际效用概念告诉我们价值是人类心理知觉快乐的高低所转化而来的。在我们的研究中，感知价值就是老年用户在使用社会化网络之后的主观心理感觉，他们可能会认为社会化网络服务是有用的，当然也可能会认为他们的选择是错误的。

根据营销学的观念，每个个体在决定购买产品或服务时，都会有对该产品或服务的价值产生某种期望，人们都会希望自己的决策是正确的，能够从该产品或服务中得到自己期望的收益，因此通过了解消费者对产品或服务的预期，可以使产品或服务更加容易被消费者接受。Zeithaml（1988）指出，每个消费者的价值观都不尽相同，每个人生阶段的价值观也是会发生变化的。因此他认为顾客价值就是消费者在购买产品或服务过程中，综合对比自己从该产品或服务中获得的收益以及物质和精神方面的付出之后，对该产品或服务能给自己带来多大效益的总体评价。当获得大于支出时，代表该产品对于顾客而言愈有价值。该定义改变了早期仅由产品面去对顾客价值定义的观念，而将顾客价值视为一种相对质量与相对价格之间的抵换关系。

顾客感知价值的定义并无统一的标准,在不同的应用情境之中,它的定义也是不尽相同的。一般而言,顾客感知价值被认为是用户在使用了某种技术或服务之后,对自己所付出的成本和所获得的利益进行比较权衡,所得出的一种综合评价。学者对顾客价值的分类也有不同的看法。但普遍接纳的是将顾客感知价值分为功能性价值、社会性价值、情感性价值、认知价值和条件价值。Woodruff(1997)认为顾客感知价值的特征包括:

(1)顾客价值是用户在使用某种产品或服务后才会产生的;

(2)顾客感知价值是用户个人主观判断,不是由产品的提供者决定的;

(3)顾客感知价值包括用户所获得的感知利益以及所付出的成本,也就是包括了得与失;

(4)顾客感知价值是具有层次性的,包括了产品或服务的特征、效用,用户使用后的效益以及用户对产品或服务的期望。

2.3.4 感知信任

知觉风险代表一种心理上的不确定感,如果消费者在消费商品或服务的过程中,感受到高度的不确定性,可能会影响其消费行为。Bauer(1960)最早提出知觉风险的概念,他认为消费者所采取的任何行动,都可能产生无法预期的结果。他认为当消费者感受到他的决策环境是不可信任的,即会产生知觉风险,例如财务、功能、心理、身体等方面的风险。

Chaudhuri & Holbrook(2001)指出当消费者处于特别容易受伤害的环境中,信任可以减少不确定性。双方之间信任与承诺的存在,一般被认为是关系营销策略成功的关键。信任会促进合作及策略联盟的行为、增加对关系的承诺、提升良性的互动、降低交易成本和减少投机行为、增加可预测性并减少控制和监督行为。Sabol(2002)认为信任是顾客所抱持服务提供商是可依靠的及可以依赖其会传递其承诺的期望。

与实体环境相比,在虚拟的网络环境中,信任更为关键,因为只有当消费者相信网络环境所提供的产品与服务是可靠的时候,消费者才会有购物或使用功能服务的意愿。Murphy & Blessinger(2003)指出,当消费者首次在非熟悉的网络商店购物时,是需要某种程度的信任。也就是指当消费者在网络商店购物时,若消费者对于该网络商店的信任程度高,则消费者将会对于该次网络购物的满意度有所提升。Singh & Sirdeshmukh(2000)以代理与信任机制观点提出"消费前信任→满意→消费后信任→忠诚度"的整合模型。也就是说良好信任的网络环境,能促使顾客与服务提供商建立起长期的关系,提升用户的忠诚度,降低消费者流失率。

综合相关文献,可以发现信任对于顾客满意度和使用意愿起着非常重要的影响作用,特别是在电子商务、虚拟社区以及社交网络服务等互联网应用中。

2.4　相关研究评述

（1）在国内外，社会化网络服务采纳的研究对象大多集中在青少年人群，老年人使用社会化网络服务的研究相对较少。

（2）关于老年人群网络信息技术采纳的研究大多是采用静态的影响因素模型，且主要研究初次采纳行为，而对老年人群社会化网络服务采纳后持续使用行为的研究则较少。静态模型无法深入剖析老年人群采纳和持续使用社会化网络服务过程的复杂性。

（3）理论模型的研究大都倾向于进行模型的融合，根据研究对象以及应用情境添加相关内部变量和外部变量。

3 老年人信息技术使用的影响因素及采纳过程分析

了解老年人的信息需求及行为特征是深入认识老年人网络信息行为特征和规律的前提。随着基于 Web2.0 技术的社会化网络服务被广泛使用,越来越多的老年人也开始接触和使用社会化网络服务。但由于年龄的增长,老年人群在生理、认知以及技术接受能力等方面都开始有不同程度的衰退,相对其他群体而言,老年人群对网络信息的需求有着其特殊性,而生理和认知能力方面的每一种变化也都会实实在在的影响老年人群对信息技术的采纳和持续使用。本章在文献综述的基础上,对老年人的生活状况、信息需求以及老年人使用信息技术的行为进行分析,参照 SCT 模型,从个体、行为和环境三个方面对老年人群使用社会化网络服务的影响因素进行分析,并构建老年人社会化网络服务采纳的两阶段模型,为后续研究奠定基础。

3.1 老年人生活状态的变化

随着年龄的增长,人们的生理机能、心理状态也会逐渐老化,因此,老年人的生活方式以及生活状态必然会区别于其他年龄群体,具有其独特性。

(1)经济来源发生转变。人们在 55 岁以后,大多数人即将退休,从而结束几十年的职业工作。退休后,人们的劳动性工资收入必然减少,大多数人退休后的主要经济来源是退休工资,除此之外部分人还有投资理财的收入以及儿女的赡养费等等。当然,还会有一部分拥有特殊技能的人依然会从事劳动工资,但劳动的强度以及收入都与退休前有所不同。

(2)社会角色发生改变。一方面,大多数老年人退休以后就会离开原来的工作单位和工作岗位,赋闲家中就使得社会交往减少,社交圈也明显萎缩。因此,退休后的老年人往往会有孤独和失落感,特别是曾经拥有一定权力和地位的老年人,失落感更大;另一方面,老年人到了退休年龄时,孩子们也都基本上成家立业了,这时候老年人的生活重心全部转移到了家庭,但是他们在家中的权威地位已经被削弱,更多的家庭决策需要依照晚辈的意愿,心理上的失落感可想而知。

(3)活动空间变小。老年人退休后,离开了原来的工作单位和工作岗位,家庭成为老年人的主要精神寄托支柱,活动范围往往局限在家庭周边。若老年人跟随子女居住外地,由于人生地不熟,势必进一步加剧老年人的孤独感。

（4）精神生活发生改变。一方面，退休后，大多数老年人有了更多的闲暇时间，如何打发这些闲暇时间？充实自己的生活是他们必须时常面对的问题。有些老年人会重拾昔日的兴趣爱好，有些老年人会去老年大学，但也有很多老年人不可避免地被琐碎的家务事所围绕。另一方面，退休后的老年人在心理层面的思考也会发生很大的变化，比如许多老年人会思考总结过往的人生，有些老年人会更多关注自身的健康，甚至有些老年人会选择宗教作为自己的精神寄托。

（5）生理机能发生改变。随着年龄的增加，生理机能的改变是不可避免的，视觉、听觉等感觉器官的反应能力以及大脑的思维能力都呈现衰退的趋势，有些老年人甚至疾病缠身，严重地影响了他们的生活质量。

3.2　老化特征

老年人群的老化特征可以从生理学、心理学、社会学、家庭角色四个层面进行分析：

（1）生理老化层面。随着年龄的增长，老年人的记忆力、抽象思考能力、领悟能力和判断能力都会逐渐变差，从而影响老年人的学习能力以及接收新鲜事物的能力；视觉、听觉等知觉能力也会逐渐变差，知觉变差会让老年人对外界的感受力降低，容易导致生活习惯的改变。

（2）心理老化层面。心理学家认为老年人的人格特征会影响老人的心理特征，人格特征会通过老年人的心理特征表现出来。每个人的人格特征均有其形成因素，遗传因素、家庭环境和亲子关系、学校教育、工作经验及生活遭遇等均能影响一个人的心理健康。而这些影响因素经过岁月的积淀，对老年人心理状态的影响尤其强烈。因此，与年轻人相比，老年人的心理比较容易倾向于悲观，易于激动、流于固执或失于散乱。

（3）社会老化层面。社会老化特征可以通过老年人生活形态来表现，可以分为孤立、代沟、保守、无角色感以及回忆五个形态。①孤立是指，在工业社会中，老人退休以后，曾经参与社会的平台和机会就逐渐消失了，因此容易产生被孤立于团体之外，如果身体衰老或有健康问题，那么参与各种社会的机会就更少，从而使老年人更加的孤立。②代沟是指在目前小家庭制与新兴事物快速进步中，老人与家中子女及其下一代之间的价值观念、新知识与新兴事物及知识交流容易产生代沟，是一种自然的现象。③保守是指，老年人由于体力限制、年事已高以及再就业机会缺少，因而使老年人的心态及行为趋向于保守、求安稳，因此他们不愿轻易去尝试新鲜事物。④无角色感：老年人退休后，不再从事曾经的工作，也没有了曾经工作上扮演的角色。而在家庭方面，老年人从曾经的家庭支柱和财富创造者的角色，变成了存消费者和被关怀者，此种无角色状态，使老年人自然成为无责、无权与终日无所事事的特别人物。⑤回忆生活：与人谈"想当年"的往事，成为老年人的社会行为，其中自怨自怜或发牢骚也成为老人的社会行为指标。

（4）家庭角色老化与转变。老年人在退休后，家庭成为其生活的重心和精神的重要寄托，然而老年人在家庭中的角色已经慢慢发生改变，在这种转变的适应过程中，老年人往往表现出两种类型。第一种是积极正向型，即能有开放与接纳的适应方式、对自己生活能处之泰然，能随时代潮流改变自己想法、保有学习的欲望及改变认知的适应方式，并以转移注意力的方式适应。第二种是消极负向型，因感到无奈而被迫接受其角色、因与晚辈关系不佳而有失望放弃的感觉、因觉得年事已高或对病痛恐惧而感到放弃、消极地等待外界力量帮自己来适应社会。

老年人在家庭角色老化转变过程中，如果是采用积极正向的态度，则会希望对自己的生活能处之泰然，希望老化不会让自己在家庭中的关系产生变化，所以会顺应时代潮流改变自己想法，并且会积极接受新科技等创新型产品；而采消极负面态度的老年人会因为感到无奈而被迫接受其角色的转变，消极的靠外在力量帮自己适应环境。

3.3　老年人网络信息行为

随着年龄的增长，老年人生理、心理逐渐呈现出老化的趋势，生活形态也随之发生改变，这些变化必然会使得老年人具有不同于其他年龄群体的特殊信息需求和信息行为。

（1）老年人群的信息需求

对老年人的信息需求研究已经有几十年的历史。Battle 和 Associate 在 1977 的研究就指出，老年人群最需要的信息包括：交通、健康照顾、居住安排、居家服务、工作、消费需求、法律以及同伴的照顾等。Lucas 在 1980 指出，老年人群的信息需求与成人并没有太大的差异，他们需要知道如何管理金钱？如何照顾健康、居住和交通？如何投入赋予生活意义的活动？

随着信息技术不断地发展，特别是近年来以即时通讯为主的社会化网络服务不断的渗入到人们沟通交流和日常生活的各个方面。与十多年前相比，老年人群的信息需求、使用信息技术的态度和行为方式都发生了很大的变化。但从众多文献中可以看出，与老年人日常生活相关的信息需求其实变化并不是很大，或者从某种意义上说，老年人的信息需求只是形式和载体上发生了许多变化，而实质上并未有太多改变。

老年人的信息需求可以按照马斯洛的需求层次理论来分析。获取衣食住行方面的信息属于生理方面的信息需求；获取医疗保健信息或政府养老政策信息等属于安全方面的信息需求；与亲戚朋友沟通交流以及与社会保持联系属于情感方面的信息需求；获取自我评价和接受社会反馈的信息属于受尊重方面的信息需求；获得知识技能方面的信息属于自我实现需求。

（2）老年人的网络信息行为

老年人网络信息需求可以划分为两个维度。第一种是社会维度，反映了老年人群使用信息技术来维持与他人的联系，从而消除孤独感。老年人最常用的网络应用服务是交流和取得社会帮助。通过网络应用服务可以增强与家庭和朋友的联系，特别是与第三代的联系；可以与忧伤和孤独做斗争，克服地理空间的和行动的限制，对于那些患有慢性病，或者行动不便的老年人，信息技术的帮助作用显得尤为突出，比如电子邮件、即时通讯、在线论坛的网络应用服务都被老年人使用，每种应用服务都会给老年人带来不同的社会交互和支持。第二种是自由维度，反映了老年人网络应用服务的另一个重要的活动就是休闲娱乐和信息获取，老年人退休后，有更多的时间去玩游戏，虽然游戏的复杂度不能跟年轻人相比，但简单的，益智类的小游戏对老年人来说是一种很好的打法时间的方式；此外，老年人还会通过信息搜索来获取各种信息，比如时事新闻、健康信息、技能方面的信息。

Wagner, Hassanein and Head（2010）整理了1990-2008年间商业、传播、信息科学以及心理学等学科共151篇关于老人与计算机网络相关的文献，研究指出老年人群使用计算机网络从事的活动类型包括：沟通与获得社会支持、进行休闲娱乐、搜寻信息。在沟通与获得社会支持方面，例如通过e-mail、即时通信工具增加与亲友，尤其是晚辈们联系的机会；此外，参与虚拟社区也可增加老年人结交新朋友的机会；在进行休闲娱乐方面，例如，通过网络视频可以观看纪录片、连续剧等，可以与友人或陌生人一起玩在线游戏等。在搜索信息方面，除了搜寻休闲娱乐信息外，老人也会搜寻旅行、教育、金融、当地新闻事件以及天气等信息，或是搜寻生活、医疗健康方面的信息。

综合而言，老人网络活动类型包括：搜寻与浏览信息、维系社会关系、休闲娱乐、通过网络服务解决日常生活事务。

近年来，随着推特、微博、Facebook以及即时通信工具等社会化网络服务的兴起，国内外老年人群也逐渐开始使用此类工具和网站。从目前的发展状况看，在社会化网络服务环境下，老年人的信息需求并未发生太大的变化，只是获取信息的工具和平台在不断地变化发展。例如，在建立与维持社交网络方面，从前人们大多使用e-mail以及网络电话或视频进行沟通交流活动。而现在，老年人也可以通过即时通信工具直接地跟亲戚朋友进行实时交互，并且通过这些手机APP工具或者网络服务加入某个社会团体，与社会保持持续联系。又如，在追求休闲娱乐方面，从前老年人可以通过网络收看网络电视、音频或视频，而现在，老年人不但可以通过社会化网络服务收看网络电视、音频和视频，而且还可以通过社交媒体参与到音频和视频的制作传播活动中。此外老年人还可以通过社交媒体参与互动游戏，而不再局限与单机游戏，这样可以增加更多的娱乐性。

3.4 基于SCT的老年人社会化网络服务采纳影响因素分析

在20世纪70年代，美国著名的心理学家Albert Bandura结合行为主义和社会学习的概念，提出了社会认知理论（SCT），该理论被广泛应用在决策管理、教育、医疗等领域。该理论用个人（Person）、行为（Behavior）以及环境（Environment）三者持续相互的影响关系来解释人的行为,如图 3-1。例如,某人做了一个失败的决策,这个失败的经历会让他情绪低落,自信心受挫,而如果这时外界周边的环境中有其他某个人可以给他决策上的帮助或者示范,那么这个人可以通过观察他人的成功经验,重新提升自己的自信心,开启新一轮的决策。

在这种双向互动的因果关系模式中,行为可以看作是被外在客观环境控制或是被内在主观意念所左右的一种计划性行为,行为、个人认知和外界相关的环境会双向的彼此影响,但这种双向的影响并不代表着他们之间的影响力是相同的,也不代表着每个方向的相互影响会同时发生。

Bandura, A 为社会认知是影响人们行为的重要因素,因此社会认知理论最适合用来解释动态环境中人的行为,他将认知、自律行为和自省的过程作为社会认知理论的因果模型框架,行为、个人认知和外界环境会通过这种模型框架发展,培养个人使用某种能力的信心,这样的话,就能拥有有效地完成某项任务的能力,同时加强个人行为的动机。许多传统心理学的理论强调个人行动将会影响个体的学习。但社会认知理论认为如果人的知识或技能养成只能通过直接实验的方式学习,这意味着人类文明发展的速度将非常的缓慢。但事实上,人们是可以通过行为、认知和环境三者之间的相互影响和因果转化过程,扩展知识,人们可以通过观察他人的行为和结果来达到获取信息和学习的效果。

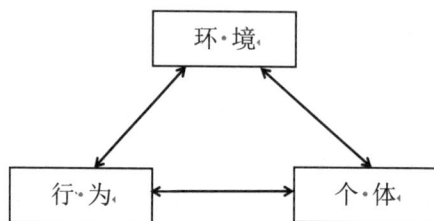

图 3-1 社会认知理论模型

老年人使用信息技术的影响因素很复杂,会因为技术的不同、应用的情景不同以及使用者背景的不同而不同。在文献分析的基础上,我们对老年人初次采纳及持续使用社会化网络服务行为的影响因素进行分析。影响因素是多元的,这些因素之间并不是孤立地发挥作用,而是相互作用的。老年人使用行为不但要受到个人特质以及对社会化网络服务认知的影响,还会受到周边环境和人的干扰,而在使用的行为过程中也会不断地从外界获取信息,从而改变自己对社会化网络服务的认知。因此,可以用社会认知理论,从个体、行为、环境三个方面来分析老年人社会化网络服务采纳和持续使用行为的影响因素。

（一）个体因素

所谓的个体就是指老年人,个体因素包括了老年人的生理,认知,情感态度以及性别,教育背景,工作经历,社会关系等方面的特征。除了人口统计变量外,影响老年人社会化网络服务采纳行为的个体因素主要包括老年人认知及老年人的信息实践两个方面。

（1）人口统计变量的影响

大多数研究表明，随着年龄的增长，老年人对采纳和使用信息技术的态度会趋向于负面。主要体现在年龄的增长导致的老年人生理功能以及心理状态的改变都有可能会导致老年人对信息技术产生焦虑。然而也有学者研究认为，年龄增长对老年人群使用信息技术态度的负面影响，只是作用在某些维度，比如舒适感、竞争压力以及控制能力等。

性别变量对老年人使用信息技术态度的影响，也是常常被研究的主题。Morris，Venkatesh 和 Ackerman（2005）研究发现，随着年龄的增长，性别因素对老年人采纳和持续使用信息技术影响因素中的态度、主观规范、感知行为控制等因素有较强的干扰作用。有的研究指出男性比女性对使用信息技术的态度更加正向和积极。但大多数研究并没有给出性别对信息技术使用态度影响的明确结论。

在对老年人信息技术采纳和使用的研究还显示，对使用信息技术的态度更加积极和正向的老年人们，大多具有更多使用信息技术的经历。而这些经历在这些大量关于态度变量的影响作用的研究表明，老年人对使用信息技术的态度影响因素是存在的，但并不具有很强的影响作用。

研究结果显示具有较高的文化水平、收入和从事与电脑有关的职业经历的老年人也更加容易接纳信息技术。

（2）生理方面的障碍

很多研究都指出，随着年龄的增长，老年人的空间关系、记忆力等都会减退，这可能造成老年人感觉器官上的功能缺失，例如听力、视力和双手灵巧度的衰退等。虽然，加强计算机软硬件的实用性可作为弥补这些衰退的方法，例如，使用大屏幕和大尺寸硬件，辅助强化收音和扩音效果；在软件方面，使用文字说明、加强视觉显示，有助于提高老年人对计算机的使用率。超媒体和多媒体系统对于老年人使用程序也会有很大的帮助。但是，因为老年人对于新知识与新技术的学习，需要花费比一般成人更长的时间，所以在教授老人使用信息技术和应用服务的过程中必须具备更多的爱心与耐心。

（3）心理方面的障碍

因为缺乏学习动机、缺乏自信、畏惧新科技、害怕与年轻人竞争等因素，老年人往往对于学习新科技望而却步。由于老年人对于自己的学习能力缺乏信心，怀疑自己的学习能力，因此必须引导老人依据自身的行为能力、技术接受能力、兴趣爱好，规划合适的学习方法和途径。相关的教育或服务机构也应该尊重老人的独特性及自我价值，在教学过程中宜采用相互尊重、共同合作的教学方式，避免给予老年人太大的学习压力，并且强调师生间的良性互动，即一方面给予学习者自由表达及充分练习的机会，另一方面教师必须给予实时地响应与适当的回馈。至于有关计算机的学习课程，则可以根据老年人的教育需求进行设计，总而言之，要帮助老年学习者克服科技恐惧症。

（4）认知方面的障碍

技术使用的障碍还会导致一个结果就是，老年人对创新型信息技术的态度，由于他们缺乏使用信息技术的经验和技能，所以他们主观上就会对创新型信息技术进行抵触，不愿意进一步了解信息技术，认为这些技术只是适合年轻人而不适合老年人。另一方面，由于这些创新型信息技术并不是针对老年人来设计的，他们在刚刚接触信息技术时的不适从感，也会使得他们认为这些信息技术和应用服务不适合他们，他们也无能力使用这些信息技术。由于不了解，所以老年人甚至会认为信息技术对他们而言是危险的，不会给他们带来什么效益，从而阻碍了老年人进一步接纳和使用信息技术。

（二）个体行为

正如上文所述，生理上的老化以及心理状态的改变都会影响老年人使用社会化网络服务，目前，老年人使用信息技术以及加入网络虚拟社区的人数仍然少于年轻一代，但人数已经在逐年增加。许多研究表明，越来越多老年人开始成为信息技术的拥趸，而且他们使用信息技术的动机和目的也越来越多样化。

进入 21 世纪以来，信息技术得到广泛的应用和普及，所以这个时代的老年人大多了解甚至接触过各种各样的信息技术，对信息技术其实并不陌生。近些年来的研究表明，21 世纪的老年人使用信息技术和互联网应用的行为内容基本上跟年轻人是一样的，只是在应用的广度和深度上有所不同，在使用网络服务和各种功能方面，老年人不会像年轻人一样去专研它们，去重复掌握和挖掘该功能或服务的全部效用。但研究表明，在老年人初次使用信息技术的时候，如果能得到更多的鼓励和支持，那么对他们继续使用信息技术是至关重要的。

老年人最常用的网络应用服务是交流和取得社会帮助。通过网络应用服务可以增强与家庭和朋友的联系，特别是与第三代的联系可以与忧伤和孤独做斗争，克服地理空间的和行动的限制。通过使用电子邮件、即时通讯、在线论坛等网络应用服务，老年人可以与社会进行交互及获得社会支持和帮助。老年人网络应用服务的另一个重要的应用包括，休闲娱乐和信息搜索，特别是健康信息，教育技能方面的信息。

当然，老年人的信息行为本来就是一个复杂的决策过程，会受到方方面面因素的影响。过往的文献研究显示，老年人不使用信息技术的原因或者在使用过程中存在的障碍主要集中在：对信息技术缺乏正确的认知，认为信息技术是年轻人的"专利"，它们对于老年人而言没有任何作用；缺乏使用信息技术的兴趣和动机，对信息技术不感兴趣，也不知道它能干啥；缺乏使用信息技术的必要知识和技能，不知道该如何使用具体功能，出现问题如何解决；担心信息设备会损坏以及会产生费用；老年人自身生理功能退化，使得它们没办法灵活、顺畅地使用信息技术。早期，大家普遍认为信息技术成本阻止了老年人使用新技术，但随着信息技术使用成本的不断降低，老年人对信息技术缺乏认知以及感知其利益，不知道使用信息技术能给他们带来什么利益，这才是阻碍老年人使用信息技术的罪魁祸首。要么技术不能满足用户的需求，或者他们不懂技术充分升值的好处。在任何情况下，都需要解决各种问题以鼓励老年人使用信息技术。

但随着信息技术的不断发展以及信息技术使用的成本不断降低，在以往老年人所担心顾虑的因素以及障碍，现在看来，都在不断地改变。

（三）技术使用的环境

所谓环境是指老年人使用信息技术的外部环境，包括信息系统软硬件、周围相关人员的影响、使用的情境和服务类型等，以及使用界面、技术培训、技术支持、系统使用成功度和满意度等。

（1）技术使用方面的障碍

技术使用障碍可以从两个方面来分析。首先，老年人特别是高龄的老人群，由于他们在过往的学习和工作中对信息技术接触很少，甚至有的老年人从未接触过计算机网络等先进信息技术，所以他们在面对创新型的网络信息技术和各种眼花缭乱的应用服务时，往往无所适从、心存畏惧，所以就阻碍了他们接纳和使用创新型的信息技术。另一方面，网络信息技术的设计以及服务应用的开发大多是面向年轻一代，或者说很少有专门面向老年人的技术和应用。所以，从人机工程方面来看，复杂的屏幕功能、字体大小、页面布局等设计以及应用服务的功能等等对老年人特殊生理和心理因素的考量都不充分，所以，导致老年人在创新型信息技术面前无所适从，打消了他们接纳和使用创新型的信息技术的意愿。

生理和认知能力方面的每一种变化都会实实在在的影响老年人群对信息技术的采纳和使用。例如，计算机和网页的界面需要更大的字体，声音要在特定的频率范围，减少目录层次，降低鼠标运动的灵敏度等等。老年人注意力和记忆力以及空间识别能力等都在改变，这就需要信息技术的界面不能有太多的干扰，需要设计更多的记忆线索以便老年人更加容易学习和理解。

（2）获得技术支持和帮助方面的障碍

适当的培训，特别是能够获得实时的帮助，这对老年人采纳和持续使用信息技术往往也是很重要的。有许多老年人其实是愿意接触和使用信息技术的，但由于老年人群自我学习能力下降，所以他们面对那些复杂的创新型信息技术时，往往感到无所适从，不知从何下手，特别是在遇到困难时，无法及时解决，这样就会使得老年人丧失对使用信息技术的信心。同时，由于老年人记忆力减退，在遇到同样问题时，他们可能要反复多次才能真正地掌握，这时候如果不能给予老年人反复的耐心的帮助，那么同样会打击老年人使用信息技术的自信心。从而阻碍他们进一步接触和使用创新型信息技术。

老年人信息技术使用的环境是独特的，因为在自然年龄不断增长的过程中，老年人群的生理和认知能力都发生了改变，而这些改变也导致了老年人信息需求和技术使用的特殊性。很多文献研究了老年人使用信息系统交流的方式方法以及系统界面，例如，希望通过分析健康管理系统、邮件应用系统等面向老年人的特殊系统来对进一步了解如何开发适合老年人的系统。

针对老年人不断变化的认知能力，研究者提出了对老年人进行培训，帮助他们熟悉和使用信息技术。有研究设计了老年人系统训练的模型和框架，采用传统的方法去做训练或在线学习。

西方学者认为网络信息技术学习是一个社会性活动，也就是说社会因素也是影响老年人使用网络信息服务的重要因素之一。研究指出家庭社区、教堂教会宗教场所以及工作环境等对老年人使用网络信息服务有非常的影响最大。此外，重要的机构、亲人朋友和有影响力的媒体等老年人所认为的"权威"会对老年人使用信息技术产生较大的影响。

综上所述，基于SCT模型的分析框架，老年人社会化网络服务采纳行为的影响因素包括：老年人个体内在的影响因素，比如性格、年龄、人格特征等；老年人的信息行为，比如信息获取、信息共享的行为方式等；外在环境的影响因素，比如社会因素和技术方面的因素等。具体见图3-2。

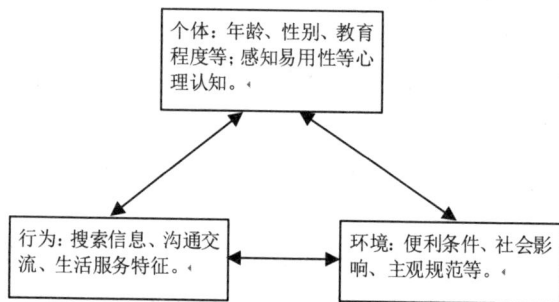

图3-2 老年人社会化网络服务采纳的SCT模型

3.5 老年人社会化网络服务采纳的过程模型

（一）个体采纳过程研究模型

采纳过程是指个体在进行购买、接受以及继续使用某产品或服务的心理和行为过程。研究显示采纳过程是一种多阶段及连续性的过程，是心理学和行为学相互交互的结果。近年来，针对个体或组织在信息技术采纳前后的行为特征的研究逐渐成为一个研究的热点。

（1）创新扩散模型

在众多的创新过程模型当中，最常被引用的是Rogers在1983年所提出的创新扩散理论（Innovation Diffusion Theory, IDT），该理论是研究创新事物在社会体系间，在一定时间内，通过一定渠道进行传播的过程。创新扩散理论指出，任何一种新事物（如新观念、新发明、新风尚、新科技、新产品等）从诞生到逐步被社会大众所接受而流行起来，都会经历一个在社会体系中推广或扩散的过程。创新扩散过程中包括了"创新(Innovation)""时间(Time)""传播管道(Communication Channels)"及"社会关系(Social System)"四个主要的元素。Rogers指出创新扩散是一个过程,经过时间积累,社会体系中的成员通过选择某一渠道,采纳某种创新发明。由于这种决策过程是个体的自主决定,而不是权威性或者是集体性的决策,因此,每个个体的采纳过程大致要通过知识、说服、决策、实践、确认等五个步骤,如图3-3所示。

(1)知识阶段:知道这项创新的存在,而且对它的功能有了初步的了解;

(2)说服阶段:对创新事物形成认同或不认同的态度;

(3)决策阶段:采取行动做出采用或拒绝这项创新的决定;

(4)实践阶段:开始使用创新事物;

(5)确认阶段:使用之后有更清楚的了解,使用者会继续使用,并将个人经验传播给其他的潜在使用者,可能会影响他们采用创新事物的态度。

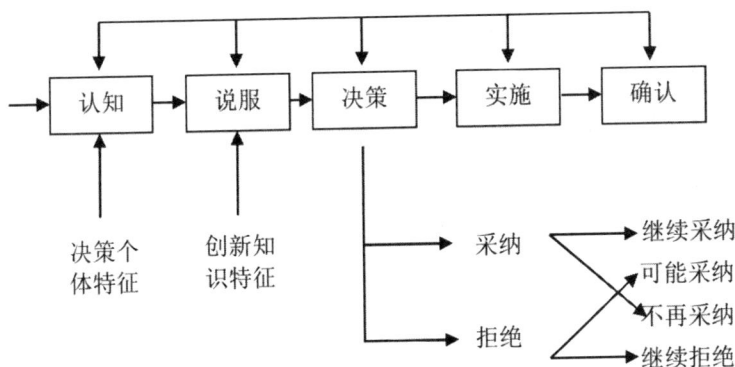

图3-3 创新扩散过程模型

通常创新决策过程的五个步骤是依照时间顺序出现的,每个人的创新决策期都不相同,有的人从获得创新信息到最终采纳的过程非常快,但有的必须花好几年的时间才能接受一项创新。

同时,Rogers也指出,在创新扩散的过程中,各个阶段的影响因素是不相同的。他认为认知阶段会受先前类似产品使用经验及决策个体特征的影响,而说服阶段则会受到创新知觉特征以及信息获取的来源和渠道的影响。其中,先前相类似的经验包括潜在使用者以往采纳创新产品或服务的经验、现在面临的问题和对于解决该问题方案的诉求、对采用创新的态度以及社会对潜在采用者采用创新的看法等影响;决策个体特征包括社会经济特征、人格变量以及沟通行为习惯等三方面;创新知觉特征则包括产品相对利益、产品兼容性、产品可试用性、产品可观察性以及产品复杂性等五项。

(二)信息技术采纳的二阶段模型

Bhattacherjee认为:变化是人生中不可避免的事情,我们在成长的过程中不断地改变着自己的观念，对事物的态度以及生活习惯。同样，人们使用信息技术的信念、态度、意图甚至使用动机也是随着时间以及人们使用信息技术的经历而不断变化的。在 1990 年，Melone 就曾经指出信息技术采纳领域的研究者忽视了人们初次使用信息技术的态度如何随着时间而变化的问题。信息技术的初次采纳并不代表着用户会持续使用，也就是说对用户采纳信息技术的研究应该从初次采纳的静态研究延续到持续使用的动态研究。

Olive 在商品销售研究领域提出的期望不确认模型（EDT），来预测个体在商品购买过程的行为。Bhattacherjee 在 2004 年参考了 Olive 的 EDT 模型，构建了二阶段信息技术使用过程模型，模型中有感知有用性、期望不确认、态度以及满意度 4 个变量，具体过程如图 3-4 所示。

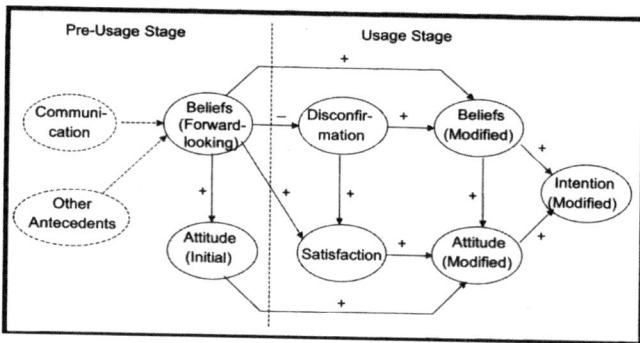

图 3-4　Bhattacherjee 的信息技术使用二阶段模型

Bhattacherjee 在模型中将初次采纳设定为 T_1，采纳后的持续使用设定为 T_2。他认为：在 T_1 时间段对信息技术的信念和态度会随着时间的推移，在 T_2 时间段发生变化。在变化过程中起到影响作用的变量是用户在使用过程中的满意度以及对产品或服务期望的确认程度。在采纳后的持续使用过程中，如果满意度和期望得到确认，那么在 T_2 时间段，用户对信息技术的态度和信念就会发生正向的变化，也就是说，这种变化是会促进用户做出持续使用信息技术的决定的。Bhattacherjee 对使用 2 种不同信息技术的人群进行了实证研究，结果证明了该模型的有效性和解释力。

Venkatesh 在 2011 年对 Bhattacherjee 的信息技术使用两阶段模型进行了拓展，在两阶段模型中融入了 UTAUT 模型的变量，使用户信念更加具体化，如图 3-5 所示。他认为在 UTAUT 模型中的绩效期望变量等同于 Bhattacherjee 模型中的感知有用性变量，因此，在他的两阶段模型中用户信念具体为感知有用性、努力期望、社会影响、便利条件和感知信任 5 个变量。在模型验证的环节，他们选择了香港 2 个不同的电子政务系统作为实证研究的情境，使得模型更具有实践意义。实证研究的结果证明了人们使用信息技术的信念和态度是会随时间推移而发生变化的，但在不同的应用情境下这种变化是不同的，变量之间的关系以及解释力在不同的应用情境下也是不同的。

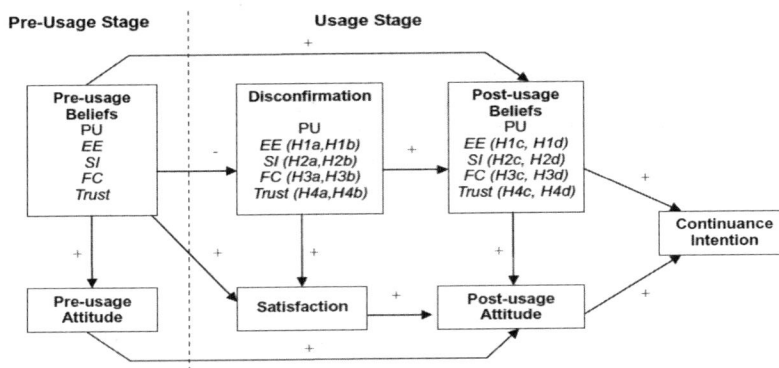

图 3-5　Venkatesh 的信息技术使用二阶段模型

一系列的研究表明，人们使用信息技术的信念，态度以及意图等是会随时间的流逝而不断变化的，大多数学者都将信息技术采纳过程分为采纳前阶段，也就是初次采纳阶段和采纳后阶段，也就是持续使用信息技术阶段，在这两个阶段中影响用户初次采纳和持续使用信息技术的影响因素是不尽相同的。在模型构建时，普遍的做法是将不同的理论模型进行整合，再根据具体的应用情境添加适当的变量。此外，学者们也普遍认为信息技术采纳的决策过程会因为不同信息技术及服务的特征而不同，也就是说信息技术的应用情景不同，采纳的决策过程以及采纳的影响因素也是不同的。

（三）老年人社会化网络服务采纳的过程模型

参考过往的研究文献，老年人群采纳社会化网络服务的过程也可以分为初次采纳和采纳后持续使用两个阶段。老年人社会化网络服务采纳过程是指老年人初次采纳了社会化网络服务后，继续使用该服务的行为。从时间维度来看，初始采纳是持续使用的前期阶段，也就是 T_0 阶段。当老年人初始采纳了社会化网络服务以后，有一部分用户开始频繁使用社会化网络服务，进入持续使用阶段，也就是 T_{0+t} 阶段。持续使用是社会化网络服务使用行为发展的高级阶段，初始采纳向持续使用的演化反映了老年人使用社会化网络服务行为发展的动态过程。初次采纳对新技术的成功推广有很重要的意义，但新技术要真正被广泛使用，还必须依靠用户对新技术的持续使用。如图 3-6 所示。

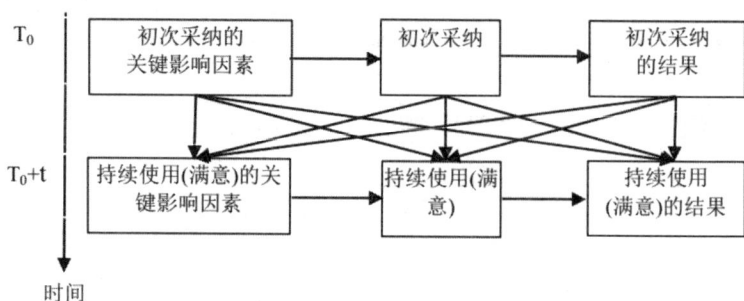

图 3-6 老年人社会化网络服务采纳动态演化模型

首先，老年人必须对社会化网络服务要有个大致的了解和认识，并开始尝试使用社会化网络服务，在初步接触和了解这类服务后，才会进一步深入地使用社会化网络服务。因此，初次采纳阶段是老年人了解、接触、学习，并开始使用信息技术的阶段。在实际使用过程中，老年人会对社会化网络服务做出主观的评价，判断是否达到预期，或者令自己满意，从而决定是否继续使用。因此，持续使用阶段是老年人开始经常性使用信息技术，能够较熟练使用某些功能完成特定任务，甚至沉浸在某些功能和服务中的过程。我们认为，随着时间的推移，通过对社会化网络服务的不断接触并且进一步的了解，老年人群初次采纳和持续使用社会化网络服务的影响因素以及他们对社会化网络服务的满意度和态度都会发生变化。正如，我们在上述基于 SCT 模型的影响因素分析中所提到的，这些采纳和使用前后的行为和主观信念的变化有可能是外在环境因素造成的，也有可能是老年人在使用社会化网络服务的时候，个人主观信念发生变化造成的。

社会化网络服务使得人们之间可以进行交互，可以分享信息、可以实时通讯、可以根据自己的需求加入某个特定的网络虚拟社区等等。这些特点使得社会化网络服务有别于传统的信息技术，是一个相对较为特殊的应用情境。同时，老年人群也是有别于其他群体的特殊群体。因此，我们在研究中，参考 Venkatesh 和 Bhattacherjee 的信息技术采纳两阶段过程模型，构建老年人社会化网络服务的两阶段过程模型。如图 3-7 所示。

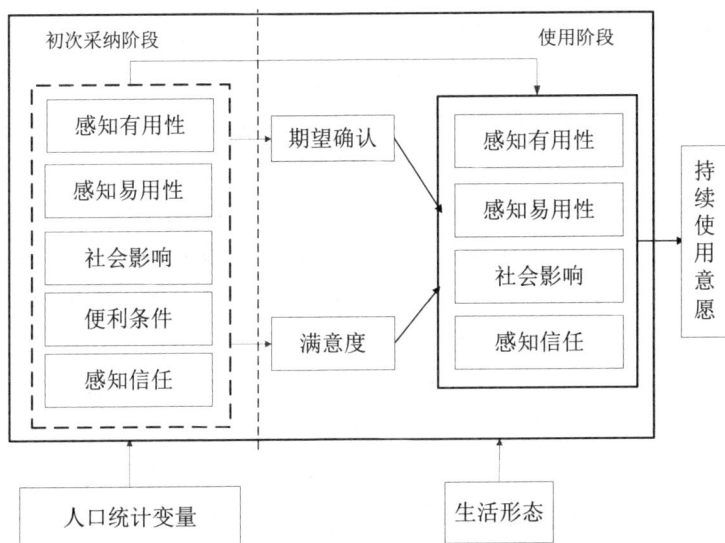

图 3-7　老年人社会化网络服务采纳两阶段模型

　　老年人在采纳社会化网络服务的初级阶段，对社会化网络服务会产生各种质疑和不确定感。在这个阶段，老年人的亲戚朋友以及周边已经使用了社会化网络服务的人群，甚至商业营销等因素都会对老年人采纳社会化网络服务产生推动作用，这可以用社会影响变量来刻画。根据过往的文献分析，在许多不同的应用情境中，感知易用性对信息技术采纳的影响都得到了实证研究的确认。当老年人开始有意识接触新技术的时候，感知技术易用性对老年人初次采纳信息技术的影响或许会更大，社会化网络服务越容易使用，老年人采纳社会化网络服务的意愿和行动就越快。此外，人们在使用这些新信息技术的过程中是否能得到及时的帮助，也就是说人们是否拥有使用新技术所需的便利条件也被实证研究证明其会对人们采纳新技术造成正向的推动作用。除了不能接受或不方便使用之外，新的信息技术得不到老年人充分使用的另一个主要原因还有可能是该技术并不能完全满足老年人的需求。也就是说即便老年人知道社会化网络服务是非常有用的，而且很多人在使用它，但如果老年人认为该服务与其需求任务不相匹配时，他仍可能放弃使用这种技术。新的信息技术必须与老年人的生理和心理需求相匹配，老年人才有继续使用这种技术的意愿和动力，也就是说社会化网络服务是否对老年人具有有用性也会推动老年人采纳社会化网络服务。老年人行为较严谨，而且更愿意分享自己的人生经历，但网络环境的虚拟性特点以及老年人群的心理特征对老年人采纳社会化网络服务会有较大的影响。也就是说老年人的对社会化网络服务的感知信任会直接影响到他们的采纳行为。此外，各领域针对老年人行为的研究均表明，老年人的生活形态和居住状况等都影响着老年人的接受创新科技产品的决策行为。

　　老年人在采纳了社会化网络服务之后，有一部分老年人开始进入持续使用阶段。期望确认模型从个体心理认知角度出发，用感知有用性，确认程度以及用户满意度来研究影响用户行为意愿，但该模型没有考虑到环境因素及行为控制因素的影响，解释能力有限。因此，仅仅采用ECM来研究信息系统采纳后的持续使用意图，显然也是不足的。近年来，越来越多的研究人员在不同的情境下将期望确认理论与技术接受模型等经典模型整合起来研究信息技术采纳后的持续使用行为，他们将用户满意度、对期望的确认等因素结合起来进行信息系统采纳后行为研究的模型构建，这种组合模型的实证研究代表了最近的研究趋势。比如，Premkumar 和 Bhattacherjee（2008）比较了ECT模型和TAM模型来预测信息系统的持续使用，发现ECT和TAM的组合模型比其中任何单独一个，都能更好地解释用户持续使用信息系统的行为。

正如上述的分析，ECM模型只有满意度、期望确认和感知有用性三个自变量。然而，老年人群持续使用社会化网络服务的意愿可能会被其他因素影响，而这些影响因素都需要用其他的采纳模型来补充。老年人身边亲戚朋友对他们的影响，老年人还可能会感觉到他们缺乏必要的资源和技能等，还有老年人的态度如何影响其持续使用意愿等，这些影响因素可以用TPB模型来解释；老年人使用社会化网络服务一方面是为了获得有价值的信息，另外也是希望通过社会化网络服务扩大社会交往圈，与亲戚朋友沟通交流。当感觉到周围对他具有重要影响的亲戚朋友也会使用社会化网络服务时，老年人应该都会接受融入与大家相同的行为活动中来。TPB模型中的"主观规范"变量可以用来解释这种现象。如果社会化网络服务系统页面设计复杂、功能应用程序繁琐，使得老年人对信息技术的操控能力不强，或者如果老年人缺少必需的资源以及技术帮助，这些也会影响他们持续使用意愿。TPB模型中的"感知行为控制"变量可以用来解释这种现象。ECM、TAM和TPB等模型在信息技术采纳方面已有很好的应用，而它们之间有着很好的互补性，因此越来越多学者将他们结合起来，从而加强模型的解释力。Taylor（Taylor &Todd，1995a，1995b）指出TAM模型中的感知易用性和感知可用性可以作为态度变量来弥补TPB模型的缺失。此外，老年人在使用SNSs过程中，感知娱乐性以及感知风险和信任也是两个重要的影响因素。

基于以上分析，在ECM模型基础上，结合老年人群的信息需求以及社会化网络服务的技术特点，整合计划行为理论和技术采纳模型，构建了老年人社会化网络服务的二阶段过程模型。在后续的研究中，将对该过程模型的影响因素进一步分析确定，并提出相应的假设来研究和探讨老年人初次采纳和持续使用社会化网络服务的意愿和影响因素。

3.6　小结

随着基于Web2.0技术的社会化网络服务被广泛使用，越来越多的老年人也开始接触和使用社会化网络服务。但由于年龄的增长，老年人群在生理、认知以及技术接受能力等方面都开始不同程度的衰退，相对其他群体而言，老年人群对网络信息的需求有着其特殊性,而生理和认知能力方面的每一种变化也都会实实在在的影响老年人群对信息技术的采纳和持续使用。本章在文献综述的基础上,对老年人的生活状况、信息需求以及老年人使用信息技术的行为进行分析,并采用SCT模型,从个体、行为和环境三个方面对老年人群使用社会化网络服务的影响因素进行分析,构建老年人社会化网络服务采纳的两阶段模型,为后续研究奠定基础。

4 老年人社会化网络服务初次采纳影响因素研究

在前面章节，我们对老年人初次采纳和持续使用社会化网络服务的影响因素以及行为过程进行了分析，并构建了老年人社会化网络服务初次采纳和持续使用行为的两阶段过程模型。本章节的主要目的是探讨老年用户初次采纳社会化网络服务的影响因素及影响力，研究目标有两个方面：1.探讨老年用户初次采纳社会化网络服务的关键影响因素，分析这些因素对老年人初次采纳社会化网络服务的影响作用；2.分析人口统计变量及生活形态等外部变量对老年用户初次采纳社会化网络服务的影响及干扰作用，探讨老年用户初次使用社会化网络服务的状况。本章首先通过质性研究中的深度访谈方法对两阶段过程模型中的初次采纳阶段进行深入分析，进一步的明确老年人社会化网络服务初次采纳的影响因素，然后在文献分析的基础上，以经典的科技采纳模型为基础，构建老年用户社会化网络服务初次采纳的分析模型并提出假设，通过问卷调查进行实证研究，对模型假设进行验证。

4.1 质性研究—深度访谈

在文献分析的基础上，我们采用质性研究中的深度访谈方法，探讨老年人社会化网络服务初次采纳的影响因素。

（一）深度访谈的目的

深度访谈的主要目的是深入了解老年人初次使用社会化网络服务的状况；更加明确地确定老年人初次采纳社会化网络服务的影响因素，从而构建老年人初次采纳社会化网络服务模型。

（二）深度访谈准备和程序

采取半结构化访谈的方式，以老年人社会化网络服务初次采纳和持续使用行为两阶段过程模型为基础拟定访谈大纲。正式访谈受访者时，研究者先向受访者说明访谈的过程，包括研究的目的、访谈所需的时间、研究过程、结果去向以及受访者隐私保护等问题，再以生活化的对话方式展开访谈。访谈由研究者亲自进行，每次访谈时间约三十分钟左右。访谈的提问方式不限定特定语句，尽量中立和简短，并以口语化的交谈与受访者互动，避免加入个人主观想法诱导受访者，同时也避免使用学术专业名称。受访者围绕访谈大纲,进行轻松愉悦的交谈,根据自身使用社会化网络服务的经验表达自己的看法与感受。研究者在访谈过程中尽量让受访者回想并回答过去使用网络服务的状况,描述各种想法和心得,甚至于期望,以便更广泛获取有利于研究的资料。访谈一般由两个人构成,一人以访谈为主、另一人以记录为主,形成文字稿。访谈完成后,尽量在一两天内完成访谈资料的录入,希望在访谈情境印象仍深刻时,将访谈资料完整正确地逐字记录下来,确保信息的完整性及正确性。访谈资料归整完成后,将超过半数的受访者所提出相似见解和感受归为同一类别,然后与过往学者的研究文献相比较,找出文献中提出的相似变量,从学术的角度去定义这些变量,让它们更能符合老年人初次采纳社会化网络服务的研究情景。这样做的好处是可以避免完全由研究者主观意念来归纳整理变量,增强本研究后续问卷的专家效度和内容效度。

本次深度访谈于 2014 年的 2 月 15 日开始,2014 年 6 月 15 日结束。

（1）访谈样本

深度访谈的对象是要求有网络使用经验的,最好是具有网络服务使用的经历,所以我们采用的是"目的性抽样"的方法来选择样本对象,有针对性进行挑选,同时尽量兼顾到不同年龄、性别和教育程度的老年人。我们总共进行了 6 次访谈,每次 1 位老人,每位参加访谈的老年人都能独立使用电脑和网络,能较熟练的使用互联网中的某些服务应用或社会化网络服务的某些具体功能。

参与访谈的老年人来自江西省南昌市某些高校和某些社区。表 4-1 是 6 位参加访谈老年人的基本信息。

表 4-1 参与调研的老年人编码

编码	性别	年龄	职业	居住情况	教育程度
P.1	男	58	教师	夫妻同住	硕士
P.2	男	65	机关人员	夫妻同住	大学
P.3	男	63	企业职员	子女同住	高中
P.4	女	65	企业职员	夫妻同住	中专
P.5	女	59	教师	子女同住	大学
P.6	女	68	教师	子女同住	大学

（2）访谈大纲

在第三章提出的老年人社会化网络服务初次采纳和持续使用行为两阶段过程模型中,影响老年人初次采纳社会化网络服务的潜在变量包括感知有用性、感知易用性、环境影响、便利条件、感知信任、努力期望等。深度访谈大纲就是参照两阶段模型而拟定的,访谈大纲的主要问题以及在访谈过程中的对话引导都是围绕着两阶段模型中所提及的潜在变量以及老年人的行为特征。主要问题如下:

对社会化网络服务（社交网络）是否了解?使用的时间有多长?主要使用什么服务?你觉得这些功能服务是否有用?开始使用的时候是怎么知道的?是谁教你使用这些功能的?难不难?使用社会化网络服务过程中是否有什么顾忌和担心?

（3）资料整理

访谈结束后，首先对受访者描述的感受和想法进行整理、分析和归纳，将意思相同的概念归类至某一范畴，并赋予该范畴一个概念化的名称，经过范畴化与概念化的过程之后，形成变量因子。然后将这些归纳出来的影响因子与两阶段模型中提及的概念或论点进行比较分析，当受访者所表达的内容与某变量相似时，将进一步确认受访者表达的意思是否与此变量定义相同，并将过半的受访者所提及的想法和感受作为主要的影响因素。这些影响因素作为后续研究模型以及研究假设的变量。经过整理分析，提取大家都熟知的因素或概念。经过深度访谈，最后归纳总结得到了感知有用性、感知易用性、社会影响、便利条件和感知信任 5 个概念。

部分访谈实例：

（1）老年人对社会化网络服务的了解以及使用情况

老年人对社会化网络服务的概念并不是特别清楚，有的老年人对社交网络的概念有了解，而有的老年人只清楚互联网的概念。但如果跟他们说 QQ、微信或淘宝等具体的应用服务，他们就比较清楚了。受访老年人经常使用的功能是微信、小游戏、网络理财、看新闻等服务。

"不清楚什么是社会化网络服务，我只知道现在的这些网络功能都叫什么社交网络，我平时就是上微信，前几年用过一下 QQ，主要都是用智能手机啦，电脑用得少，偶尔上网看看股票还有新闻信息之类的。"

"我经常使用微信，主要是用智能手机，电脑主要是用来炒股，看些新闻和视频。"

"我听说过社交网络的名词，不知道具体是什么。我使用网络有很长时间了，我会上网看新闻查数据，看视频，有时候炒股。我平时会使用微信，前几年用过 QQ。"

"我上网已经很多年了，原来主要是打打游戏、看看新闻和电视剧等，现在上微信比较多些，看看朋友圈和新闻之类的。前几年用过一下 QQ。现在主要是用智能手机，会经常上网炒股。"

（2）老年人对于社会化网络服务的感知有用性是明显的

总体而言，老年人普遍认为他们所使用的微信，淘宝等网络服务是有用的。

"我比较喜欢微信，可以跟朋友同学家人联系，特别是可以用语音对话，这个太方便了，不用打字和打电话了，我觉得现在网络的作用非常大。"

"我平时主要是用微信联系小孩还有原来的同事朋友，挺方便的，原来很多年都没有联系的同学和老同事都联系上了，可以经常看看他们的动态，挺好的，打发时间。我不太用网络，只是看看新闻和视频之类的，看看股票信息。"

"网络是很好的，我是老师，原来很多数据都会使用网络去查，跟学生沟通交流也经常通过网络，现在微信使用很频繁，现在的科技真是很有用。"

"现在的网络很方便了，跟原来比，用处大多了，我会在网上购物、缴费、查资料，用微信跟朋友、老同事还有孩子们联系非常好。"

（3）感知易用性对于老年人最终决定是否使用互联网有一定的影响

"我觉得网络服务还是比较容易学会的，但更复杂的功能就玩不好了，主要是年纪大了，经常会出错，打错字还有会忘记一些事情。时间长了以后，简单的功能都没什么问题，当然希望以后能多考虑考虑老年人，操作复杂了，我以后就不一定会用了，太累。"

"老年人当然喜欢使用起来能够方便点，有些功能太复杂了，看得眼花。使用方便当然是老年人最关注的，太复杂了，学起来太难，而且操作起来很不方便。"

（4）社会影响

大多数老年人使用社会化网络服务是受到了周边人和环境的影响。

"我最先知道微信是我女儿告诉我的，她教会我使用的，后来发现越来越多的朋友也在使用微信，网络我是前几年就开始用了，主要是上网看股票，女儿帮我下载些连续剧。我现在跟朋友联系基本上都是通过微信，聊天啊，转账之类的。"

"我使用微信的主要目的是跟家人和朋友联系，然后看看他们发的信息，打发时间，我自己很少发朋友圈的，最先开始使用微信也是受到朋友的影响，过年用微信发红包，觉得好玩。"

（5）便利条件

在遇到使用困时，大多老年人还是通过子女或朋友来解决。

"我在上网和使用微信的时候，刚开始会有很多问题，有的是脑子不好用，忘记了，那我每次都只能问儿子，让他们教一下。反正我也不关心，都是儿子帮我弄好，买好手机，全部搞定给我。"

"现在条件好了，手机和电脑都不是问题了，小孩会帮搞好，如果出了什么问题，也是找他们解决。"

（6）感知信任

大多数老年人认为网络是否安全，自己不太清楚，因为没遇到什么特殊的问题。

"我不太清楚上网的安全性问题，我只用很简单的功能，而且又不涉及银行卡之类的，要付钱的时候，都是女儿帮我弄。不过听说网上骗子还有什么病毒很多。"

"我觉得还好吧，只要不转钱，我觉得没什么不安全的。"

4.2 老年人社会化网络服务初次采纳模型

在文献综述及老年人社会化网络服务初次采纳和持续使用行为两阶段过程模型的基础上，结合深度访谈所归纳出的5个影响因子，我们以经典的科技采纳模型为基础构建老年人社会化网络服务初次采纳模型，如图4-1所示。模型包括感知有用性、感知易用性、社会影响、便利条件以及感知信任五个自变量，老年用户采纳意愿为因变量，生活形态和人口统计变量为外部变量。

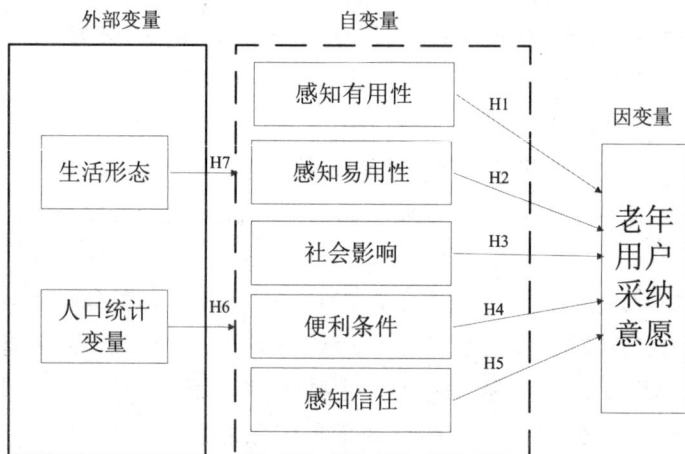

图 4-1　老年用户初次采纳社会化网络服务模型

　　老年用户在采纳社会化网络服务的初级阶段,对社会化网络服务会产生各种质疑和不确定感。在这个阶段,老年人的亲戚朋友以及周边已经使用了社会化网络服务的人群甚至商业营销等因素都会对老年人采纳社会化网络服务产生干扰作用。"社会影响"变量可以刻画关键影响人物和周围环境对老年用户采纳社会化网络服务的影响。根据文献分析,在许多不同应用情境中,感知易用性对信息技术采纳的影响都得到了实证研究的确认。由于老年人生理和心理的特殊性,感觉技术易用性对老年用户初次采纳信息技术的影响或许会更大,社会化网络服务越容易使用,老年用户采纳社会化网络服务的意愿和行动就越快。此外,人们在使用这些新信息技术的过程中是否能得到及时的帮助,也就是说人们是否拥有使用新技术所需的便利条件也被研究证明其会对人们采纳新技术造成正向的推动作用。除了不能接受或不方便使用之外,新的信息技术得不到老年用户充分使用的一个主要原因有可能是该技术并不能完全满足老年用户的需求。也就是说即便老年用户知道社会化网络服务是非常有用的,而且很多人在使用它,但如果老年用户认为该服务与其需求任务不相匹配时,他仍可能放弃使用这种技术。新的信息技术必须与老年用户的生理和心理需求相匹配,满足老年人的需要,老年用户才有继续使用这种技术的意愿和动力,也就是说社会化网络服务的有用性也会推动老年人采纳社会化网络服务。老年用户行为较严谨,而且更愿意分享自己的人生经历,但网络环境的虚拟性特点以及老年人群的心理特征对老年用户采纳社会化网络服务会有较大的影响。也就是说老年用户的对社会化网络服务的感知信任会直接影响到他们的采纳行为。此外,各领域针对老年人行为的研究均表明,老年人的生活形态和居住状况等都影响着老年用户的接受创新科技产品的决策行为。

4.2.1　模型变量定义

老年用户初次采纳社会化网络服务的模型中包括9个变量。其中自变量包括感知有用性、感知易用性、社会影响、便利条件和感知信任；因变量包括采纳意愿；外部变量包括人口统计变量以及生活形态。参考相关文献，并结合老年用户使用社会化网络服务的情景，对每个变量定义如下：

感知有用性（PU）

个体认为使用某一特定的信息系统能提升其工作或生活效益的程度。本研究定义为：老年用户感知社会化网络服务提升他们工作和生活收益（好处）的程度。

感知易用性（PE）

个体感知使用技术的难易程度。本研究定义为：老年用户认为他们使用社会化网络服务的难易程度。

社会影响（SI）

个体所感受到的受周围环境影响的程度。本研究定义为：亲朋好友以及社会环境对老年用户决定使用社会化网络服务的影响程度。

便利条件（FC）

个体主观地认为目前可获得的相关条件对采纳和使用行为的支持程度。本研究定义为：老年用户在使用社会化网络服务过程中，当遇到困难时所能得到帮助的程度。

感知信任（PT）

个体对某个系统及系统中其他用户的信赖程度。本研究定义为：老年用户对社会化网络服务的信任程度。

采纳意愿（UA）

个体决定进行某项行为时的意愿强度。本研究定义为：老年用户使用社会化网络服务各项功能的意愿。

生活形态（LS）

生活形态是一个群体或个人所遵从的某种生活方式，具体而言就是个体对自己该如何生活的一种观念。具体表现为打发时间、消费金钱的某种方式和态度。本研究定义为：老年人群内在心理特质和外在行为所形成的个人生活态度和生活模式。根据相关文献的定义，在研究中，将生活形态分为家庭居住型、积极活跃型和孤立保守型。

4.2.2　研究问题和假设

（一）研究问题1

探讨感知有用性，感知易用性，便利条件，社会影响，感知信任等变量是否对老年用户初次采纳社会化网络服务意愿产生影响，这些变量的影响程度如何？

（1）感知有用性的影响作用

相对于传统的线下服务，社会化网络服务在信息交流、信息传递以及拓展社交圈等方面都具有较大的技术优势，这些技术优势将大大满足老年用户的生活需求，提高老年用户的生活质量。同时，从单纯的搜索信息，到虚拟社区的沟通交流，再到电子商务和支付，老年用户的任务需求与社会化网络服务功能的匹配度也在不断增加，也就是说社会化网络服务对老年人的用处越来越大，从而促进了老年用户使用社会化网络服务。很多研究都表明成熟而实用的信息技术能够提高人们完成工作的效率，从而会正面的影响人们使用该信息技术的意愿。Venkatesh & Davis（1996）在实证研究中证明感知有用性对使用者采纳信息技术的行为意向有直接的影响效果。Kim and Lee（2009）在老年人使用类似 YouTube 的视频分享网站的研究中也证实，感知有用性对老年人使用网络服务有很强的影响力。一般而言，当老年用户在刚接触到社会化网络服务的时候，他们通常会将这个新技术跟他们现在完成某项任务的方式方法做比较，会考虑新的信息技术是否会给他们的生活带来更多便利或者是否会给他们的生活带来效益。因此，感知有用性能促进老年用户采纳社会化网络服务，反之则会影响或阻碍他们采纳社会化网络服务的意愿。因此，提出假设1：

H1：感知有用性显著且正向影响老年用户初次采纳社会化网络服务的意愿。

（2）感知易用性的影响作用

研究表明当新的技术不需要花费太多精力去学习的话，人们大多都会积极地去接纳新的技术。Venkatesh 指出信息技术的设计和主要功能是否可以让用户容易使用是技术（系统）被采纳的关键因素之一。特别对老年人而言，由于他们在生理和认知能力方面的衰退，使得他们对系统使用的便利性有更高的期望，如果他们感觉到新的技术更有效且更容易使用，那么他们就有采纳该技术的意愿，或者说能够促进老年人使用社会化网络服务。所以我们认为当老年用户感觉社会化网络服务容易使用或很容易学会，且不需要付出太多的努力，那么他们也会比较愿意采纳社会化网络服务，否则就会放弃。因此，提出假设2：

H2：感知易用性显著且正向影响老年用户初次采纳社会化网络服务的意愿。

（3）社会影响的影响作用

当一个人在决定是否使用新技术时，往往要受到其他人的影响。人们的从众心理和羊群效应都能解释社会环境因素对个体采纳信息技术的影响。社会影响在 Davis 最初提出 TAM 模型中并没有出现，但在后续的扩展研究中，该变量的重要性就不断地被证实，特别是对通讯类信息技术采纳意愿的影响。例如，在电子邮件和移动电话采纳行为方面的研究就显示，当用户发现周围使用电子邮件和移动电话的人数越多，那么他们使用这些通信工具的意愿也越强。关于社会影响对于老年人采纳信息技术的影响作用研究并不多，但它对老年人初次采纳信息技术的影响作用是显而易见的。研究发现家中年轻一代对老年人使用信息技术进行鼓励，会对老年人采纳信息技术有显著的正向影响。因此，当老年人群在决定是否采纳社会化网络服务时，往往也会受到诸如老年用户的朋友，亲戚是否也在使用社会化网络服务,对老年用户采纳社会化网络服务所持有的态度以及社会环境使用社会化网络服务的氛围等因素的影响。因此,提出假设3:

H3:社会影响显著且正向影响老年用户初次采纳社会化网络服务的意愿。

(4)便利条件的影响作用

对于非专业人士和新手来说,他们大多希望能有专业指导或有训练课程来帮助他们尽快熟练和熟悉新的技术。对老年用户来说更是如此,当他们在接触到社会化网络服务的时候,周围环境氛围对其使用新技术能给予一定程度的帮助,那么他们使用社会化网络服务的信心和意愿就会增强。当他们发现自己有能力使用新技术或者是在使用过程中能得到相应的帮助,那么就会促进他们采纳信息技术。因此,我们认为使用技术的自信心以及良好的技术使用环境会促进老年用户使用社会化网络服务。据此,提出假设4:

H4:便利条件显著且正向影响老年用户初次采纳社会化网络服务的意愿。

(5)感知信任的影响作用

Morgan and Hunt(1994)在信任承诺理论中认为信任与承诺是关系发展与维持的关键中介变量,能有效的降低离去倾向及不确定性风险。研究表明顾客对产品的信任程度是顾客忠诚度的重要驱动因素。网络是无中心、无监督、跨文化以及跨地域的环境,并且人们的沟通交流以及消费等活动大多是以匿名的方式,这种环境特点会存在很多的安全隐患,比如个人隐私问题、黑客攻击问题以及信息虚假等问题。人们使用网络以及网络服务的态度和意愿往往会受到这些问题的影响。当用户真实地感受到这些问题的存在且会对他们造成损害,那他们就会对网络服务产生不信任感,从而影响他们持续使用网络服务的意愿。由于老年用户的心理特征以及网络使用能力等问题,他们在参与社会化网络服务过程中,对交互个体以及所处的网络环境有更高的信任要求,或者说老年用户对网络环境具有更强的畏惧心理。对网络环境信任程度越高,老年用户对参与社会化网络服务活动的情感承诺也越高,有助于促进老年用户采纳社会化网络服务,增加老年用户的社会化网络服务的忠诚度。因此,提出假设5:

H5:感知信任显著且正向影响老年用户初次采纳社会化网络服务的意愿。

(二)研究问题2:人口统计变量以及生活形态外部变量对老年人群采纳社会化网络服务意愿的干扰作用,不同群组的干扰作用是否存在差异?

(1)人口统计变量对采纳意愿影响因素的干扰作用

人口统计变量是实证研究中重要的考虑因素,人们的决策和行为往往都会受到性别、年龄及教育程度等人口统计变量的影响。本研究中人口统计变量主要包括老年人性别、年龄、教育程度、职业经历和居住状态。因此,提出以下假设:

H6:人口统计变量对老年用户采纳社会化网络服务的影响因素具有干扰作用。

H6-1:不同年龄对影响因素的干扰作用有显著差异。

H6-2:不同性别对影响因素的干扰作用有显著差异。

H6-3：不同教育程度对影响因素的干扰作用有显著差异。

H6-4：不同职业对影响因素的干扰作用有显著差异。

H6-5：不同居住状态对影响因素的干扰作用有显著差异。

（2）生活形态外部变量对采纳意愿影响因素的干扰作用

生活形态就是人们生活、支配时间和金钱的方式，是个人价值观及人格特性经过不断整合所产生的结果，此种结果会影响个人决策行为。譬如，追求金钱或权势可以是一种生活形态，悠闲自在也可以是一种生活形态，那么选择不同生活形态的人在时间和精力分配以及人际交往的范围等方面都会有所不同。综合文献分析，提出以下假设：

H7：不同类型的生活形态对老年用户初次采纳社会化网络服务的影响因素会产生干扰作用。

参考相关文献以及老年用户采纳社会化网络服务的情景，本研究中的生活形态包括家庭生活型、积极活跃型、孤立保守型3个维度。

研究假设汇总，如表4-2所示。

表4-2　研究假设汇总

编号	研究假设
假设1	感知有用性显著且正向影响老年用户初次采纳社会化网络服务的意愿
假设2	感知易用性显著且正向影响老年用户初次采纳社会化网络服务的意愿
假设3	社会因素显著且正向影响老年用户初次采纳社会化网络服务的意愿
假设4	便利条件显著且正向影响老年用户初次采纳社会化网络服务的意愿。
假设5	感知信任显著且正向影响老年用户初次采纳社会化网络服务的意愿
假设6	人口统计变量对老年用户初次采纳社会化网络服务的影响因素具有干扰作用。
假设6-1	不同年龄对影响因素的干扰作用有显著差异。
假设6-2	不同性别对影响因素的干扰作用有显著差异。
假设6-3	不同教育程度对影响因素的干扰作用有显著差异。
假设6-4	不同职业对影响因素的干扰作用有显著差异。
假设6-5	不同居住状态对影响因素的干扰作用有显著差异。
假设7	不同类型的生活形态对老年用户初次采纳社会化网络服务的影响因素会产生干扰作用。

4.3　实证研究设计

本研究采用问卷调查的方法，通过发放问卷获取数据，并对数据进行统计分析，深入剖析老年人群初次采纳社会化网络服务的意愿及影响因素。

4.3.1　问卷设计

（一）变量测量

所有变量的测量问项都参考了已有的相关文献，包括相关情境中所采用的经典采纳模型以及诸如 Pew Research 等关于老年人使用信息技术的问卷调查报告。在量表设计中，尽可能采用成熟的经过验证的有效量表，同时也结合老年用户的特征以及社会化网络服务的功能特点对某些问项进行了重新编制。对于英文量表我们采用双向翻译的方法力求量表内容的准确。每个变量的操作性题项见表4-3：

表4-3 变量的操作性题项

因子	测度项	指标内容	题项来源
感知有用性（PU）	PU1	SNSs 对我获取信息是有用的	Davis（1989），Goodhue(1995)
	PU2	SNSs 提高了我与外界交流的便利性	
	PU3	SNSs 对我的日常生活是有帮助的	
感知易用性（PE）	PE1	SNSs 的操作对我来说并不复杂	Davis(1989)
	PE2	学习使用 SNSs 对我来说比较容易	
	PE3	能比较快地掌握如何使用社会化网络服务	
社会影响（SI）	SI1	信息化社会的大环境促使我使用社会化网络服务	Venkatesh & Davis（2003），Koh and Kim(2004)
	SI2	同事朋友介绍并鼓励我使用社会化网络服务	
	SI3	家人亲戚介绍并鼓励我使用社会化网络服务	
便利条件（FC）	FC1	我具备使用社会化网络服务的软件和硬件资源	Venkatesh & Davis(2003)，Tornatzky Fleischer(1990)
	FC2	使用中遇到困难和疑惑时能寻求到帮助	
	FC3	遇到困难时能够较快地寻求到帮助	
感知信任（PT）	PT1	在社会化网络中获取的信息是可信的	Wood&Seheer(1996)，Kim(2007)
	PT2	我不担心社会化网络服务泄漏我的信息	
	PT3	在使用时不会感觉到有什么危害	
用户采纳意愿（UA）	UA1	我愿意推荐朋友使用社会化网络服务	Davis et al.(1989)，Venkatesh&Davis(2003)
	UA2	我非常乐意使用社会化网络服务	
	UA3	我不会轻易放弃使用社会化网络服务	

（二）问卷编制

本研究采用封闭式结构化问卷。为了方便地进行资料统计与量化分析，考虑到传统的纸质问卷更加适合老年人填写，所以我们采用纸质不记名问卷，问卷设计时尽量避免使用较长的题项。

整个问卷包含基础信息和主题问项两个部分。第一个部分基础信息主要是收集性别、年龄、职业经历，教育程度以及居住状态等人口统计变量和老年人使用社会化网络服务的基本情况；社会化网络服务的使用情况包括了被调查老年人目前使用的主要社会化网络服务以及使用频次。第二部分用来调查老年人初次采纳社会化网络服务的影响因素。被调查老年人需要对模型中的 6 个变量分别进行打分，打分结果采用统计分析的方法进行分析。在调查问卷中，关于社会化网络服务使用状况的题项采用 3 级李科特（Likert）态度量表，每个问题分为 3 个评分等级：1 分至 3 分分别代表经常、偶尔和从不。问卷的其他题项采用 5 级李科特（Likert）态度量表，每个问题分为 5 个评分等级：1 分至 5 分分别代表完全不同意、不同意、中立、同意、完全同意。第三部分是收集老年用户生活形态外部变量数据，用于分析外部变量对自变量以及因变量的影响和干扰作用。为了避免老年人填写过多的问卷题项，我们对生活形态的测量做了简化处理，将生活形态分为家庭居住型、积极活跃型以及孤立保守型，让老年人自我判断属于哪种类型，直接在问卷中勾选。问卷调查表见附录。

（三）问卷的内容效度

研究模型及问卷主要参考了国内外学者所提出的研究量表，并通过相关文献的探讨,加以修改而成,因此具有一定的理论基础,初步符合表面效度(Face Validity)。量表设计完成后,邀请了3位有相关专业知识背景的学者及2位相关行业的管理人员针对量表结构、题量、问项的表达及含义等进行讨论,听取他们的意见,并进行修改和完善,在初始量表的基础上删除了6道题项。最终编制成老年人初次采纳社会化网络服务的调查问卷表。这些措施可以增加量表的专家效度和内容效度。

4.3.2 小规模样本前测

问卷修改完成后,将进行小规模样本前测。前测对象的性质与正式问卷的对象性质相同,都为55岁以上,有网络服务使用经验的老年用户。前测的目的是进一步完善问卷的设计,通过信度和效度分析,对量表进行修正以确保正式调查时问卷的质量。

(一)数据收集

前测问卷的发放对象主要是江西省高校社区以及某几个大型社区的老年住户,样本为随机发放。在发放之前,工作人员会与被调查老年人进行简单交流,确认被调查对象年龄在55岁以上且有网络服务使用经历。考虑到问卷发放的对象是老年人群,所以每份问卷都是在我们发放人员辅助下填写完成后再收回,因此,共发放问卷45份,回收45份,回收率为100%。

(二)前测数据分析

前测所收集的数据将进行项目分析,问卷信度及效度检验。

(1)项目分析

量表题目的可靠程度通过项目分析来检验,其主要目的是针对预试题目进行试探性评估。项目分析中,我们先计算前测问卷题项的平均值,然后用低分组(27%以下)和高分组(73%以上)比较法进行独立样本T检验的双尾显著水平检验。进行T检验时,通常以CR值大于等于3,a小于等于0.05为判断依据。具有鉴别度的因子,在两个对照组的得分应具有显著差异,T检验应该达到显著水平。专家建议、独立样本T检验的显著水平以及Cronbach a值是前测问卷的题项是否被删除的依据。

(2)量表的信度分析

信度就是量表的可靠性、一致性和稳定性。为了了解问卷的可靠性或有效性,通常需进行信度分析。信度越高,代表问卷稳定性越高。信度检验的方法有很多种,我们采用量表的Cronbach a值、总体相关系数(CITC)以及删除该项目后的Cronbach a值来评估每个测量变量的信度。a值大于或等于0.70以及CITC大于0.5才属于可信度范围。总体相关系数(CITC)的作用是剔除不当问项,从而减少测量项目的多因子现象。严格来说,总体相关系数值小于0.5的问项就要被删除。

表4-4中的数据是信度分析的结果。分析结果显示模型中变量的Cronbach a系数在0.929至0.985之间,全都超过了0.7,而且删除任意题项后的Cronbach a系数并未提升,

这说明量表内部一致性良好。

表4-4 变量的信度评价结果

因子	测度项	CITC	删除项目后的a值	构面的a值
感知有用性（PU）	PU1	0.937	0.959	0.972
	PU2	0.937	0.959	
	PU3	0.942	0.956	
感知易用性（PE）	PE1	0.863	0.890	0.929
	PE2	0.863	0.890	
	PE3	0.837	0.912	
社会影响（SI）	SI1	0.910	0.906	0.947
	SI2	0.878	0.930	
	SI3	0.878	0.930	
便利条件（FC）	FC1	0.907	0.936	0.956
	FC2	0.907	0.936	
	FC3	0.907	0.936	
感知信任（PT）	PT1	0.888	0.904	0.940
	PT2	0.888	0.904	
	PT3	0.855	0.931	
用户采纳意愿（UA）	UA1	0.957	0.983	0.985
	UA2	0.984	0.964	
	UA3	0.957	0.983	

（3）量表的效度分析

问卷的题项是否合适准确需进行效度分析。问卷设计是参考了大量文献并参照了领域专家的建议进行了问卷内容的修正，从而确保了问卷的表面效度和专家效度。问卷的结构效度，我们将采用探索性因素分析来进行检验。

为确保量表所测量的题项能够代表本研究所要测量的因素，我们采用因素分析来检验问卷是否具有构建效度。在进行因素分析前，我们采用KMO（Kaiser-Meyer-Olkin）样本适当量数以及巴式球形检定（Bartlett Test of Sphericity）进行检验，实证结果如表4-5所示。Hair（1998）研究指出：当KMO值大于0.6，且巴式球形检验的P-value值趋近于0，即表示样本数据适合进行因素分析。根据表4-5可知，每个构面的KMO值均在0.7以上，并且巴式球形检验也达到显著水平，因此本研究样本资料适合进行因素分析。进行因素分析时，采用主成分分析法，经过最大变异（Varimax Rotation）正交转轴，提取特征值大于1的因素，并对每个构面进行命名。

从表4-5和4-6可以看出，研究模型中的变量被分为6个构面，分别是感知有用性、感知易用性、社会影响、便利条件、感知信任以及采纳意愿。量表构建效度的分析结果符合我们构建的模型。

表4-5 KMO与Bartlett检验

Kaiser-Meyer-Olkin		0.706
Bartlett 的球形检定	方差	1015.338
	自由度	153
	显著性	0.000

表 4-6　因素旋转矩阵

	1	2	3	4	5	6
PU1	0.921					
PU3	0.910					
PU2	0.908					
UA1		0.895				
UA2		0.894				
UA3		0.873				
FC1			0.894			
FC2			0.891			
FC3			0.884			
PT2				0.900		
PT1				0.889		
PT3				0.883		
SI2					0.956	
SI1					0.946	
SI3					0.917	
PE1						0.905
PE3						0.861
PE2						0.844

（三）正式问卷

经过专家效度修正，对问卷进行了修改，剔除了不合适题项，并进一步对问卷进行润色，确保文字语意清晰，不会产生歧义或者误解，然后通过信度和效度分析确保问卷的可信和有效，最终确定大规模发放问卷，问卷见附录。正式问卷包括以下部分：

（1）以科技采纳模型为基础衍生出来的研究变量。感知有用性、感知易用性、社会影响、便利条件、感知信任、采纳意愿，每个变量各有 3 个测量题项。

（2）个人背景资料，包括年龄、性别、教育程度、职业经历、居住状态、使用状况共 6 题。

（3）生活形态外部变量包括：家庭生活型、积极活跃型和孤独保守型。

4.3.3　正式问卷发放

（一）样本选择与大小

考虑到我国不同区域的网络信息服务普及度以及样本的代表性问题，我们发放问卷的对象主要针对一、二线城市的老年人，样本对象的年龄定位在 55 岁到 75 岁之间，样本对象必须是有一定的网络使用经历。我们主要以老年人群相对聚集的高校、大型社区以及老年大学作为问卷发放的主要地点。高校和老年大学的老年人群文化程度相对高些，为了使得样本对象更具有代表性，弥补样本对象文化程度方面的局限，我们在大型社区的选择上尽可能选择普通的而非高档的社区。同时，也考虑到地域的差异，所以我们分别在南昌、上海、北京、成都和广州五个地方进行了问卷调查。问卷一般都是当场填写并提交，老年大学的老年人也可以把这些问卷拿回家填写，再交给老年大学办公室的老师。对于填写有一定困难的，我们会给予一定的指导说明。同时，还有一部分的问卷是通过亲戚朋友以及学生给自己的长辈填写。调查问卷见附录。

(二)数据收集

老年人群在问卷填写方式方面的局限性较大,主要体现在他们对问卷调查活动的参与热情不高,对问卷题项的理解程度以及填写问卷过程的时间问题,这些问题都会增加调查问卷收集的难度,以及问卷数据的准确性。综合考虑后,我们采用填写纸质问卷的方式收集数据。比如,在老年大学的某个课堂上让老年人进行填写,在下午3点左右,天气晴好的条件下去大型社区进行问卷调查,每次进行的时间不宜太长,以免造成负面的影响,在老年人填写过程中尽可能给予填写方面的解释和指导,以确保老年人顺利填写完问卷,同时也能提高有效问卷的比例。

问卷的调查时间为2014年9月至2015年5月,为期8个月。最终总共发放问卷280份,将没有填写完整或者存在明显错误的问卷剔除。最终有效问卷为252份,有效回收率为90%。

(三)数据分析方法

对回收的问卷进行整理后,将进行描述性统计分析、独立样本T检验、单因子方差分析、结构方程模型分析以及干扰效果的多群组分析。

采用偏最小二乘法SmartPLS 2.0软件进行PLS结构方程分析。PLS是一种结构方程模式的分析技术,以回归分析为基础,它的实用性高且优于一般的线性结构关系模型的分析技术,可以同时处理反应性(Reflective)和形成性(Formative)的模型结构,并且不要求变量必须符合常态分配,对样本的随机性和数量也无要求。此外,PLS能克服多变量共线性问题、有效的处理干扰数据及遗失值且具良好的预测及解释能力。因为老年人群对问卷填写的认知度、参与度等特殊性,使得样本量不会太大,使用PLS进行分析可不受样本数的限制及变量分配形态的影响。Chin(1998)指出,为了保证各变量估计值的稳定性,检验程序可以采用bootstrap再抽样的方法,抽样的次数为100次。

4.4　老年人社会化网络服务初次采纳影响因素分析

本部分将对回收的问卷进行整理,进一步分析验证本研究提出的研究问题,并对模型假设进行验证。主要完成的研究目标有两个方面:1.探讨老年用户初次采纳社会化网络服务的影响因素;2.分析生活形态外部变量及人口统计变量在老年用户初次采纳社会化网络服务中的干扰作用,探讨老年用户初次使用社会化网络服务的行为状况。

4.4.1 样本描述性统计分析

（一）人口统计变量频次分析

表4-7 人口统计变量频次分析

变量	分类	人数（n=252）	百分比（%）
年龄	55–65	118	46.8
	65–70	104	41.3
	70 以上	30	11.9
性别	男	116	46
	女	136	54
职业	机关事业单位	124	49.2
	企业单位	106	42.1
	个体从业者	22	8.7
教育程度	初／高中	70	27.8
	大／中专	154	61.1
	研究生	28	11.1
居住状态	与子女同住	146	57.9
	夫妻同住	78	31
	独居	28	11.1
生活形态	家庭居住型	142	56.3
	积极活跃型	78	31
	孤立保守型	32	12.7

从表 4-7 中可以看出：在年龄方面，55 至 65 岁共有 118 人，占总样本 46.8%；65 至 70 岁有 104 人，占总样本 41.3%；70 以上有 30 人，占总样本 11.9%。性别方面来看，男性受访者为 116 人占总样本 46%，女性 136 人占总样本 54%，女性略多于男性。职业方面：机关事业单位工作的有 124 人，占总样本 49.2%，在企业单位工作的有 106 人，占总样本的 42.1%，个体从业者的 22 人，占总样本的 8.7%。在教育水平方面：大中专学历者 154 人，占总样本的 61.1%，初高中者 70 人，占总样本的 27.8%，研究生 28 人，占总样本的 11.1%。在居住状态方面：与子女同住的有 146 人，占总样本的 57.9%，夫妻同住的有 78 人，占总样本的 31%，独居的有 28 人占总样本的 11.1%。在生活形态方面：表示自己属于家庭居住型的有 142 人，占总样本的 56.3%，属于积极活跃型的有 78 人，占总样本的 31%，属于孤立保守型的有 32 人，占总样本的 12.7%。

（二）社会化网络服务使用情况描述性统计

（1）通过什么途径了解和接触到社会化网络服务？

表4-8 了解和接触社会化网络服务的途径

分类	人数（n=252）	百分比（%）
家人或朋友	138	54.8
工作过程中	82	32.5
社会机构（老年大学或图书馆）	32	12.7

从表 4-8 可以看出，大多数老年人都是通过家人或亲戚介绍（138 人，占 54.8%），才开始了解和使用社会化网络服务的。曾经的工作经历对老年人接触和了解社会化网络服务也有一定的影响（82 人，占 32.5%）。老年大学等社会教育机构对老年人了解和使用

社会化网络服务的影响相对不大（32人，占12.7%）。

（2）您使用社会化网络服务时一般用什么工具？

表4-9 使用社会化网络服务的接入工具

工具类别	人数（n=252）	百分比（%）
智能手机	155	61.5
平板	65	25.8
电脑	32	13.7

从表4-9可以看出，大多数老年人都是通过智能手机来使用社会化网络服务。

（3）您主要使用哪种类型的社会化网络服务，频次如何？

表4-10 使用社会化网络服务的类型和频次

分类	类别	人数（n=252）	百分比（%）
即时通讯服务（如微信、QQ等）	经常	148	58.7
	偶尔	104	41.3
	从不	0	0
老年人社交类网站（如老龄网等）	经常	12	4.8
	偶尔	54	21.4
	从不	186	73.8
博客、评论类网络服务（如新浪微博等）	经常	14	5.6
	偶尔	52	20.6
	从不	186	73.8
资讯及生活服务类网站（如网络购物，理财，新闻等）	经常	36	14.3
	偶尔	164	65.1
	从不	52	20.6

从表4-10可以看出，大多数老年人主要使用"微信"等即时通讯类服务，而且使用的频率也较大，其次就是访问资讯和生活服务类网站。而在年轻人中较为流行的博客、论坛以及社交类网络服务，老年人则不太使用。

（4）您使用社会化网络服务时经常做哪些事情？

表4-11 使用社会化网络服务的主要目的和频次

分类	类别	人数（n=126）	百分比（%）
沟通交流，分享信息和照片	经常	118	46.8
	偶尔	80	31.7
	从不	54	21.4
玩游戏等娱乐活动	经常	118	46.8
	偶尔	86	34.1
	从不	48	19.0
缴费、理财等	经常	42	16.7
	偶尔	152	60.3
	从不	58	23.0
观看视频、新闻等获取信息	经常	80	31.7
	偶尔	122	48.4
	从不	50	19.8

从表4-11可以看出，使用社会化网络服务进行沟通交流、分享信息以及游戏娱乐是老年人经常性的活动。其次是观看视频、新闻获取信息，而进行缴费和理财的活动相对较少。

（5）您在使用微信等即时通信工具的时候主要跟谁联系？

表4-12 通过即时通信工具联系不同对象的频次

分类	类别	人数（n=167）	百分比（%）
家人和亲戚	经常	118	46.8
	偶尔	134	53.2
	从不	0	0
朋友和同事	经常	114	45.2
	偶尔	130	51.6
	从不	8	3.2
陌生人	经常	0	0
	偶尔	22	8.7
	从不	230	91.3

从表4-12可以看出，在使用社会化网络服务工具进行沟通交流方面，老年人主要是跟家人和亲戚进行交流，其次是朋友同学和老同事，跟陌生人交流的老年人非常少。

从上述描述性统计分析结果可以看出，大多数老年人都是通过家人以及亲戚朋友的介绍，才开始了解和使用社会化网络服务的，这也反映了"社会影响"因素对老年人采纳社会化网络服务的作用。这个结果和相关的研究文献以及深度访谈的结果是一致的。相对而言，老年大学等社会教育机构对老年人了解和使用社会化网络服务的影响并不大。我们认为，其中的主要原因是国内老年大学以及针对老年人的教育培训机构并不是太多，现存的一些机构存在管理不规范，课程设置也不一定合理的问题，从而导致了老年人参与度不高、收获不大的现象。

分析结果显示，进行沟通交流，保持一定的社会交往是老年人使用社会化网络服务的主要目的。

（三）人口统计变量对社会化网络服务使用状况的卡方检验

卡方检验是一种量化资料的假设检验方法，属于非参数检验，主要是对两个分类变量的关联性进行分析，如果卡方值具有显著性，说明这两个分类变量具有相关性。

（1）性别与社会化网络服务使用状况的卡方检验

表4-13 使用不同类型社会化网络服务的频次

变量	即时通讯服务（如微信、QQ等）			Pearson 卡方值	显著性（双尾）
	经常	偶尔	从不		
男	50（43.1%）	66（56.9%）	0	21.655	0.000 显著
女	98（72%）	38（28%）	0		
变量	老年人社交类网站（如老龄网等）			Pearson 卡方值	显著性（双尾）
	经常	偶尔	从不		
男	8（6.9%）	22（19%）	86（74.1%）	2.668	0.263 不显著
女	4（2.9%）	32（23.5%）	100（73.6%）		
变量	博客、评论类网络服务（如新浪微博）			Pearson 卡方值	显著性（双尾）
	经常	偶尔	从不		
男	10（7.4%）	22（19%）	84（73.6）	3.982	0.137 不显著
女	4（3%）	30（22%）	102（73%）		

变量	资讯及生活服务类网站			Pearson 卡方值	显著性（双尾）
	经常	偶尔	从不		
男	14（12%）	76（68%）	26（20%）	1.075	0.584 不显著
女	22（16%）	88（65%）	26（19%）		

表 4-13 是性别与社会化网络服务使用状况的相关性分析结果。表中数据显示性别在使用"微信"等即时通讯类服务方面有显著差别，而在其他社会化网络服务功能方面没有显著差异，也就是说女性老年人比男性老年人更多的使用"微信"等即时通讯功能，而在选择其他的社会化网络服务功能方面，男性和女性老年人并无太大差异。

表 4-14 使用不同社会化网络服务功能的频次

变量	沟通交流，分享信息和照片			Pearson 卡方值	显著性（双尾）
	经常	偶尔	从不		
男	40（34%）	40（34%）	36（32%）	16.756	0.000 显著
女	78（57%）	40（29%）	18（14%）		
变量	游戏娱乐			Pearson 卡方值	显著性（双尾）
	经常	偶尔	从不		
男	44（38%）	48（41%）	24（21%）	7.248	0.027 显著
女	74（53%）	38（28%）	24（19%）		
变量	缴费、理财等			Pearson 卡方值	显著性（双尾）
	经常	偶尔	从不		
男	24（21%）	72（62%）	20（17%）	5.311	0.07 不显著
女	18（13%%）	80（59%）	38（28%）		
变量	观看视频、新闻等获取信息			Pearson 卡方值	显著性（双尾）
	经常	偶尔	从不		
男	40（34%）	46（40%）	30（26%）	7.839	0.020 显著
女	40（29%）	76（56%）	20（15%）		

表 4-14 是性别与老年人使用不同社会化网络服务功能频次的相关性分析结果。表中数据显示性别在缴费、理财功能方面无显著差异，而在其他社会化网络服务功能方面都具有显著差异性。从数据表中的百分比可以看出，老年女性在使用社会化网络服务功能的频次方面整体要高于老年男性，也就是说老年女性在社会化网络服务上的活跃程度要比老年男性高许多。

表 4-15 通过社会化网络服务与社会关系联系的频次

变量	家人和亲戚			Pearson 卡方值	显著性（双尾）
	经常	偶尔	从不		
男	36（31%）	80（69%）	0	21.525	0.000 显著
女	82（60%）	54（40%）	0		
变量	朋友和同事			Pearson 卡方值	显著性（双尾）
	经常	偶尔	从不		
男	56（48%）	60（52%）	0	7.263	0.026 显著
女	58（43%）	70（51%）	8（6%）		
变量	陌生人			Pearson 卡方值	显著性（双尾）
	经常	偶尔	从不		
男	0	18（16%）	98（84%）	12.426	0.000 显著
女	0	4（3%）	132（97%）		

表 4-15 是性别与老年人通过社会化网络服务与亲戚朋友等联系频次的相关性分析结果。表中数据显示性别在通过社会化网络服务进行社会联系方面都有显著差异。从

数据表中的百分比可以看出，老年女性较老年男性更愿意跟家人进行联系，而老年男性与陌生人联系的倾向要比老年女性更强。

上述数据结果显示老年女性在社会化网络服务上的活跃程度整体上要比老年男性高许多。这种结果也符合中国老年人生活的现状，在社会生活的其他方面，也存在老年女性比老年男性的参与度和参与热情更高的现象。

（2）年龄与社会化网络服务使用状况的相关性分析

表4-16 使用不同类型社会化网络服务的频次

变量	即时通讯服务（如微信、QQ 等）			Pearson 卡方值	显著性（双尾）
	经常	偶尔	从不		
55-65	74（63%）	44（37%）	0	26.19	0.0270 显著
65-70	60（68%）	44（42%）	0		
70 以上	14（47%）	16（53%）	0		
变量	老年人社交类网站（如老龄网等）			Pearson 卡方值	显著性（双尾）
	经常	偶尔	从不		
55-65	8（7%）	40（34%）	70（59%）	27.948	0.000 显著
65-70	4（4%）	14（13%）	86（83%）		
70 以上	0	10（33%）	20（67%）		
变量	博客、评论类网络服务（如新浪微博）			Pearson 卡方值	显著性（双尾）
	经常	偶尔	从不		
55-65	12（10%）	44（37%）	62（53%）	53.040	0.000 显著
65-70	2（2%）	8（8%）	94（90%）		
70 以上	0	7（23%）	23（77%）		
变量	资讯及生活服务类网站			Pearson 卡方值	显著性（双尾）
	经常	偶尔	从不		
55-65	24（20%）	78（66%）	16（14%）	30.404	0.000 显著
65-70	8（8%）	76（73%）	20（19%）		
70 以上	4（13%）	10（33%）	16（54%）		

表4-16 是年龄与社会化网络服务使用状况的相关性分析结果。表中数据显示年龄在使用即时通讯类服务方面有显著差别，年纪较轻的老年人比年纪较大的老年人更多地使用即时通信工具。在其他社会化网络服务功能方面也有显著差异，从百分比可以看出，年纪轻的老年比年纪更大的老年人更多的使用社会化网络服务的各种功能，随着年龄的增长，老年人在社会化网络服务功能使用方面会逐渐减少。

表4-17 使用不同社会化网络服务功能的频次

变量	沟通交流，分享信息和照片			Pearson 卡方值	显著性（双尾）
	经常	偶尔	从不		
55-65	70（59%）	28（24%）	20（17%）	17.754	0.001 显著
65-70	40（38%）	36（35%）	28（27%）		
70 以上	8（27%）	16（53%）	6（20%）		
变量	游戏娱乐			Pearson 卡方值	显著性（双尾）
	经常	偶尔	从不		
55-65	58（49%）	32（27%）	28（24%）	13.158	0.011 显著
65-70	52（44%）	36（35%）	16（21）		
70 以上	8（27%）	18（60%）	4（13%）		
变量	缴费、理财等			Pearson 卡方值	显著性（双尾）
	经常	偶尔	从不		

55-65	29（24.5%）	70（59%）	19（16%）	20.171	0.000 显著
65-70	26（25%）	66（63%）	12（12%）		
70以上	3（10%）	16（53%）	11（37%）		
变量	观看视频、新闻等获取信息			Pearson 卡方值	显著性（双尾）
	经常	偶尔	从不		
55-65	48（41%）	46（39%）	24（20%）	11.609	0.021 显著
65-70	24（20%）	62（53%）	18（27%）		
70以上	8（27%）	14（46%）	8（27%）		

表 4-17 是年龄与老年人使用不同社会化网络服务功能频次的相关性分析结果。表中数据显示年龄在社会化网络服务功能方面都具有显著的差异性。从数据表中的百分比可以看出，年纪更轻的老年人比年纪更大的老年人使用社会化网络服务各种功能的频次更高，随着年龄的增长，老年人使用社会化网络服务功能的频次会逐渐减少。

表 4-18　通过社会化网络服务与社会关系联系的频次

变量	家人和亲戚			Pearson 卡方值	显著性（双尾）
	经常	偶尔	从不		
55-65	56（47%）	62（53%）	0	0.646	0.724 不显著
65-70	50（48%）	54（52%）	0		
70以上	12（40%）	18（60%）	0		
变量	朋友和同事			Pearson 卡方值	显著性（双尾）
	经常	偶尔	从不		
55-65	66（56%）	50（42%）	2（2%）	24.087	0.000 显著
65-70	46（44%）	54（52%）	4（4%）		
70以上	2（7%）	26（86%）	2（7%）		
变量	陌生人			Pearson 卡方值	显著性（双尾）
	经常	偶尔	从不		
55-65	0	32（27%）	86（73%）	10.299	0.006 显著
65-70	0	20（19%）	84（81%）		
70以上	0	4（13%）	26（87%）		

表 4-18 是年龄与老年人通过社会化网络服务与社会关系联系频次的相关性分析结果。表中数据显示年龄在通过社会化网络服务与家人和亲戚联系方面没有显著差异，而在其他社会联系方面都有显著差异。从数据表中的百分比可以看出，随着年龄的增长，老年人使用社会化网络服务与社会联系的频次会逐渐减少。

上述分析结果显示，与家人沟通交流，是不同年纪老年人选择社会化网络服务的主要目的。而随着年龄的增长，老年人在社会化网络服务的活跃度不断降低的现象，我们认为主要原因是老年人生理和认知方面的障碍与缺乏面向老年用户的社会化网络服务内容以及人机功能的矛盾所导致的。

（3）职业与社会化网络服务使用状况的相关性分析

表 4-19　使用不同类型社会化网络服务的频次

变量	即时通讯服务（如微信、QQ等）			Pearson 卡方值	显著性（双尾）
	经常	偶尔	从不		
机关事业单位	69（55.6%）	55（44.4）	0	9.640	0.0701 不显著
企业单位	73（68.9%）	33（31.1%）	0		
个体从业者	6（27%）	16（73%）	0		
变量	老年人社交类网站（如老龄网等）			Pearson 卡方值	显著性（双尾）
	经常	偶尔	从不		
机关事业单位	3（2.4%）	21（17%）	100（80.6%）	8.119	0.525 不显著
企业单位	7（6.6%）	31（29.3%）	68（64.1%）		
个体从业者	2（9.1%）	2（9.1%）	18（81.8%）		
变量	博客、评论类网络服务（如新浪微博等）			Pearson 卡方值	显著性（双尾）
	经常	偶尔	从不		
机关事业单位	6（4.8%）	24（19.4%）	94（75.8%）	3.397	0.494 不显著
企业单位	6（5.7%）	26（24.5%）	74（69.8%）		
个体从业者	2（9.1%）	2（9.1%）	18（81.8%）		
变量	资讯及生活服务类网站			Pearson 卡方值	显著性（双尾）
	经常	偶尔	从不		
机关事业单位	12（9.7%）	90（72.6%）	22（17.7%）	6.969	0.138 不显著
企业单位	20（18.9%）	62（58.5%）	24（22.6%）		
个体从业者	4（18.2%）	12（54.5%）	6（27.3%）		

表 4-19 是职业与社会化网络服务使用状况的相关性分析结果。表中数据显示职业在社会化网络服务功能方面没有显著差异。

表 4-20　使用不同社会化网络服务功能的频次

变量	沟通交流，分享信息和照片			Pearson 卡方值	显著性（双尾）
	经常	偶尔	从不		
机关事业单位	60（48.4%）	34（27.4%）	30（24.2%）	7.186	0.126 不显著
企业单位	52（49.1%）	34（32%）	20（18.9%）		
个体从业者	6（27.3%）	12（54.5%）	4（18.2%）		
变量	游戏娱乐			Pearson 卡方值	显著性（双尾）
	经常	偶尔	从不		
机关事业单位	66（53.2%）	32（25.8%）	26（21%）	7.068	0.111 不显著
企业单位	46（43.4%）	40（37.7%）	20（18.9%）		
个体从业者	6（27.3%）	14（63.6%）	2（9.1%）		
变量	缴费、理财等			Pearson 卡方值	显著性（双尾）
	经常	偶尔	从不		
机关事业单位	18（14.5%）	84（67.7%）	22（17.8%）	2.204	0.16 不显著
企业单位	16（15.1%）	58（54.7%）	32（30.2%）		
个体从业者	8（36.4%）	10（45.5%）	4（18.1%）		
变量	观看视频、新闻等获取信息			Pearson 卡方值	显著性（双尾）
	经常	偶尔	从不		
机关事业单位	42（33.9%）	56（45.1%）	26（21%）	1.618	0.805 不显著
企业单位	30（28.3%）	56（52.8%）	20（18.9%）		
个体从业者	8（36.4%）	10（45.5%）	4（18.1%）		

表 4-20 是职业与老年人使用不同社会化网络服务功能频次的相关性分析结果。表中数据显示职业在使用社会化网络服务功能频次方面没有显著差异。

表4-21 通过社会化网络服务与社会关系联系的频次

变量	家人和亲戚			Pearson 卡方值	显著性（双尾）
	经常	偶尔	从不		
机关事业单位	61（49.2%）	63（50.8%）	0	3.728	0.155 不显著
企业单位	51（48%）	55（52%）	0		
个体从业者	6（27.3%）	16（72.7%）	0		
变量	朋友和同事			Pearson 卡方值	显著性（双尾）
	经常	偶尔	从不		
机关事业单位	59（47.6%）	65（52.4%）	0	9.083	0.059 不显著
企业单位	47（44.3%）	53（50%）	6（5.7%）		
个体从业者	8（36.4%）	12（54.5%）	2（9.1%）		
变量	陌生人			Pearson 卡方值	显著性（双尾）
	经常	偶尔	从不		
机关事业单位	0	11（8.9%）	113（91.1%）	3.071	0.215 不显著
企业单位	0	7（6.6%）	99（93.4%）		
个体从业者	0	4（18.2%）	18（81.8%）		

表4-21是职业与老年人通过社会化网络服务与社会关系联系频次的相关性分析结果。表中数据显示职业与社会化网络服务与社会关系联系频次的卡方检验都不具有显著性。

（4）教育背景与社会化网络服务使用状况的相关性分析

表4-22 使用不同类型社会化网络服务的频次

变量	即时通讯服务（如微信、QQ等）			Pearson 卡方值	显著性（双尾）
	经常	偶尔	从不		
初/高中	38（54.29%）	32（45.71%）	0	5.278	0.071 不显著
大/中专	88（57.14%）	66（42.86%）	0		
研究生	22（78.57%）	6（21.43%）	0		
变量	老年人社交类网站（如老龄网等）			Pearson 卡方值	显著性（双尾）
	经常	偶尔	从不		
初/高中	3（15%）	8（40%）	6（45%）	37.955	0.000 显著
大/中专	6（15%）	28（79%）	6（15%）		
研究生	0	18（100%）	0		
变量	博客、评论类网络服务（如新浪微博等）			Pearson 卡方值	显著性（双尾）
	经常	偶尔	从不		
初/高中	0	6（8.57%）	64（91.43%）	29.010	0.000 显著
大/中专	8（5.19%）	38（24.68%）	108（70.13%）		
研究生	6（21.43%）	8（28.57%）	14（50.00%）		
变量	资讯及生活服务类网站			Pearson 卡方值	显著性（双尾）
	经常	偶尔	从不		
初/高中	8（11.43%）	36（51.43%）	26（37.14%）	17.161	0.002 显著
大/中专	22（14.29%）	110（71.43%）	22（14.29%）		
研究生	6（21.43%）	18（64.29%）	4（14.29%）		

表4-22是教育程度与社会化网络服务使用状况的相关性分析结果。表中数据显示教育程度在使用"微信"等即时通讯类服务方面没有显著差别，而在选择使用其他社会化网络服务功能方面有显著差异。表中的百分比显示，大中专以上学历的老年人比初高中老年人会更多地选择社会化网络服务功能。

表 4-23　使用不同社会化网络服务功能的频次

变量	沟通交流，分享信息和照片			Pearson 卡方值	显著性（双尾）
	经常	偶尔	从不		
初／高中	28（40.00%）	30（42.86%）	12（17.14%）	7.188	0.126 不显著
大／中专	74（48.05%）	42（27.27%）	38（24.68%）		
研究生	16（57.14%）	8（28.57%）	4（14.29%）		
变量	游戏娱乐			Pearson 卡方值	显著性（双尾）
	经常	偶尔	从不		
初／高中	36（51.43%）	28（40.00%）	6（8.57%）	18.662	0.70 不显著
大／中专	68（44.16%）	48（31.17%）	38（24.68%）		
研究生	14（50.00%）	10（35.71%）	4（14.29%）		
变量	缴费、理财等			Pearson 卡方值	显著性（双尾）
	经常	偶尔	从不		
初／高中	18（25.71%）	42（60.00%）	10（14.29%）	8.847	0.065 不显著
大／中专	22（14.29%）	92（59.74%）	40（25.97%）		
研究生	2（7.14%）	18（64.29%）	8（28.57%）		
变量	观看视频、新闻等获取信息			Pearson 卡方值	显著性（双尾）
	经常	偶尔	从不		
初／高中	14（20.00%）	40（57.14%）	16（22.86%）	9.023	0.061 不显著
大／中专	54（35.06%）	68（44.16%）	32（20.78%）		
研究生	12（42.86%）	14（50.00%）	2（7.14%）		

　　表 4-23 是教育程度与老年人使用不同社会化网络服务功能的相关性分析结果。表中数据显示不同教育程度的老年人在使用不同社会化网络服务功能方面没有显著差别。

表 4-24 通过社会化网络服务与社会关系联系的频次

变量	家人和亲戚			Pearson 卡方值	显著性（双尾）
	经常	偶尔	从不		
初／高中	28（28.57%）	42（42.86%）	28.57%）	2.391	0.550 不显著
大／中专	78（33.62%）	76（32.76%）	78（33.62%）		
研究生	12（30.00%）	16（40.00%）	12（30.00%）		
变量	朋友和同事			Pearson 卡方值	显著性（双尾）
	经常	偶尔	从不		
初／高中	14（20%）	48（68.6%）	8（11.4%）	49.416	0.000 显著
大／中专	92（60%）	62（40%）	0		
研究生	8（28.6%）	20（71.4%）	0		
变量	陌生人			Pearson 卡方值	显著性（双尾）
	经常	偶尔	从不		
初／高中	0	6（8.6%）	64（91.4%）	6.635	0.136 不显著
大／中专	0	10（6.5%）	144（93.5）		
研究生	0	6（21.4%）	22（78.6%）		

　　表 4-24 是教育程度与老年人通过社会化网络服务与社会关系联系频次的结果。数据显示教育程度在通过社会化网络服务与家人、亲戚以及陌生人联系方面没有显著差别,而在通过社会化网络服务与朋友和同事进行联系方面有显著差异。

（5）居住状态与社会化网络服务使用状况的相关性分析

表4-25　使用不同类型社会化网络服务的频次

变量	即时通讯服务（如微信、QQ等）			Pearson 卡方值	显著性（双尾）
	经常	偶尔	从不		
子女同住	76（52.1%）	70（47.9%）	0	8.206	0.017 显著
夫妻同住	56（71.8%）	22（28.2%）	0		
独居	16（57.1%）	12（42.9%）	0		
变量	老年人社交类网站（如老龄网等）			Pearson 卡方值	显著性（双尾）
	经常	偶尔	从不		
子女同住	8（5.5%）	30（20.5%）	108（74%）	2.668	0.263 不显著
夫妻同住	2（2.6%）	20（25.6%）	56（71.8%）		
独居	2（7.1%）	4（14.3%）	22（78.6%）		
变量	博客、评论类网络服务（如新浪微博等）			Pearson 卡方值	显著性（双尾）
	经常	偶尔	从不		
子女同住	8（5.5%）	32（21.9%）	106（72.6%）	6.637	0.0156 显著
夫妻同住	6（7.7%）	18（23.1%）	54（69.2%）		
独居	0	2（7.1%）	26（92.9%）		
变量	资讯及生活服务类网站			Pearson 卡方值	显著性（双尾）
	经常	偶尔	从不		
子女同住	26（17.8）	98（67.1）	22（15.1）	39.104	0.000 显著
夫妻同住	8（10.3）	58（74.4）	12（15.4）		
独居	2（7.1）	8（28.6）	18（64.3）		

　　表4-25是居住状态与社会化网络服务使用状况的相关性分析结果。表中数据显示居住状态在老年人访问社交网站方面没有显著差别，而在使用即时通讯类服务、博客类和资讯类社会化网络服务方面有显著差异。表中的百分比显示，与子女同住以及夫妻同住的老年人比独居的老年人会更多地使用即时通讯类服务、博客类和资讯类社会化网络服务。

表4-26　使用不同社会化网络服务功能的频次

变量	沟通交流，分享信息和照片			Pearson 卡方值	显著性（双尾）
	经常	偶尔	从不		
子女同住	74（50.7）	46（31.5）	26（17.8）	9.439	0.051 不显著
夫妻同住	38（48.7）	22（28.2）	18（23.1）		
独居	6（21.4）	12（42.9）	10（35.7）		
变量	游戏娱乐			Pearson 卡方值	显著性（双尾）
	经常	偶尔	从不		
子女同住	70（47.9%）	46（31.5%）	30（20.5%）	3.608	0.462 不显著
夫妻同住	34（43.6%）	28（35.9%）	16（20.5%）		
独居	14（50.0%）	12（42.9%）	2（7.1%）		
变量	缴费、理财等			Pearson 卡方值	显著性（双尾）
	经常	偶尔	从不		
子女同住	20（13.7%）	92（63.0%）	34（23.3%）	2.301	0.681 不显著
夫妻同住	16（20.5%）	44（56.4%）	18（23.1%）		
独居	6（21.4%）	16（57.1%）	6（21.4%）		
变量	观看视频、新闻等获取信息			Pearson 卡方值	显著性（双尾）
	经常	偶尔	从不		
子女同住	42（28.8%）	74（50.7%）	30（20.5%）	7.161	0.128 不显著
夫妻同住	32（41.0%）	30（38.5%）	16（20.5%）		
独居	6（21.4%）	18（64.3%）	4（14.3%）		

　　表4-26是居住状态与老年人使用不同社会化网络服务功能的相关性分析结果。

表中数据显示不同居住状态的老年人在使用不同社会化网络服务功能方面没有显著差别。

表 4-27　通过社会化网络服务与社会关系联系的频次

变量	家人和亲戚			Pearson 卡方值	显著性（双尾）
	经常	偶尔	从不		
子女同住	66（45.2%）	80（54.8%）	0	0.953	0.621 不显著
夫妻同住	40（51.3%）	38（48.7%）	0		
独居	12（42.9%）	16（57.1%）	0		
变量	朋友和同事			Pearson 卡方值	显著性（双尾）
	经常	偶尔	从不		
子女同住	68（46.6%）	72（49.3%）	6（4.1%）	16.077	0.300 不显著
夫妻同住	42（53.8%）	36（46.2%）	0		
独居	4（14.3%）	22（78.6%）	2（7.1%）		
变量	陌生人			Pearson 卡方值	显著性（双尾）
	经常	偶尔	从不		
子女同住	0	10（6.8%）	136（93.2%）	7.661	0.22 不显著
夫妻同住	0	12（15.4%）	66（84.6%）		
独居	0	0	28（100.0%）		

表 4-27 是居住状态与老年人通过社会化网络服务与社会关系联系频次的结果。表中数据显示居住状态在老年人通过社会化网络服务与社会关系联系方面没有显著差别。

（6）生活形态与社会化网络服务使用状况的相关性分析

表 4-28　使用不同类型社会化网络服务的频次

变量	即时通讯服务（如微信、QQ 等）			Pearson 卡方值	显著性（双尾）
	经常	偶尔	从不		
家庭生活型	79（55.6%）	63（44.4%）	0	13.004	0.0223 显著
积极活跃型	52（66.7%）	26（33.3%）	0		
孤立保守型	7（21.9%）	25（78.1%）	0		
变量	老年人社交类网站（如老龄网等）			Pearson 卡方值	显著性（双尾）
	经常	偶尔	从不		
家庭生活型	8（5.6%）	31（21.8%）	103（72.5%）	2.957	0.565 不显著
积极活跃型	2（2.6%）	19（24.4%）	57（73.1%）		
孤立保守型	2（6.3%）	4（12.5%）	26（81.3%）		
变量	博客、评论类网络服务（如新浪微博等）			Pearson 卡方值	显著性（双尾）
	经常	偶尔	从不		
家庭生活型	7（4.9%）	34（23.9%）	101（71.1%）	9.459	0.05 显著
积极活跃型	7（9.0%）	16（20.5%）	55（70.5%）		
孤立保守型	0	2（6.3%）	30（93.8%）		
变量	资讯及生活服务类网站			Pearson 卡方值	显著性（双尾）
	经常	偶尔	从不		
家庭生活型	28（19.7%）	96（67.6%）	18（12.7%）	56.757	0.000 显著
积极活跃型	7（9.0%）	59（75.6%）	12（15.4%）		
孤立保守型	1（3.1%）	9（28.1%）	22（68.8%）		

表 4-28 是生活形态与社会化网络服务使用状况的相关性分析结果。表中数据显示生活形态在老年人访问社交网站方面没有显著差别，而在使用即时通讯类服务、博客类和资讯类社会化网络服务方面有显著差异。表中的百分比显示，家庭生活型和积极活跃型的老年人比孤立保守型的老年人会更多地使用即时通讯类、博客类和资讯类社会化网络服务。

表 4-29　使用不同社会化网络服务功能的频次

变量	沟通交流，分享信息和照片			Pearson 卡方值	显著性（双尾）
	经常	偶尔	从不		
家庭生活型	78（54.9%）	41（28.9%）	23（16.2%）	16.194	0.003 显著
积极活跃型	56.4（43.6%）	26（33.3%）	8（10.3%）		
孤立保守型	6（18.8%）	13（40.6%）	13（40.6%）		

变量	游戏娱乐			Pearson 卡方值	显著性（双尾）
	经常	偶尔	从不		
家庭生活型	74（52.1%）	41（28.9%）	27（19.0%）	7.907	0.095 不显著
积极活跃型	31（39.7%）	29（37.2%）	18（23.1%）		
孤立保守型	13（40.6%）	16（50.0%）	3（9.4%）		

变量	缴费、理财等			Pearson 卡方值	显著性（双尾）
	经常	偶尔	从不		
家庭生活型	23（16.2%）	88（62.0%）	31（21.8%）	1.915	0.751 不显著
积极活跃型	15（19.2%）	46（59.0%）	17（21.8%）		
孤立保守型	4（12.5%）	18（56.3%）	10（31.3%）		

变量	观看视频、新闻等获取信息			Pearson 卡方值	显著性（双尾）
	经常	偶尔	从不		
家庭生活型	41（28.9%）	74（52.1%）	27（19.0%）	9.267	0.055 不显著
积极活跃型	33（42.3%）	28（35.9%）	17（21.8%）		
孤立保守型	6（18.8%）	20（62.5%）	6（18.8%）		

　　表 4-29 是生活形态与老年人使用主要社会化网络服务功能频次的相关性分析结果。表中数据显示不同生活形态的老年人在使用社会化网络服务进行沟通交流，分享信息的功能方面有显著差别，而在使用其他社会化网络服务功能的频次方面没有现在差别。表中的百分比显示，积极活跃型和家庭居住型老年人比孤立保守型老年人更多地使用沟通交流分享信息的功能。

表 4-30　通过社会化网络服务与社会关系联系的频次

变量	家人和亲戚			Pearson 卡方值	显著性（双尾）
	经常	偶尔	从不		
家庭生活型	66（46.5%）	76（53.5%）	0	0.150	0.928 不显著
积极活跃型	36（46.2%）	42（53.8%）	0		
孤立保守型	16（50.0%）	16（50.0%）	0		

变量	朋友和同事			Pearson 卡方值	显著性（双尾）
	经常	偶尔	从不		
家庭生活型	67（47.2%）	72（50.7%）	3（2.1%）	24.100	0.000 显著
积极活跃型	40（51.3%）	38（48.7%）	0		
孤立保守型	7（21.9%）	20（62.5%）	5（15.6%）		

变量	陌生人			Pearson 卡方值	显著性（双尾）
	经常	偶尔	从不		
家庭生活型	0	10（7.0%）	132（93.0%）	7.903	0.019 显著
积极活跃型	0	12（15.4%）	66（84.6%）		
孤立保守型	0	0	32（100.0%）		

　　表 4-30 是生活状态与老年人通过社会化网络服务与社会关系联系频次的结果。表中数据显示不同生活形态的老年人通过社会化网络服务与同事、朋友以及陌生人联系方面有显著差别。表中的百分比显示，积极活跃型的老年人更愿意通过社会化网络服务与各方面的社会关系进行联系。

　　上述数据分析的结果显示，老年人使用社会化网络服务的积极性和活跃程度与他们的生活态度相关。从心理学角度来分析，老年人的生活态度除了本身的性格意外，还与他们几十年的学习生活经历密切相关。正向积极的生活态度会促使老年人积极的接受新鲜事物，从而让他们更好地融入社会，获得更加正向的生活态度。

（四）描述性统计分析结果

从描述性分析结果可以看出，大多数老年人都是通过家人以及亲戚和朋友的介绍，才开始了解和使用社会化网络服务的，这也反映了社会影响因素对老年人采纳社会化网络服务的影响作用，这个结果和相关的研究文献以及深度访谈的结果是一致的。相对而言，老年大学等社会教育机构对老年人了解和使用社会化网络服务的影响并不大，其中主要原因是在国内，老年大学以及针对老年人的教育培训机构并不是太多，现存的一些机构存在管理不规范，课程设置也不一定合理的问题，从而导致了老年人参与度不高，收获不大的现象。

在社会化网络服务选择方面，大多数老年人主要使用"微信"等即时通讯类服务，而且使用的频率也较大，其次就是访问资讯和生活服务类网站，而在年轻人中较为流行的博客、论坛以及社交类网络服务，老年人则不太使用。使用社会化网络工具进行沟通交流分享信息以及游戏娱乐是老年人经常性的活动。观看新闻获取信息以及观看视频，进行缴费和理财的活动相对较少。

（1）性别与社会化网络服务使用状况的相关性分析

性别在选择使用"微信"等即时通讯类服务方面有显著差别，女性老年人比男性老年人更多的使用"微信"等即时通讯功能。同样，老年女性在使用社会化网络服务功能的频次方面整体要高于老年男性，且老年女性较老年男性更愿意通过社会化网络服务跟家人以及亲戚和朋友进行联系，也就是说老年女性在社会化网络服务上的活跃程度整体上要比老年男性高许多。这种结果也符合中国老年人生活的现状，在社会生活的其他方面，也存在老年女性比老年男性的参与度和参与热情更高的现象。

（2）年龄与社会化网络服务使用状况的相关性分析

年龄与社会化网络服务使用状况的相关性分析结果显示年龄在使用"微信"等即时通讯类服务方面没有显著差别，而在选择其他社会化网络服务功能方面以及使用频次方面都有显著差异。分析结果表明，年纪更轻的老年比年纪更大的老年人更多的使用社会化网络服务的各种功能，随着年龄的增长，老年人在社会化网络服务功能使用方面以及频次方面会逐渐减少，但是，年龄在通过社会化网络服务与家人和亲戚联系方面却并没有显著差异。

上述分析结果显示，与家人沟通交流，是不同年纪老年人选择社会化网络服务的主要目的，而随着年龄的增长，老年人在社会化网络服务的活跃度不断降低，我们认为主要原因是老年人生理和认知方面的障碍与缺乏面向老年用户的社会化网络服务内容以及人机功能的矛盾所导致的。

（3）职业、教育与社会化网络服务使用状况的相关性分析

数据分析结果显示职业在老年人选择社会化网络服务功能方面以及使用社会化网络服务功能频次方面没有显著差异。

从教育程度与社会化网络服务使用状况的卡方检验可以得出：教育程度与老年人使用社会化网络服务的功能没有显著相关性，也就是说老年人使用社会化网络服务的目的基本是一致的。但在选择社会化网络服务的种类方面，大中专以上学历的老年人比初高中学历的老年人更愿意使用多种社会化网络服务，这种结果体现了较高学历的老人在信息技术使用方面的能力会比初高中老年人要强。分析结果还显示，大中专以上学历的老年人比初高中学历的老年人拥有更多的朋友和同事，这种结果可能是由于较高学历的老年人会有更多的初高中和大学同学，因此，总体而言较高学历的老年人会比低学历老年人有相对较广的社会关系。

（4）居住状态与社会化网络服务使用状况的相关性分析

分析结果显示现在居住状况与社会化网络服务使用状况的卡方检验都不具有显著性，因此可以得出老年人居住状况与社会化网络服务使用状况不具有相关性。只是在使用博客类和资讯类社会化网络服务方面有显著差异，与子女同住以及夫妻同住的老年人比独居的老年人会更多地使用博客类和资讯类社会化网络服务。这种情况可以用主观规范和便利条件来解释，与子女同住以及夫妻同住的老年人比独居的老年人更容易被家人，特别是子女影响或从他们那得到更多的帮助，从而使得他们能比较容易的学会并使用博客类和资讯类，这种功能是相对复杂点的社会化网络服务。

（5）生活形态与社会化网络服务使用状况的相关性分析

分析结果显示家庭生活型和积极活跃型的老年人比孤立保守型的老年人会更多地使用即时通讯类服务、博客类和资讯类社会化网络服务，更多地使用沟通交流分享信息的功能并且积极活跃型的老年人更愿意通过社会化网络服务与各方面的社会关系进行联系。数据分析的结果显示，老年人使用社会化网络服务的积极性和活跃程度与他们的生活态度相关。从心理学角度来分析，老年人的生活态度除了本身的性格以外，还与他们几十年的学习生活经历密切相关。正向积极的生活态度会促使老年人积极的接受新鲜事物，从而让他们更好地融入社会，获得更加正向的生活态度。

4.4.2 变量的描述性统计分析

老年用户社会化网络服务初次采纳模型包括感知有用性、感知易用性、社会影响、便利条件及感知信任5个自变量，用户采纳意愿1个因变量。问卷题项一共18题，采用李克特五级量表，将每位老人所填写的选项加总，然后算出均值（Mean）和标准差（Std.）。通过描述统计可以分析样本数据的集中趋势和离散趋势，从而可以反映样本数据在研究变量上的一般水平。样本的描述统计如表4-31所示：

表4-31　各变量描述性统计分析表

因子	测度项	排序	平均数	标准差	因子平均数	因子标准差
感知有用性（PU）	SNSs 对我获取信息是有用的	1	4.349	0.555	4.341	0.511
	SNSs 提高了我与外界交流以及娱乐活动的便利性	2	4.349	0.555		
	SNSs 对我日常的生活有很大的帮助	3	4.325	0.562		
感知易用性（PE）	SNSs 的操作对我来说并不复杂	1	3.437	0.612	3.418	0.596
	学习使用 SNSs 对我来说比较容易	2	3.444	0.626		
	我能较熟练使用 SNSs	3	3.373	0.665		
社会影响（SI）	同事同学都认为我应该使用 SNSs	1	4.230	0.508	4.222	0.459
	社会环境促使我应该使用 SNSs	2	4.206	0.510		
	我的亲戚好友都鼓励我使用 SNSs	3	4.230	0.492		
便利条件（FC）	我具备使用 SNSs 的软件和硬件资源	1	3.675	0.533	3.645	0.510
	在使用时遇到困难和疑惑时能寻求到帮助	2	3.619	0.533		
	在遇到困难时能较快的寻求到帮助	3	3.643	0.542		
感知信任（PT）	对在社会化网络中获取的信息是可信的	1	3.405	0.492	3.362	0.431
	我不担心社会化网络服务泄漏我的个人信息	2	3.357	0.480		
	在使用时不会感觉到有什么危害	3	3.325	0.469		
用户采纳意愿（UA）	我愿意推荐朋友使用社会化网络服务	1	4.286	0.503	4.282	0.465
	我非常乐意使用社会化网络服务	2	4.278	0.483		
	我不会轻易放弃使用社会化网络服务	3	4.286	0.503		

结果分析：

（1）感知有用性

感知有用性的题项和因素的平均数都高于4，表示大多数老年人都认为社会化网络服务对老年人获取信息是有帮助的，而且能提高老年人与外界交流以及娱乐活动的便利性。对于社会化网络服务对老年人日常生活的帮助，该题项的平均数为4.325，相对较低，这表明大多数老年人使用社会化网络服务的目的只是娱乐为主，总而言之，老年人普遍认为 SNSs 对他们是有帮助的。

数据分析结果显示：目前，大多数老年人对社会化网络服务的作用是认可的，对社会化网络服务的认识也比以往更加深入。看新闻视频以及玩简单游戏等休闲娱乐类的网络活动由于复杂度不高，老少咸宜，所以老年人参与度较高，而那些缴费，购物，政府服务等生活类网络服务由于复杂度相对较高，有些涉及到银行账户，有一定的风险性，况且，目前这些网络服务的设计并未考虑到老年受众，所以，从分析结果来看，老年人在这类社会化网络服务的参与度还不高。

（2）感知易用性

感知易用性的题项及因素的平均数都低于4，表示老年人对感知易用性的意见基本是一致的。我觉得 SNSs 的操作对我来说并不复杂，这一题项的平均值为3.437，这表明大多数老年人是趋向同意的。而我能很快熟练使用 SNSs 这一题项的平均值为3.373，显示老年用户对这一题项出现了分歧。总而言之，大多数老年人都认为使用和学习社会化网络服务是一个比较复杂的事情,需要花费一些精力,这种情况应该是由于老年用户生理和心理上的老化所造成的。

(3)社会影响

社会影响变量的题项和因素的平均数都高于4,表示大多数老年人都认同社会影响对自己采纳社会化网络服务的重要作用。其中我的亲戚朋友都认为我应该使用SNSs题项和我的亲戚朋友都鼓励我使用SNSs题项的平均值都超过了因子的平均数,显示大家对这两个题项的意见基本上趋同的,而外部环境的影响,比如政府和商家的宣传促使我使用SNSs题项的平均值相对较低,显示大家对该题项出现了一定点分歧。总而言之,亲戚朋友们对老年人使用社会化网络服务的影响是最大的,而外界商家的宣传广告的影响作用并不大,这也提示了政府和商家,在做社会化网络服务相关业务推广的时候采用口碑推广的效果可能会更好些。

(4)便利条件

便利条件的题项及因素的平均数都低于4,显示大家对该题项的意见基本趋于一致。从目前的技术推广的范围来看,老年人使用社会化网络服务的软硬件条件基本上都没什么问题,但大多数老年人在遇到问题需要寻求帮助的时候还是会感到欠缺。

(5)感知信任

感知信任的题项及因素的平均数都低于4,显示大多数老年人对社会化网络服务信任的态度基本趋于一致,都是保持中立态度,也就是说对社会化网络服务安全与否并没有太多的概念。

(6)用户采纳意愿

采纳意愿题项和因素的平均数都高于4,显示大多数老年人在是否使用社会化网络服务的态度基本趋于一致,大多数老年人都愿意使用社会化网络服务,并且也愿意向朋友推荐社会化网络服务。

4.4.3　人口统计变量对各因子的影响分析

采用T检验或者单因子方差分析的方法来探讨外部变量对老年人初次采纳社会化网络服务模型中各因子的影响程度是否具有显著差异。单因子方差分析时,显著水平若达到0.05,则进一步以Scheffe's法进行多重事后检验。

(一)性别对各变量方差分析

性别对各变量的方差分析采用T检验的方法。根据表4-31中数据可知,性别对感知有用性(P=0.355)、便利条件(P=0.73)、感知信任(P=0.247)、社会影响(P=0.058)以及采纳意愿(P=0.394)不具有显著性差异。性别对感知易用性(P=0.000)具有显著差异。从平均数可以看出相对于女性而言,男性老年用户更加认为社会化网络较容易使用。

表 4-31　性别对变量的 T 检验

变量	性别				
	男（N=116），女（N=136）				
	男（平均数）	女（平均数）	T 值	P 值	显著性
感知有用性（PU）	4.373	4.313	0.927	0.355	无显著差异
感知易用性（PE）	3.603	3.259	4.746	0.000	显著差异
社会影响（SI）	4.2817	4.1718	1.919	0.058	无显著差异
便利条件（FC）	3.7184	3.5829	2.095	0.73	无显著差异
感知信任（PT）	3.3964	3.3331	1.162	0.247	无显著差异
采纳意愿（UA）	4.3100	4.2596	0.854	0.394	无显著差异

注：*：P<0.1；**：P<0.05；***：P<0.01

（二）年龄对各变量的单因子方差分析

单因子方差分析用来探讨年龄对各变量是否存在差异，如表 4-32 所示。

感知有用性（F=14.891，p=0.001）和采纳意愿（F=11.111，p=0.005）的数据结果显示年龄在感知有用性方面和采纳意愿方面有显著差异。Scheffe 事后检验显示，55-65 岁的人群对于感知有用性和采纳意愿的认同程度显著高于 65-70 岁以及 70 岁以上年龄的人群，65-70 岁的人群对于感知有用性和采纳意愿的认同程度显著高于 70 岁以上年龄的人群。从平均数来看，年龄越小的老年人对社会化网络服务有用性的认同度越高，采纳意愿也更强。

感知易用性（F=9.888，p=0.009）的数据结果表明年龄在感知易用性方面有显著差异。Scheffe 事后检验显示，55-65 岁和 65-70 岁的人群对于感知易用性的认同程度显著高于 70 岁以上年龄的人群。从认同的平均数来看，年龄越小的老年人越认为社会化网络服务是比较容易使用的。

社会影响（F=4.838，p=0.009）的数据结果表明年龄在社会影响方面有显著差异。Scheffe 事后检验显示，55-65 岁的人群对于社会影响的认同程度显著高于 70 岁以上年龄的人群。从认同的平均数来看，年龄越小的老年人越容易受到身边人和周围环境的影响。

便利条件（F=23.100，p=0.000）和感知信任（F=9.215，p=0.012）的数据结果表明年龄在便利条件和感知信任方面有显著差异。Scheffe 事后检验显示，55-65 岁的人群对于便利条件和感知信任的认同程度显著高于 65-70 岁以及 70 岁以上年龄的人群。从认同的平均数来看，年龄越小的老年人拥有更多的使用社会化网络服务的条件，他们普遍认为社会化网络服务是比较容易使用的，而且对社会化网络服务的信任度越高。

表4-32 年龄对变量的方差分析

变量	年龄					
	55-65（N=118），65-70（N=104），70以上（N=30）					
	1.55-65（平均数）	2.65-70（平均数）	3.70以上（平均数）	F值	显著性（双尾）	Scheffe检定
感知有用性（PU）	4.4972	4.2628	4.0000	14.891	0.001 显著	1>2 1>3 2>3
感知易用性（PE）	3.5537	3.3718	3.0444	9.888	0.009 显著	1>3 2>3
社会影响（SI）	4.3107	4.1667	4.0667	4.838	0.009 显著	1>3
便利条件（FC）	3.8531	3.5000	3.3333	23.100	0.000 显著	1>2 1>3
感知信任（PT）	3.4686	3.3075	3.1333	9.215	0.012 显著	1>2 1>3
采纳意愿（UA）	4.3953	4.2431	3.9780	11.111	0.005 显著	1>2 1>3 2>3

注：*：P<0.1；**：P<0.05；***：P<0.01

（三）教育程度对各变量的单因子方差分析

用单因子方差分析来探讨教育程度在各变量上是否存在差异（如表4-33）。数据结果显示：

感知有用性（F=12.570，p=0.000）和采纳意愿（F=11.111，p=0.005）的数据结果显示教育程度在感知有用性和采纳意愿方面有显著差异。Scheffe事后检验显示，具有大中专以上学历的老年人对于感知有用性和采纳意愿的认同程度显著高于具有初高中学历的老年人。从认同的平均数看，教育程度越高越认为社会化网络服务是有用的，而且采纳意愿也更强烈。

感知易用性（F=20.055，p=0.000）和便利条件（F=15.419，p=0.000）的数据结果表明教育程度在感知易用性和便利条件方面有显著差异。Scheffe事后检验显示，对于感知易用性和便利条件的认同程度随学历提高而不断提高，教育程度越高的老年人更加认为社会化网络服务是容易使用的，而且在使用过程中也更容易获得帮助。

数据结果表明教育程度在感知信任（F=15.334，p=0.000）和社会影响（F=4.516，p=0.012）方面有显著差异。Scheffe事后检验显示，研究生学历的老年人对社会化网络服务的信任程度比初高中和大中专学历的老年人高，而且大中专学历的老年人比初高中学历的老年人更容易受到身边人和周围环境影响。

表4-33　教育程度对变量的方差分析

变量	教育程度					
	研究生（N=70），大中专（N=154），初高中（N=28）					
	1. 研究生（平均数）	2. 大中专（平均数）	3. 初高中（平均数）	F 值	显著性（双尾）P 值	Scheffe检定
感知有用性（PU）	4.0949	4.4242	4.0949	12.570	0.000 显著	1>3 2>3
感知易用性（PE）	3.1046	3.4848	3.1046	20.055	0.000 显著	1>2 1>3 2>3
社会影响（SI）	4.0857	4.2686	4.0857	4.516	0.012 显著	2>3
便利条件（FC）	3.3806	3.7270	3.3806	15.419	0.000 显著	1>2 1>3 2>3
感知信任（PT）	3.1906	3.3806	3.1906	15.334	0.000 显著	1>2 1>3
采纳意愿（UA）	4.0189	4.3849	4.0189	17.703	0.000 显著	1>3 2>3

注：*：P<0.1；**：P<0.05；***：P<0.01

（四）职业经历对各变量的单因子方差分析

用单因子方差分析来探讨职业经历在各变量上是否存在差异（如表4-34）。数据结果显示，不同的职业经历在各变量上没有显著差异性。从认同的平均数来看，在机关事业单位和企业单位工作过的老年人在各变量的平均值要高于个体从业的老年人群。这种情况可能也是由于机关事业单位和企业单位工作过的老年人，他们的社交圈以及关注兴趣更广泛的原因所造成的。

表4-34　职业经历对变量的方差分析

变量	工作经历					
	机关事业单位（N=124），企业单位（N=106），个体从业（N=22）					
	1. 机关事业（平均数）	2. 企业（平均数）	3. 个体从业（平均数）	F 值	显著性（双尾）P 值	Scheffe检定
感知有用性（PU）	4.301	4.402	4.272	1.344	0.416 不显著	
感知易用性（PE）	3.446	3.415	3.273	0.791	0.110 不显著	
社会影响（SI）	4.253	4.201	4.151	0.651	0.744 不显著	
便利条件（FC）	3.696	3.619	3.485	1.860	0.143 不显著	
感知信任（PT）	3.379	3.380	3.182	2.127	0.095 不显著	
采纳意愿（UA）	4.295	4.302	4.121	1.472	0.160 不显著	

注：*：P<0.1；**：P<0.05；***：P<0.01

（五）居住状态对各变量的差异性分析

用单因子方差分析来探讨居住状态对各变量是否存在差异，如表4-35数据结果显示：

不同居住状态在感知有用性（F=14.514，p=0.000）及采纳意愿方面（F=13.427，p=0.000）有显著差异。Scheffe事后检验显示，子女同住和夫妻同住的老年人对感知有用性和采纳意愿的认同度比独居的老年人高，夫妻同住的老年人对感知有用性和采纳意愿的认同度要比子女同住的老年人高。

便利条件（F=12.223，p=0.003）的结果显示，子女同住和夫妻同住的老年人对便利条件的认同度比独居的老年人高，年纪较小的老年人能获得更多的使用社会化网络服务的资源。

不同居住状态在感知易用性（F=3.2381，p=0.1）、社会影响（F=4.0714，p=0.07）和感知信任（F=1.430，p=0.241）方面没有显著差异。

表4-35　居住状态对各变量的方差分析

变量	居住状态					
	与子女同住（N=146），夫妻同住（N=78），独居（N=28）					
	1. 子女同住（平均数）	2.夫妻同住（平均数）	3. 独居（平均数）	F 值	显著性（双尾）P 值	Scheffe 检定
感知有用性（PU）	4.3333	4.5043	3.9286	14.514	0.000 显著	1>3 2>3 2>1
感知易用性（PE）	3.3470	3.6154	3.2381	6.900	0.1 不显著	
社会影响（SI）	4.2100	4.2991	4.0714	2.694	0.07 不显著	
便利条件（FC）	3.5708	3.8632	3.4286	12.223	0.000 显著	1>3 2>3
感知信任（PT）	3.3879	3.3587	3.2379	1.430	0.241 不显著	
采纳意愿（UA）	4.2373	4.4697	3.9993	13.427	0.000 显著	1>3 2>3 2>1

注：*：P<0.1；**：P<0.05；***：P<0.01

（六）生活形态对各变量的单因子方差分析

用单因子方差分析来探讨不同生活形态对各变量是否存在差异，如表4-36数据结果显示：

不同生活形态在感知有用性（F=11.175，p=0.000）、社会影响（F=7.822，p=0.001）和采纳意愿（F=23.480，p=0.000）方面有显著性，Scheffe事后检验显示，居家生活型和积极活跃型老年人在社会化网络服务有用性、社会影响以及采纳意愿方面的认同度比孤立保守型老年人要高，表明居家生活型和积极活跃型老年人更容易受到身边人和周围环境影响,而且更愿意采纳社会化网络服务。

不同生活形态在便利条件(F=18.317, p=0.000)方面有显著差异。Scheffe 事后检验显示,积极活跃型老年人更容易得到使用社会化网络服务的资源,其次是家庭居住型,而独居型的老年不容易获得使用社会化网络服务的资源。

不同生活形态在感知易用性(F=8.542, p=0.000)方面有显著差异。Scheffe 事后检验显示,积极活跃型老年人比家庭居住型和孤立保守型老年人更认同社会化网络服务较容易使用。分析结果显示,感知信任不具有显著性。

表4-36 不同生活形态对各变量的方差分析

变量	生活形态					
	家庭居住型(N=142),积极活跃型(N=78),孤独保守型(N=32)					
	1. 居家生活型(平均数)	2. 积极活跃型(平均数)	3. 孤立保守型(平均数)	F 值	显著性(双尾)P 值	Scheffe 检定
感知有用性(PU)	4.3238	4.5041	4.0206	11.175	0.000 显著	1>3 2>3
感知易用性(PE)	3.3707	3.6154	3.1456	8.542	0.000 显著	2>1 2>3
社会影响(SI)	4.2444	4.2992	3.9375	7.822	0.001 显著	1>3 2>3
便利条件(FC)	3.6100	3.8631	3.2706	18.317	0.000 显著	1>3 2>3 2>1
感知信任(PT)	3.3989	3.3587	3.2081	2.589	0.077 不显著	
采纳意愿(UA)	4.2766	4.4697	3.8544	23.480	0.000 显著	1>3 2>3

注:*: P<0.1;**: P<0.05;***: P<0.01

4.4.4　模型假设验证

为了深入了解自变量对因变量的影响关系,我们使用 SmartPLS 软件对模型数据进行结构化方程分析,其过程包括测量模型分析和结构模型分析。测量模型分析是检验测量工具是否能够精确测量所需研究的变量,结构模型分析是通过估计每个变量间的路径系数,来验证潜在变量之间的因果关系。

(一)测量模型分析

本研究模型是在大量研究基础上构建的,并且在前测过程中进行了探索式因素分析,因此,在此阶段我们采用 SmartPLS 软件进行结构化方程分析,对研究模型中每个构面进行验证性因素分析,主要评估每个项目的信度、潜在变量的组成信度(CR)及 Cronbach's a 值、平均方差提取量(AVE)、内容效度、收敛效度以及区别效度。

(1)信度检验

按照如下评价标准进行信度检验:

①项目信度(Individual Item Reliability),即每个测量题项的信度。Hair ET al.(1992)建议因素负载值应该在0.5以上,测量指标才具有较好的信度。

②潜在变量组成信度(Composite Reliability, CR)及Cronbach's a:变量内部因子的一致性,潜在变量的CR值及Cronbach's a越高,其测量变量的相关性也就越高,表示他们都在测量相同的潜在变量。一般而言,CR值及Cronbach's a需要大于缺内容。

③平均方差提取值(Average Variance, AVE)是统计学中检验结构变量内部一致性的统计量,代表观测变量能够测得潜在变量的百分比,可以作为信度和收敛效度的评判标准。AVE值大于0.5代表有较好的收敛效度。

从表4-37和表4-38可以看出,所有测量题项的因素负载均大于0.7,显示测量题项的信度良好。潜在变量的CR值及Cronbach's a介于0.879~0.966,皆大于0.7,表示本研究的潜在变量具有良好的内部一致性。潜在变量的AVE值介于0.801~0.903,皆大于0.8,表示本研究的潜在变量具有良好的信度和收敛效度。因此,本研究各变量的检验值都达到了评价标准,显示模型的各变量有较好的信度。

(2)效度检验

研究模型的问卷都是采用了国内外权威的文献,大多量表都是经过实证研究证明有效的,而且在大规模问卷调查之前还进行了前测,所以问卷有一定的内容效度。收敛效度和区分效度的评价标准如下:

①收敛效度又称内部一致性效度,要求所有因素的载荷量(Factor Loading)至少大于0.5,0.7以上为理想值。

②平均方差提取值(Average Variance, AVE)是统计学中检验结构变量内部一致性的统计量,代表观测变量能够测得潜在变量的百分比,可以作为信度和收敛效度的评判标准,AVE值大于0.5代表有较好的收敛效度。

③区分效度是验证模型中不同变量间的相关程度,不同变量的测量题项不应该存在高度相关的状况。区分效度是通过变量的AVE值的平方根来判断的,当表4-38中对角线的值大于对应的行和列的值,即变量测量题项的因素负载量大于其他变量中的因素负载量,模型具有较好的区分效度。

从表4-38中可以看出,研究模型的所有因素的载荷量和模型的AVE值都大于0.7,表明模型具有良好的收敛效度。表4-38中主对角线代表各变量AVE的开根号值,从0.895~0.950都超过与其所在同一行或者同一列的所有非对角线元素值,显示本研究各潜在变量明显不同,具有良好的区别效度。

综合上述,测量模型具有较好的信度和效度,可以对结构模型进行检验。

表 4-37　各变量的信度检验

因子	测度项	因素负载	T-Value	AVE	CR	构面的 a 值
感知有用性（PU）	PU1	0.909	6.872	0.840	0.940	0.905
	PU2	0.921	8.603			
	PU3	0.921	9.524			
感知易用性（PE）	PE1	0.912	7.773	0.883	0.958	0.934
	PE2	0.944	13.896			
	PE3	0.963	13.313			
社会影响（SI）	SI1	0.927	10.320	0.832	0.937	0.899
	SI2	0.914	8.262			
	SI3	0.895	9.893			
便利条件（FC）	FC1	0.943	11.955	0.903	0.966	0.946
	FC2	0.957	10.710			
	FC3	0.952	9.992			
感知信任（PT）	PT1	0.880	1.470	0.801	0.924	0.879
	PT2	0.942	2.341			
	PT3	0.862	1.013			
用户采纳意愿（UA）	UA1	0.921	18.494	0.878	0.956	0.930
	UA2	0.951	20.154			
	UA3	0.940	21.099			

表 4-38　各变量的 AVE 及相关系数矩阵

	FC	PE	PT	PU	SI	UA
FC	0.950					
PE	0.3546	0.940				
PT	0.2372	0.2756	0.895			
PU	0.0782	0.2829	0.0987	0.917		
SI	0.2131	0.2435	0.0551	0.2039	0.912	
UA	0.3805	0.4389	0.1841	0.3989	0.5336	0.937

4.4.5　结构方程模型分析

结构方程模型分析是对模型中每个变量之间的直接路径和间接路径进行分析，从而验证研究假设，变量之间的路径代表了两变量间的因果关系，变量关系的显著性代表了变量间因果关系的强弱。结构方程模型必须检验各变量间的标准化系数是否达到统计显著性，并且以内生变量的方差解释量（R2）来判断模型的解释能力，方差解释量（R2）数值越高，代表模型的解释能力越强。本研究采用 SmartPLS 2.0 软件进行结构模式潜在变量间的因果关系分析与检验。

（一）路径系数检验

标准化路径系数（path coefficient）可以用来分析变量之间关系的强度与方向，检验结果应当具有显著性，并且应该与模型假设所预期的方向一致，系数越大代表因果关系越强。路径系数的显著性分析一般是采用拔靴法（Bootstrapping）连续抽样来进行分析，计算出路径系数（β）以及 t-value 值，本研究设定反复抽样 500 次，且各变量的路径系数如图 4-2 和表 4-39 所示，分析结果如下：

（1）感知有用性对采纳意愿（路径系数为 0.245，p 值为 0.01 显著）、社会影响对采纳意愿（路径系数为 0.392，p 值为 0.000 显著）和便利条件对采纳意愿（路径系数为 0.201，p 值为 0.05 显著）为显著正相关，表明假设 1（感知有用性对采纳意愿有显著正向影响）、假设 3（社会影响对采纳意愿有显著正向影响）和假设 4（便利条件对采纳意愿有显著正向影响）成立。

（2）感知易用性对采纳意愿和感知信任对采纳意愿不显著，表明假设 2（感知易用性对采纳意愿有显著正向影响）和假设 5（感知信任对采纳意愿有显著正向影响）不成立。

表 4-39　各变量路径系数和研究假设结果

	路径系数	T 值	显著性	研究假设
感知有用性（PU）-> 采纳意愿（UA）	0.245	3.220**	显著	假设 1 成立
感知易用性（PE）-> 采纳意愿（UA）	0.193	1.937 n.s	不显著	假设 2 不成立
社会影响（SI）-> 采纳意愿（UA）	0.392	4.497***	显著	假设 3 成立
便利条件（FC）> 采纳意愿（UA）	0.201	2.364*	显著	假设 4 成立
感知信任（PT）-> 采纳意愿（UA）	0.038	0.466 n.s	不显著	假设 5 不成立

注：*$p<=0.05$，**$p<=0.01$，***$p<=0.001$，n.s 代表不显著

（二）模型预测力估计

研究模型的解释力和预测能力大多都是通过 R^2 的值来判断，该值是指测量变量能够被潜在变量解释的程度，其值介于 0~1 之间，R^2 值越大，代表模型的解释力越好，根据 Falk 和 Miller（1992）的建议，R^2 值至少达到 0.1 以上，模型才具有解释力。

本研究模型潜在变量的方差解释量 R^2 值等于 0.48，显示模型的解释力良好。分析结果显示，社会影响对采纳意愿的影响力最强（B=0.39），其次为感知有用性（B=0.245）以及便利条件（B=0.193），而感知有用性和感知信任没有影响力。

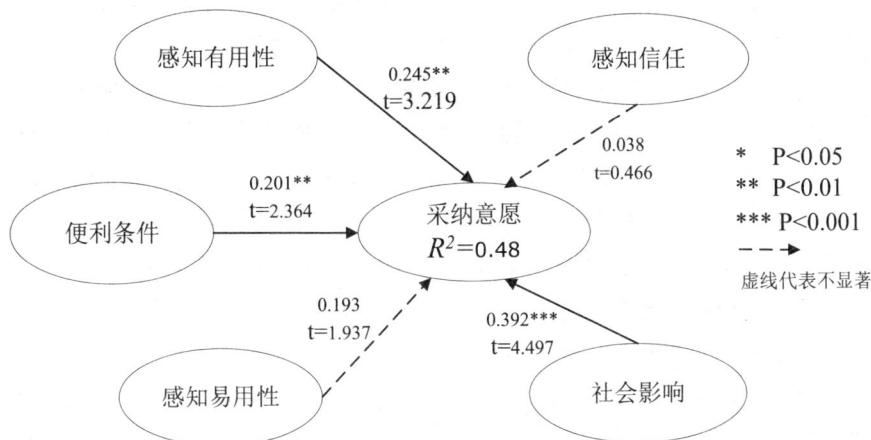

图 4-2　全模型路径系数分析

（三）结构化方程模型结果分析

（1）研究结果显示，社会影响变量对老年人初次采纳社会化网络服务意愿有直接的影响效果。这种结果与先前文献中的研究基本是一致的。例如，在 TAM 模型的后续研究中，社会影响变量的重要性就不断地被证实。特别是对通讯类信息技术采纳意愿的影响作用。电子邮件和移动电话采纳行为研究显示，当用户发现周围使用电子邮件和移动电话的人数越多，那么他们使用这些通信工具的意愿也就越强。Mathur（1999）的研究发现家中年轻一代对老年人使用信息技术进行鼓励，会对老年人采纳信息技术有显著的正向影响。研究结果还显示社会影响变量对老年人初次采纳社会化网络服务意愿的影响力最强，这个结果倒是与先前的研究有些不同，大多数关于信息技术采纳行为的研究显示感知有用性的影响力是最强的，但是这种结果也有它的合理性，对老年人而言，社会化网络服务是个新生事物，老年人对社会化网络服务并不了解，甚至都不清楚这个概念。老年人的生理和认知能力以及学习能力方面的衰退和障碍也限制了他们主动去学习和挑战新技术的可能性，因此，他们初次采纳社会化网络服务往往是被动的，是身边的亲朋好友和周围的环境促使他们去接触和了解社会化网络服务，正如描述性分析中显示的，大多数老年人都是通过家人亲戚和朋友介绍才了解和学会使用社会化网络服务的。

研究结果显示，感知有用性对于老年人社会化网络服务的采纳意愿有显著的正向影响，且有较强的影响力，这个结果与先前文献中的研究的结果相符，再次验证了感知有用性是影响使用者采纳信息技术的重要影响因素。

研究结果显示，便利条件对于老年人社会化网络服务的采纳意愿有显著的正向影响，且有影响力。这个结果显示，在初次采纳社会化网络服务过程中获得帮助对于老年人来说是相当重要的。

（2）感知易用性不具有影响力这个结果与先前大多数研究结果不同。先前的研究结果大多显示当人们认为信息技术比较容易使用，那么他们会更倾向采纳这种信息技术，如果感觉信息技术较难使用，那么他们就有可能放弃。但是我们的研究显示感知易用性对老年人初次采纳社会化网络服务并无影响力。这种结果说明，信息技术对老年人而言都不是容易使用的，正如在描述性分析中显示的，大多数老年人都认为社会化网络服务是比较复杂，有点难学。正如前面分析指出社会影响对老年人采纳社会化网络服务的影响力是很大的，大多数老年人都是被动地接受这种网络服务。或许在老年人内心中，他们常常会因为感觉到社会化网络服务比较复杂而不愿接受它，但由于身边的亲人朋友以及周围环境促使他去了解并接受社会化网络服务。

在信息技术采纳研究领域，感知信任是常常被讨论的变量。在不同的研究情境下，感知信任的影响力各不相同。老年人在刚开始接触社会化网络服务时，他们对社会化网络服务中存在的风险其实了解得并不多，同时，老年人对社会化网络服务的使用，大多数只是停留在基础的应用上，并不会深入使用社会化网络服务中的较为复杂且涉及更多个人信息的功能,比如添加银行账号等;又如前文描述性分析中显示的,大多数老年人并不会通过社会化网络服务与陌生人进行交互,因此,老年人对社会化网络服务风险的认知水平相对较低,从而使得感知信任对老年人初次采纳社会化网络服务并不具有影响力。

4.5 干扰效果的多群组验证

为了更加深入地分析老年用户初次使用社会化网络服务的各影响因素,本研究除了探讨老年用户社会化网络服务初次采纳的影响因素,还将性别、年龄、教育程度、职业、居住状况以及生活形态作为干扰变量,依次将样本分组,用 SmartPLS 软件进行多群组分析,并采用 T 检验的方法来验证不同群组间路径系数的差异是否具有显著性。

（一）性别的干扰效果

在性别干扰验证方面,本研究依据样本的性别,区分为男性组（n=116）和女性组（n=136）两个群组进行分析比较。两个群组的 PLS 分析结果如表 4-40 所示,分析结果显示:

（1）与全样本不同之处在于:男女分组中的感知易用性对于采纳意愿具有显著影响,也就是说假设 2 在男女分组样本中得到支持。

（2）对于老年男性而言,感知有用性对采纳意愿的影响力最强,其次是感知易用性、便利条件和社会影响,感知信任不具有影响力。对女性老年人而言,社会影响对采纳意愿的影响力最强,其次是感知有用性、便利条件和感知易用性,感知信任不具有影响力。

（3）性别分组的路径系数差异性通过联合 t 检定来验证,结果显示不同性别在社会影响对采纳意愿的影响力方面有显著差异,女性更容易受到外界的影响。

（4）在模型解释力方面,男性组的 R^2=0.475,女性组的 R^2=0.563,结果显示,研究模型针对女性的解释力较男性更强。

表 4-40　性别干扰效果的多群组分析

研究假设	路径系数			系数差值	P 值 显著性
	全样本	男	女		
便利条件（FC）> 采纳意愿（UA）	0.201*	0.201*	0.185*	0.015	0.897[n.s]
感知易用性（PE）-> 采纳意愿（UA）	0.193[n.s]	0.253*	0.175*	0.078	0.557[n.s]
感知信任（PT）-> 采纳意愿（UA）	0.038[n.s]	−0.023	0.143	−0.166	0.155[n.s]
感知有用性（PU）-> 采纳意愿（UA）	0.245**	0.327**	0.219***	0.108	0.393[n.s]
社会影响（SI）-> 采纳意愿（UA）	0.392***	0.197*	0.528***	−0.331	0.003**

注: *$p<=0.05$, **$p<=0.01$, ***$p<=0.001$, n.s 表示不显著

（二）年龄的干扰效果

在年龄的干扰分析方面,依据样本的年龄数据,区分为 55-65 岁组（n=118）、65-70 岁组（n=104）和 70 岁以上组（n=30）三个群组进行两两分析比较。分组比较的 PLS 分析结果如表 4-41 所示,分析结果显示:

（1）55-65岁组和65-70岁组与全样本的分析结果基本相同。感知有用性对采纳意愿、社会影响对采纳意愿和便利条件对采纳意愿为显著正相关，表明假设1、假设4和假设5成立。感知易用性对采纳意愿和感知信任对采纳意愿不显著，表明假设2和假设3不成立。70岁以上组的分析结果中，社会影响对采纳意愿和感知易用性对采纳意愿显著相关，表明假设2和假设5获得支持，其他假设都不成立。

（2）在模型解释力方面，70岁以上组的R2=0.83，55-65岁组的R2=0.396，65-70岁组的R2=0.49，结果显示年龄越大，研究模型的解释力越强。70岁以上组的分析结果显示，社会影响对采纳意愿的影响力最强，其次是感知易用性，而感知有用性、便利条件和感知信任不具有影响力，这与70岁以下组的分析结果有较大的反差。

（3）分组的路径系数差异性通过联合T检定来验证，结果显示55-65岁组和65-70岁组的各路径系数无显著差异。55-65岁组与70岁以上组以及65-70岁组与70岁以上组在感知有用性及社会影响对采纳意愿的影响力方面有显著差异。分析结果显示，70岁以上老年人初次使用社会化网络服务更多的是受到了外界的影响。

表 4-41 年龄干扰效果的多群组分析

研究假设	路径系数				系数差值		P 值显著性
	全样本	1.55-65	2.65-70	3.70 以上			
便利条件 -> 采纳意愿	0.201^*	0.262^{**}	0.178^*	$0.078^{n.s}$	1-2	0.083	$0.496^{n.s}$
					1-3	0.183	0.070^*
					2-3	0.100	$0.275^{n.s}$
感知易用性 -> 采纳意愿	$0.193^{n.s}$	$0.114^{n.s}$	$0.197^{n.s}$	0.262^{***}	1-2	-0.083	$0.573^{n.s}$
					1-3	-0.148	$0.197^{n.s}$
					2-3	-0.065	$0.630^{n.s}$
感知信任 -> 采纳意愿	$0.038^{n.s}$	$-0.006^{n.s}$	$0.116^{n.s}$	$-0.024^{n.s}$	1-2	-0.121	$0.287^{n.s}$
					1-3	0.019	$0.871^{n.s}$
					2-3	0.140	$0.181^{n.s}$
感知有用性 -> 采纳意愿	0.245^{**}	0.280^{***}	0.313^{***}	$0.083^{n.s}$	1-2	-0.033	$0.761^{n.s}$
					1-3	0.197	0.039^*
					2-3	0.230	0.007^{**}
社会影响 -> 采纳意愿	0.392^{***}	0.338^{***}	0.359^{***}	0.776^{***}	1-2	-0.021	$0.860^{n.s}$
					1-3	-0.439	0.000^{***}
					2-3	-0.418	0.000^{***}

注：$*p \le 0.05$，$**p \le 0.01$，$***p \le 0.001$，n.s 表示不显著

（三）教育程度的干扰效果

在教育程度干扰验证方面，因研究生学历的样本数较少，因此将研究生学历样本与大中专以上学历样本合并，将总样本分为低学历组（n=70）和高学历组（n=182）两个群组进行分析比较。两个群组的PLS分析结果如表4-42所示，分析结果显示：

（1）与全样本的分析结果比较，高学历组结果显示，感知易用性对采纳意愿为显著正相关，表明假设3成立。低学历组的分析结果中，便利条件对采纳意愿的影响力不显著，表明假设1未获得支持。

（2）在模型解释力方面，低学历组的 R2=0.384，高学历组的 R2=0.46，结果显示，研究模型针对高学历组的解释力较低学历组更强。对于低学历组而言，社会影响对采纳意愿的影响力最强，其次是感知有用性，感知易用性、便利条件和感知信任不具有影响力。对高学历组而言，社会影响对老年人初次采纳社会化网络服务意愿的影响力最强，其次是感知易用性、感知有用性和便利条件，感知信任不具有影响力。

（3）分组的路径系数差异性通过联合 T 检定来验证，结果显示不同低学历组和高学历组在感知易用性对采纳意愿的影响力方面有显著差异，易用性对高学历组初次采纳社会化网络服务的影响比低学历组更大。

表 4-42　教育程度干扰效果的多群组分析

研究假设	路径系数			系数差值	P 值显著性
	全样本	低学历	高学历		
便利条件（FC）> 采纳意愿（UA）	0.201*	0.139[n.s]	0.169*	−0.031	0.801[n.s]
感知易用性（PE）-> 采纳意愿（UA）	0.193[n.s]	−0.193[n.s]	0.254**	−0.447	0.029*
感知信任（PT）-> 采纳意愿（UA）	0.038[n.s]	0.212[n.s]	0.033[n.s]	0.179	0.276[n.s]
感知有用性（PU）-> 采纳意愿（UA）	0.245**	0.227***	0.192**	0.035	0.728[n.s]
社会影响（SI）-> 采纳意愿（UA）	0.392***	0.347**	0.402***	−0.055	0.735[n.s]

注：*p<=0.05，**p<=0.01，***p<=0.001，n.s 表示不显著

（四）职业经历的干扰效果

在职业经历的干扰验证方面，因个体从业的样本数较少，因此将企业工作经历样本与个体从业经历样本合并，将总样本分为机关事业单位组（n=124）和企业及个体从业组（n=128）两个群组进行分析比较。两个群组的 PLS 分析结果如表 4-43 所示，分析结果显示：

（1）企业及个人从业组与全样本的分析结果基本相同。感知有用性对采纳意愿、社会影响对采纳意愿和便利条件对采纳意愿为显著正相关，表明假设 1、假设 4 和假设 5 成立。感知易用性对采纳意愿和感知信任对采纳意愿不显著，表明假设 2 和假设 3 不成立。机关事业组分析结果显示，感知易用性对采纳意愿显著相关，表明假设 2 获得支持，而便利条件对采纳意愿的影响力不显著，表明假设 1 未获得支持。

（2）在模型解释力方面，机关事业组的 R2=0.601，企业及个人从业组的 R2=0.427，结果显示，研究模型针对机关事业组的解释力较企业及个人从业组更强。对于机关事业组而言，社会影响对采纳意愿的影响力最强，其次是感知易用性和感知有用性，便利条件和感知信任对采纳意愿不具有影响力。对企业及个人从业组而言，便利条件对采纳意愿的影响力最强，其次是感知有用性和社会影响，感知易用性、感知信任对采纳意愿不具有影响力。

（3）分组的路径系数差异性通过联合 T 检定来验证，结果显示在便利条件、感知易用性以及社会影响对采纳意愿的影响力方面有显著差异。

表 4-43　职业经历干扰效果的多群组分析

研究假设	路径系数			系数差值	P 值 显著性
	1. 全样本	2. 机关事业	3. 企业个体		
便利条件（FC）> 采纳意愿（UA）	0.201*	0.049$^{n.s}$	0.337***	-0.288	0.006**
感知易用性（PE）-> 采纳意愿（UA）	0.193$^{n.s}$	0.349***	0.066$^{n.s}$	0.283	0.023*
感知信任（PT）-> 采纳意愿（UA）	0.038$^{n.s}$	-0.001$^{n.s}$	0.071$^{n.s}$	-0.072	0.593$^{n.s}$
感知有用性（PU）-> 采纳意愿（UA）	0.245**	0.152*	0.286***	-0.135	0.200$^{n.s}$
社会影响（SI）-> 采纳意愿（UA）	0.392***	0.524***	0.211**	0.313	0.008**

注：*p<=0.05，**p<=0.01，***p<=0.001，n.s 表示不显著

（五）居住状况的干扰效果

在居住状况的干扰方面，依据样本数据，区分为子女同住组（n=144）、夫妻同住组（n=78）和独居组（n=30）三个群组进行两两分析比较。分组比较的 PLS 分析结果如表4-44 所示，分析结果显示：

（1）夫妻同住组与全样本的分析结果基本相同。感知有用性对采纳意愿、社会影响对采纳意愿和便利条件对采纳意愿为显著正相关，表明假设1、假设4和假设5成立。感知易用性对采纳意愿和感知信任对采纳意愿不显著，表明假设2和假设3不成立。与全样本相比较，子女同住组的分析结果中，感知易用性对采纳意愿显著相关，而便利条件对采纳意愿显著不相关，表明假设2也获得支持，而假设1不成立。独居组的分析结果与前两组的结果差异较大，所有的因变量对采纳意愿都显著相关，即所有的假设都获得支持。

（2）在模型解释力方面，子女同住组的 R2=0.482，夫妻同住组的 R2=0.483，独居组的 R2=0.818，结果显示，研究模型对独居组的解释力最强，其中，感知易用性和感知有用性对采纳意愿的影响力最强，其次是社会影响、便利条件和感知信任。子女同住组和夫妻同住组的分析结果显示，研究模型的解释力基本相同。对于子女同住组，社会影响对采纳意愿的影响力最强，其次是感知有用性和感知易用性，便利条件和感知信任对采纳意愿不具有影响力。对于夫妻同住组，社会影响对采纳意愿的影响力最强，其次是便利条件和感知有用性，感知易用性和感知信任对采纳意愿不具有影响力。

（3）分组的路径系数差异性通过联合 t 检定来验证，结果显示子女同住组和夫妻同住组的各路径系数无显著差异。子女同住组与独居组路径系数的差异体现在感知易用性和社会影响两个变量，夫妻同住组与独居组路径系数的差异体现在便利条件、感知易用性、感知信任及社会影响 4 个变量。分析结果显示，独居的老年人初次使用社会化网络服务更容易受到多方面的影响。

表 4-44　居住状况干扰效果的多群组分析

研究假设	路径系数				系数差值		P 值 显著性
	全样本	1. 子女同住	2. 夫妻同住	3. 独居			
便利条件 > 采纳意愿	0.201*	0.088ⁿ·ˢ	0.254***	−0.109***	1−2	−0.166	0.186ⁿ·ˢ
					1−3	0.196	0.085ⁿ·ˢ
					2−3	0.362	0.000***
感知易用性 -> 采纳意愿	0.193ⁿ·ˢ	0.217**	0.128ⁿ·ˢ	−0.261***	1−2	0.089	0.524ⁿ·ˢ
					1−3	0.478	0.000***
					2−3	0.389	0.006**
感知信任 -> 采纳意愿	0.038ⁿ·ˢ	0.007ⁿ·ˢ	0.157ⁿ·ˢ	−0.175**	1−2	−0.150	0.231ⁿ·ˢ
					1−3	0.182	0.127ⁿ·ˢ
					2−3	0.332	0.003**
感知有用性 -> 采纳意愿	0.245**	0.235***	0.199***	0.262***	1−2	0.036	0.721ⁿ·ˢ
					1−3	−0.027	0.853ⁿ·ˢ
					2−3	−0.063	0.679ⁿ·ˢ
社会影响 -> 采纳意愿	0.392***	0.513***	0.361***	−1.158***	1−2	0.152	0.190ⁿ·ˢ
					1−3	1.672	0.000***
					2−3	1.519	0.000***

注：*p<=0.05，**p<=0.01，***p<=0.001，n.s 表示不显著

（六）生活形态的干扰效果

在生活形态的干扰方面，将据样本数据分为家庭居住型组（n=142）、积极活跃型组（n=78）和孤立保守型组（n=32）三个群组进行两两分析比较。分组比较的 PLS 分析结果如表 4-45 所示，分析结果显示：

（1）家庭居住组分析结果显示：感知易用性、社会影响和感知有用性对采纳意愿为显著正相关，表明假设 2、假设 4 和假设 5 成立。便利条件和感知信任对采纳意愿不显著，表明假设 1 和假设 3 不成立。社会扩展型组分析结果显示：便利条件、社会影响、感知易用性和感知有用性对采纳意愿显著相关，表明假设 1、假设 2、假设 4 和假设 5 获得支持，而感知信任对采纳意愿显著不相关，假设 3 不成立。孤立保守组分析结果显示：便利条件、感知易用性和感知有用性对采纳意愿显著相关，表明假设 1、假设 2 和假设 4 获得支持，而社会影响和感知信任对采纳意愿显著不相关，假设 3 和假设 5 不成立。

（2）在模型解释力方面，家庭居住组的 R2=0.49，社交扩展组的 R2=0.540，孤立保守组的 R2=0.408，研究模型对积极活跃型组的解释力最强。家庭居住组的分析结果显示：社会影响对采纳意愿的影响力最强，其次是感知有用性和感知易用性，便利条件和感知信任不具有影响力。积极活跃型组的分析结果显示：社会影响对采纳意愿的影响力最强，其次是感知有用性和感知易用性，而便利条件和感知信任不具有影响力。孤立保守组的分析结果显示：感知有用性对采纳意愿的影响力最强，其次是便利条件和感知易用性，社会影响和感知信任不具有影响力。

（3）分组的路径系数差异性通过联合 t 检定来验证，结果显示家庭居住组和社交扩展组的各路径系数无显著差异。家庭居住组与孤立保守组以及社交扩展组与孤立保守

组在感知易用性对采纳意愿的影响力方面有显著差异。

表 4-45 生活形态干扰效果的多群组分析

研究假设	路径系数				系数差值		P 值显著性
	全样本	1. 家庭居住	2. 社交扩展	3. 孤立保守			
便利条件 -> 采纳意愿	0.201*	0.132[n.s]	0.258***	0.337**	1-2	-0.126	0.238[n.s]
					1-3	-0.205	0.137[n.s]
					2-3	-0.079	0.518[n.s]
感知易用性 -> 采纳意愿	0.193[n.s]	0.185**	0.236**	-0.388***	1-2	-0.052	0.674[n.s]
					1-3	0.573	0.000***
					2-3	0.624	0.000***
感知信任 -> 采纳意愿	0.038[n.s]	-0.018[n.s]	0.129[n.s]	0.127[n.s]	1-2	-0.147	0.179[n.s]
					1-3	-0.145	0.170[n.s]
					2-3	0.002	0.985[n.s]
感知有用性 -> 采纳意愿	0.245**	0.245**	0.173**	0.402***	1-2	0.072	0.467[n.s]
					1-3	-0.157	0.201[n.s]
					2-3	-0.228	0.052[n.s]
社会影响 -> 采纳意愿	0.392***	0.488***	0.323**	0.257[n.s]	1-2	0.165	0.192[n.s]
					1-3	0.231	0.331[n.s]
					2-3	0.066	0.787[n.s]

注：*p<=0.05，**p<=0.01，***p<=0.001，n.s 表示不显著

4.6 本章小结

本部分的主要目的是探讨老年用户初次采纳社会化网络服务的影响因素，主要完成的研究目标有两个方面：①探讨老年用户初次采纳社会化网络服务的影响因素；分析影响因素对老年人初次采纳社会化网络服务的影响力。②分析人口统计变量及生活形态等外部变量在老年用户初次采纳社会化网络服务中的干扰作用，探讨老年用户初次使用社会化网络服务的行为状况。本部分首先通过质性研究中的深度访谈方法对老年用户社会化网络服务初次采纳行为进行深入分析，进一步的明确老年人社会化网络服务初次采纳的影响因子。然后在文献分析的基础上，以经典的科技采纳模型为基础，构建老年用户社会化网络服务初次采纳的分析模型并提出假设，通过实证研究，对模型假设进行了验证。

（1）老年用户初次采纳社会化网络服务的影响因素及其影响力。

在文献综述及老年人社会化网络服务初次采纳和持续使用两阶段模型的基础上，通过深度访谈，我们以经典的科技采纳模型为基础构建老年人社会化网络服务初次采纳模型，确定了老年人社会化网络服务初次采纳的影响因子包括感知有用性、感知易用性、社会影响、便利条件以及感知信任五个自变量，老年用户采纳意愿为因变量，生活形态和人口统计变量为外部变量。

采用 SmartPLS 软件进行结构方程分析。结果显示感知有用性、社会影响和便利条件对采纳意愿为显著正相关，表明假设 1（感知有用性对采纳意愿有显著正向影响）、假设 3（社会影响对采纳意愿有显著正向影响）和假设 4（便利条件对采纳意愿有显著正向影响）成立，而感知易用性和感知信任对采纳意愿不显著，表明假设 2（感知易用性对

采纳意愿有显著正向影响)和假设 5(感知信任对采纳意愿有显著正向影响)不成立。在变量的影响力方面,社会影响对采纳意愿的影响力最强,其次为感知有用性和便利条件,而感知有用性和感知信任没有影响力。

数据分析的结果中,感知易用性不具有影响力这个结果与先前大多数研究结果不同。先前的研究大多感知易用性对人们采纳信息技术有较强的影响力。我们的研究显示社会影响对老年人采纳社会化网络服务的影响力是很大的,大多数老年人都是被动地接受这种网络服务。或许在老年人初次接触社会化网络服务的时候,感知易用性往往会左右他们是否愿意接受社会化网络服务的决策,但由于身边的亲人朋友以及周围环境促使他们去了解并接受社会化网络服务,此外,信息技术对老年人而言不是容易使用的。因此,易用性对老年人初次采纳社会化网络服务不具有影响力,是可以理解的。

(2)人口统计变量及生活形态等外部变量在老年用户初次采纳社会化网络服务中的干扰作用。

从分析结果可以看出,大多数老年人都认同社会化网络服务对他们而言是有用的,但面向老年人的内容以及功能设置还不够。老年人大多是通过家人以及亲戚和朋友的介绍,才开始了解和使用社会化网络服务的,这也反映了社会影响因素对老年人采纳社会化网络服务的影响作用。这个结果和相关的研究文献以及深度访谈的结果是一致的。相对而言,老年大学等社会教育机构对老年人了解和使用社会化网络服务的影响并不大,其中主要原因是在国内,老年大学以及针对老年人的教育培训机构并不是太多,现存的一些机构存在管理不规范,课程设置也不一定合理的问题,从而导致了老年人参与度不高,收获不大的现象。

在社会化网络服务选择方面,大多数老年人主要使用"微信"等即时通讯类服务,而且使用的频率也较大,其次就是访问资讯和生活服务类网站,而在年轻人中较为流行的博客、论坛以及社交类网络服务,老年人则不太使用。使用社会化网络工具进行沟通交流分享信息以及游戏娱乐是老年人经常性的活动。观看新闻获取信息以及观看视频,进行缴费和理财的活动相对较少。

总体而言,老年人的人口统计变量以及生活形态对老年人初次采纳社会化网络服务意愿是具有干扰作用的。例如,性别在选择使用"微信"等即时通讯类服务方面有显著差别,女性老年人比男性老年人更多的使用"微信"等即时通讯功能。同样,老年女性在使用社会化网络服务功能的频次方面整体要高于老年男性,且老年女性较老年男性更愿意通过社会化网络服务跟家人以及亲戚朋友进行联系。也就是说老年女性在社会化网络服务上的活跃程度整体上要比老年男性高许多。这种结果也符合中国老年人生活的现状,在社会生活的其他方面,也存在老年女性比老年男性的参与度和参与热情更高的现象。

在年龄方面,随着年龄的增长,老年人在社会化网络服务功能选择和使用频次方面会逐渐减少。随着年龄的增长,老年人在社会化网络服务的活跃度不断降低的现象,我们认为主要原因是老年人生理和认知方面的障碍与缺乏面向老年用户的社会化网络服务内容以及人机功能的矛盾所导致的。

职业经历的影响作用不大，而分析结果显示，大中专以上学历的老年人比初高中学历的老年人更多的朋友同事联系，这种结果可能是由于较高学历的老年人会有更多的初高中和大学同学，因此，总体而言较高学历的老年人会比低学历老年人有相对较广的社会关系。

与子女同住以及夫妻同住的老年人比独居的老年人会更多地使用博客类和资讯类社会化网络服务，这种情况可以用主观规范和便利条件来解释，与子女同住以及夫妻同住的老年人比独居的老年人更容易被家人，特别是子女影响或从他们那得到更多的帮助，从而使得他们能比较容易的学会并使用博客类和资讯类，这种功能相对复杂点的社会化网络服务。

数据分析的结果显示，老年人使用社会化网络服务的积极性和活跃程度与他们的生活态度相关。从心理学角度来分析，老年人的生活态度除了本身的性格意外，还与他们几十年的学习生活经历密切相关。正向积极的生活态度会促使老年人积极的接受新鲜事物，从而让他们更好地融入社会，获得更加正向的生活态度。

老年人持续使用社会化网络服务研究

在前面章节，我们对老年人初次采纳和持续使用社会化网络服务的影响因素以及行为过程进行了分析，并构建了老年人社会化网络服务初次采纳和持续使用行为的两阶段过程模型。本章节的主要目的是通过实证研究的方法，分析老年人群持续使用社会化网络服务的影响因素，研究目标主要有两个方面：①探讨老年人持续使用社会化网络服务的影响因素；分析这些因素对老年人持续使用社会化网络服务的影响力。②分析人口统计变量及生活形态等外部变量在老年人持续使用社会化网络服务中的作用，探讨老年人持续使用社会化网络服务的行为状况。本章节首先通过质性研究中的深度访谈方法对两阶段过程模型中的持续使用阶段进行深入分析，进一步地明确老年人持续使用社会化网络服务的影响因素。然后在文献分析的基础上，以经典的期望确认模型为基础，构建老年人持续使用社会化网络服务分析模型并提出假设，通过实证研究，对模型假设进行验证。

5.1　质性研究—深度访谈

在文献分析的基础上，我们采用质性研究中的深度访谈方法，进一步探讨老年人持续使用社会化网络服务的影响因素。访谈对象为接触和使用 QQ、微信等即时通信工具或其他社会化网络服务 1 年以上的老年人。

（一）深度访谈的目的

深度访谈的主要目的是：深入了解老年人持续使用社会化网络服务的状况，确定影响老年人持续使用社会化网络服务的影响因素，从而构建老年人持续使用社会化网络服务模型。

（二）深度访谈准备和程序

正式访谈受访者时，研究者先向受访者说明访谈的过程，包括研究的目的、访谈所需的时间、研究过程、结果去向以及受访者隐私保护等问题，再以生活化的对话方式展开访谈。访谈由研究者亲自进行，每次访谈时间约三十分种左右。访谈的提问方式不限定特定语句，尽量中立和简短，并以口语化的交谈与受访者互动，避免加入个人主观想法诱导受访者，同时也避免使用学术专业名称。受访者围绕访谈大纲，进行轻松愉悦的交谈，根据自身使用社会化网络服务的经验表达自己的看法与感受。研究者在访谈过程中尽量让受访者回想并回答过去使用网络服务的状况,描述各种想法和心得,甚至于期望,以便更广泛地获取有利于研究的资料。访谈一般由两个人构成,一人以访谈为主、另一人以记录为主,形成文字稿。访谈完成后,尽量在短时间内完成访谈资料的录入,希望在访谈情境印象仍深刻时,将访谈资料完整正确地逐字记录下来,确保信息的完整性及正确性。访谈资料归整完成后,将超过半数的受访者所提出相似见解和感受归为同一类别,然后与过往学者的研究文献相比较,找出文献中提出的相似变量,从学术的角度去定义这些变量,让它们更能符合老年人持续使用社会化网络服务的研究情景,这样做的好处是可以避免完全由研究者主观意念来归纳整理变量,增强本研究后续问卷的专家效度和内容效度。

本次深度访谈于2014年的10月10日开始,并于2015年3月1日结束。

(1)访谈样本

深度访谈的对象是要求有网络使用经验,最好是具有1年以上网络服务使用的经历,所以我们采用的是"目的性抽样"的方法来选择样本对象,有针对性进行挑选,同时尽量兼顾到不同年龄、性别和教育程度的老年人。我们总共进行了6次访谈,每次1位老人,每位参加访谈的老年人都有较长时间能独立使用电脑和网络的经历,能较熟练的使用互联网中的某些服务应用或社会化网络服务的某些具体功能。

参与访谈的老年人来自江西省南昌市某些高校和某些社区。表5.1是6位参加访谈老年人的基本信息。

表 5-1 参与调研的老年人编码

编码	性别	年龄	职业	居住情况	教育程度
P.1	男	63	企业职员	子女同住	中专
P.2	男	66	教师	夫妻同住	大学
P.3	男	64	个体业主	夫妻同住	高中
P.4	女	65	教师	子女同住	大学
P.5	女	55	企业职员	子女同住	中专
P.6	女	62	教师	夫妻同住	大学

(2)访谈大纲

在第三章提出的老年人社会化网络服务初次采纳和持续使用两阶段模型中,影响老年人持续使用社会化网络服务的潜在变量包括期望确认、满意度、感知有用性,感知易用性,环境影响,感知信任等。访谈大纲就是参照两阶段模型而拟定的,访谈大纲的主要问题以及在访谈过程中的对话引导都是围绕着两阶段模型中所提及的信息技术采纳理论以及老年人行为特征的潜在变量。主要问题如下:

社会化网络服务(社交网络)使用的时间有多长?主要使用什么服务?你觉得这些功能服务是否有用?是否有价值?有哪些方面的价值?使用社会化网络服务过程中是否有什么顾忌和担心?是否会继续使用?你觉得主要影响你们使用意愿的因素有哪些?

(3)资料整理

访谈结束后,首先对受访者描述的感受和想法进行整理、分析和归纳总结,将意思相同的概念归类至某一范畴,并赋予其一个概念化的名称,经过概念化与范畴化的过程之后,形成变量因子,然后将这些归纳出来的影响因子与两阶段模型中提及的概念或论点进行比较分析,当受访者所表达的内容与某变量相似时,将进一步确认受访者表达的意思是否与此变量定义相同,并将过半的受访者所提及的想法和感受作为主要的影响因素。这些影响因素作为后续研究模型以及研究假设的变量。经过整理分析,提取大家都熟知的因素或概念。经过深度访谈,最后归纳总结得到7个概念,它们是感知价值、感知易用性、主观规范、便利条件、感知信任、满意度、期望确认。

这7个变量与老年人社会化网络服务初次采纳及持续使用两阶段过程模型中所设定的变量基本一致。在深度访谈过程中,我们对文献进行了进一步的分析,发现感知有用性的概念太泛,因此,我们将感知价值替代感知有用性,在参考了相关文献后,将感知有用性分为社会价值、功能价值和情感价值三个维度,在深度访谈的问题中增加了询问感知价值的问项。

部分访谈实例:

(1)感知价值

总体而言,老年人普遍认为他们现在所使用的微信,淘宝等网络服务是有价值的,老年人感觉能够通过社会化网络服务完成日常生活中的许多事情。

"我会经常使用手机上网,看新闻和聊微信,看微信朋友圈,我会在微信里发红包,缴费。我觉得现在网络服务挺好的,能做许多事情。"

"我使用网络已经很长时间了,现在的网络服务比原来好多了,功能强大很多,我可以在网络上做很多跟工作相关的很多事情,也可以跟外界保持联系,现在很多事情我都是通过网络完成,比如缴费等……。如果不用网络了,肯定很多事情不方便了。"

"还行吧,科技发展,我们也要跟上啊,虽然很多功能不是针对我们老年人的,我也不太用它们,但有些东西还是不错的,比如聊天,看朋友的动态啊,还有看新闻之类的,用了网络服务,我们不会太落伍,可以更外界保持好的联系……,挺有用的。"

(2)满意度

从访谈中可以了解到,老年人对社会化网络服务的各项功能还是较为满意。

"我比较喜欢微信,可以跟朋友同学家人联系,特别是可以用语音对话,这个太方便了,不用打字和打电话了,我挺满意的。"

"还行吧,也就是平时简单玩玩,看看新闻,跟家人联系而已,总体还满意吧。"

"专门针对老年人可以用的功能其实不多,其他一些功能还行吧,使用的时候总体感觉还好,有的时候不太好用,老了……。"

(3)感知易用性对于老年人最终决定是否使用互联网有一定的影响

"刚开始不太会用,复杂的功能就玩不好了,主要是年纪大了,经常会出错,也会忘记。时间长了以后,简单的功能都还可以,太复杂的功能,我就不会用了。"

"现在用起来比原来简单多了,就是老花眼看不清,简单的功能还可以,太复杂的就不用了……,肯定的呀,太复杂了,我就肯定不会去用啦……。"

（4）主观规范

大多数老年人使用社会化网络服务会受到家人朋友和环境的影响

"当然会影响啊,现在付费都可以用微信,支付宝了,大家都在用啊,我当然也要用罗……。"

"我周围的朋友都会上网啊,用手机,用电脑的都有,不会用网络就落伍了……。"

"现在不会上网多不方便啊,很多事情可以用网络来做……。"

（5）期望确认

大多老年人对社会化网络服务没有太多概念,因此初次使用时,对社会化网络服务并没有太具体的期望值。

"没有什么特别的期望,所以也没什么失望的,总体还行吧……。"

"最先也不知道网络能干什么,现在才发现可以做很多的事情,还不错,有些功能也不会经常用。"

"刚开始接触网络服务的时候,也没什么特别的期望,因为我也不清楚它到底能干啥,只是知道可以聊天,用了以后感觉还行,挺好的,应该是到达预期吧。"

（5）感知信任

大多数老年人认为网络是否安全,自己不太清楚,因为没遇到什么特殊问题。

"我不太清楚上网的安全性问题,我只用很简单的功能,而且又不涉及银行卡之类的,要付钱的时候,都是女儿帮我弄。不过听说网上骗子还有什么病毒很多。"

"我觉得还好吧,只要不转钱,我觉得没什么不安全的。"

"没碰到什么特殊的情况,有的时候有些功能不太能用了,也不知道是什么情况……。"

（6）持续使用

大多数老年人都表示会继续使用社会化网络服务。

"当然会继续使用啊,不用不行啊,哈哈……。"

"会用啊,没有理由不用啊,打发时间……。"

"肯定要用啊,现在很多事情都要通过网络服务来完成啊,不用咋办……。"

5.2 老年人社会化网络服务持续使用模型

大量研究证明,影响用户持续使用信息系统意愿的因素很多,比如态度、系统质量、习惯、使用经验、感知行为控制等。这些因素在特定的情境中会对信息系统持续使用产生不一样的影响,比如,感知娱乐性等变量会对视频音频类以及游戏娱乐类信息系统的持续使用产生影响,而这些变量对于那些用于具体工作的业务信息系统,比如手机银行等则不一定是主要的影响因素,有些影响因素之间也存在较强的关联性,如信任和感知风险是紧密相连的,对信息系统的信任度越高,感知风险就越低。

在文献综述以及老年人社会化网络服务初次采纳和持续使用行为两阶段过程模型的基础上,通过深度访谈,我们以经典的期望确认模型为基础构建老年人持续使用社会化网络服务模型,如图5-1所示。模型包括期望确认、满意度、感知价值、感知易用性、主观规范以及感知信任六个自变量,老年人持续使用意愿为因变量,生活形态和人口统计变量为外部变量。

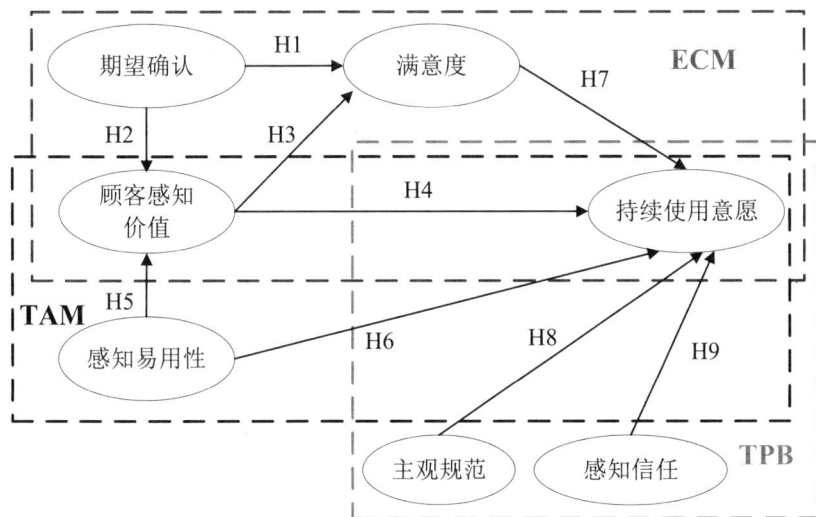

图 5-1 老年人社会化网络服务持续采纳行为模型

5.2.1 变量定义

老年人社会化网络服务持续使用模型包括持续使用意愿、满意度、期望确认、感知易用性、顾客感知价值、主观规范及感知信任 7 个变量,变量定义分别如下:

(1)持续使用意愿

持续使用意愿是指用户在采用了某种信息技术之后继续使用该服务的意愿(Bhattacherjee 2001 b)。在本研究中,持续使用意愿是指老年人在初次采纳了社会化网络服务以后想要继续使用相关社会化网络服务的意愿。

(2)满意度

Oliver 认为,消费者在初次接触某种产品或服务后,会对该产品或服务所带来的效益产生某种程度的期望,而满意度就是消费者将这种期望与持续使用该产品或服务过程中所产生的实际绩效相比较后所产生的主观心理状态。在本研究中,用户的满意度是指老年人初次采纳社会化网络服务并持续使用一段时间后对社会化网络服务的综合评价。

(3)期望确认

根据 ECM 的观点,当用户使用信息系统后,从使用信息系统的过程中得到的收益比用户预先的期望要高,就可以认为他的期望得到了确认,或者说用户期望的确认是正向的,用户将会对使用信息系统感到满意。在本研究中,将期望确认定义为:老年人采纳社会化网络服务后的综合评价及其与自身期望的距离。

(4)顾客感知价值

顾客感知价值是指顾客使用产品或服务后,对该产品或服务价值的主观认知结果,是消费者根据将自己在使用该产品或服务过程中所获得的价值知觉减去其为获得该产品或服务的价值所付出的成本。在本研究中将顾客感知价值定义为:老年人对社会化网络服务是否满足其需求的整体评价,或者可以理解为老年人采纳了社会化网络服务后从中所能获得利益的集合。众多学者从不同视角和应用情景,将顾客价值分为不同的层面。综合前期文献,结合老年人使用社会化网络服务这一特殊情境,本研究将顾客感知价值分为功能价值、社会价值和情感价值三个层面。

功能价值:从产品的功能、效用和实体属性所感受到的价值,如社会化网络服务给老年人生活提供便利,帮助老年人获取更多信息以及解决日常生活中的某些具体问题等。

社会价值:通过产品与一个或多个群体发生联系时的价值。比如,社会化网络服务给老年人提供了与亲戚和朋友及社会保持联系的渠道和工具。

情感价值:在产品使用过程中所激发的消费者情感和情绪的效用。比如,在使用社会化网络服务过程中,老年人所感受到的快乐,消磨时间以及某种精神寄托的价值。

(5)感知易用性

感知易用性是 Davis 在构建 TAM 模型时提出来的,指人们在使用特定的系统时他们认为将要付出的体力和精力的程度。在本研究中,感知易用性定义为:老年人在使用社会化网络服务过程中,所感觉到的学习掌握和操作使用社会化网络服务的难易程度。

(6)主观规范

Fishbein 和 Ajzen 认为,主观规范是指个体在做出决策时,所感受到的来自外界的各种影响,这种影响往往来自他身边的亲戚朋友、同学同事等他认为对他而言相对重要的人,这些人的态度和建议对他做出最终决策将会起到重要的干扰作用。因此,在本研究中,主观规范定义为:外界环境或亲戚朋友等人的认同对老年人持续使用社会化网络服务活动的影响力。

(7)感知信任

用户愿意相信和信赖某个系统或者个人的信念或信心。本研究定义为:老年人对社会化网络服务平台、交流对象的信任程度。

5.2.2 研究问题及假设

(一)研究问题1:探讨期望确认、满意度、感知价值、感知易用性、主观规范、感知信任等变量是否对老年人持续使用社会化网络服务意愿产生影响?

每个变量的影响程度如何？

（1）期望确认对满意度的影响

期望确认是指用户在使用某种产品或服务一段时间后，对该产品是否达到自己预期的一种主观判断，也就是说用户在初次使用某种产品或对该产品服务产生某种期望，而当这种期望与使用该产品或服务一段时间后所产生的实际绩效一致时就形成了期望确认，否则就是期望不确认。ECT 模型指出先前对产品或服务的期望，经过体验和使用后所产生的确认程度，会影响使用者对产品或服务的满意度。Oliver 认为个人主观的确认程度会影响随后对满意度的判断；Bhattacherjee 的研究也证实确认程度是满意度最主要的预测指标。在对用户使用网上银行进行调查时发现，用户使用网上银行后感知的质量比预期的质量高，则用户满意度越高，用户越有可能继续使用网上银行，当用户使用网上银行后感知的质量比预期的质量低，则用户的不满意度越高，就越不可能继续使用网上银行，后续也有颇多研究再次证实确认程度显著影响满意度。

老年人在使用社会化网络服务过程中也会对各种服务产生一个初始的期望，当老年人真正使用了社会化网络服务后，会根据其在使用过程中的各种主观感受来判断使用社会化网络服务是否达到了预期效益。如果达到了预期的效益，那么期望确认是正向的，反之就是不确认。确认程度直接影响到老年人对社会化网络服务的满意度。基于以上分析，我们提出假设1：

假设1：老年人在初始采纳社会化网络服务后，期望确认程度会显著正向地影响老年人的满意度。

（2）期望确认对顾客感知价值的影响

顾客感知价值是指用户在使用产品或服务后，对产品或服务的各层面感受进行的总体评估。在大多数的情境中，顾客感知价值其实就是感知有用性的具体表现。当产品或者服务产生的效用与用户预先的期望相一致的时候，顾客对产品或者服务的感知价值性也会随之提高。事实上，用户对产品或服务的期望就包含着这些产品或服务是否对用户有用。Bhattacherjee（2001a）以认知失调理论来分析确认程度会影响感知有用性的假说，并指出使用者的期望确认程度会正向影响知觉有用性。他认为由于初期使用者因为没有任何使用经验，无法得知使用系统后能否带来什么样的好处，因此，初期用户对于新系统的知觉有用性程度较低且较容易被确认，而当实际使用过系统一段时间后，用户将渐渐确认系统会带来的好处，因此会逐渐调整原先的期望形成事后期望（即感知有用性），该研究的结果也证实确认程度对感知有用性有正向显著影响，后续的研究也证实确认程度对知觉有用性的影响。

以本研究的情境而言，老年人在使用社会化网络服务以后产生的确认程度（期望与体验过后的比较），会对先前的期望进行修正，变更为使用后的期望（感知价值）。所以期望确认的程度越高，意味着使用后的感知价值也会越高。基于以上分析，提出以下假设：

假设2: 老年人在采纳社会化网络服务后, 期望确认程度会显著正向地影响老年人的顾客感知价值。

(3) 顾客感知价值对满意度和持续使用意愿的影响

顾客感知价值是用户在使用产品或服务后对产品或服务的各层面进行的总体评估。顾客对交易行为的评估判断必然涉及对交易过程中收获与付出的权衡或比较, 当顾客认为在交易过程中的收获大于其付出时, 那么顾客对交易满意的程度也愈高。许多研究也表明, 顾客知觉价值是顾客满意的前因变量, 且顾客感知价值与顾客满意度之间有正向影响关系。Parasuraman and Grewal 提出的质量—价值—忠诚链的因果关系显示, 当顾客对交易所感知的价值愈正面者, 愈会增强顾客对卖方的忠诚度。Zeithaml 认为感知价值是影响消费者忠诚度的关键因素, 消费者对产品或服务的感知价值越高, 那么他们的满意度就会越高, 再次购买产品的意愿也必然会更强, 反之, 他们的满意度和再次购买意愿也就会越低。Woodruff and Gardial 等学者也认为顾客感知价值是用来预测再购意图的重要因素。在信息技术采纳领域, 顾客感知价值可以理解为用户采纳了新技术后, 他们在工作、生活中觉得它是有用的, 所以愿意继续使用它。Bhattacherjee 指出, 当使用者认为能从某种行为得到好处或是有用性的帮助, 则会持续该行为且不会受到时间的影响; 大量的实证研究已经证明顾客感知价值会正向影响用户的持续使用意图, 因为人们会下意识地继续他们的采纳行为, 继续保持这种行为带来的好处。Bhattacherjee (2001) 通过对网上银行用户的持续使用意愿进行研究, 发现当用户感觉到技术的使用能够达到他们的预期目标并且能提升他们的工作生活质量, 那么自然而然会影响到他们对技术的满意程度。基于以上分析, 提出以下的假设:

假设3: 老年人在采纳社会化网络服务后, 感知价值会正向地影响老年人的满意度。

假设4: 老年人在采纳社会化网络服务后, 感知价值会正向地影响老年人持续使用意愿。

假设4-1: 感知价值中的功能价值正向地影响老年人持续使用意愿。

假设4-2: 感知价值中的社会价值正向地影响老年人持续使用意愿。

假设4-3: 感知价值中的情感价值正向地影响老年人持续使用意愿。

(4) 感知易用性对顾客感知价值和持续使用意愿的影响

感知易用性 (Perceived Ease of Use) 是 Davis 在构建 TAM 模型的时候提出来的, 反映了一个人认为使用一个具体系统的难易程度。尽管 Bhattacherjee 在 ECM 模型中将感知易用性去除, 但是在基于 TAM 模型的实证研究中, 感知易用性对用户愿意采纳和持续使用信息系统的影响已得到验证。Dalia El-Kasheir 等人 (2009) 通过对 65 个网上银行用户的持续采纳行为进行验证, 发现感知易用性对用户持续使用网上银行有显著影响。Young MeeShin (2009) 等人通过对 244 个手机上网用户的调查研究, 发现感知易用性对用户使用程度有显著影响。Se-Joon Hong 等人 (2006) 通过对 1826 名手机上网用户进行调查问卷实证研究, 研究结果显示, 感知易用性对用户持续使用手机的意愿有显著的影响。David G. Taylor 等人（2009）通过对 25 篇论文的 meta analysis 分析，也发现感知易用性显著正向地影响用户持续使用信息系统的意愿。

由于老年人群生理和感知方面的衰退，他们对系统操作的要求是不同于其他群体的。因此，社会化网络服务的界面、功能、操作是否方便，直接影响到老年人对社会化网络服务的感知价值以及是否愿意继续使用社会化网络服务。也只有当老年人继续使用社会化网络服务，才能在使用过程中感受到社会化网络服务所提供的各项功能是否有用。基于以上分析，提出以下假设：

假设 5：感知易用性显著正向影响着老年人使用社会化网络服务的感知价值。

假设 6：感知易用性显著正向影响着老年人持续使用社会化网络服务的意愿。

（5）满意度对持续使用意愿的影响

满意度是用户的一种心理状态，当用户的需求通过购买或使用某种产品或服务后得到了满足，那么用户就会产生某种心理上的满足或愉悦感，将这种满足或愉悦感量化后就形成了满意度。

满意度是影响持续使用意愿的重要因素。Anderson and Sullivan（1993）指出消费者对于先前体验产品或服务所感受的满意程度，将会影响下次是否再购买产品或持续使用服务的意图。同样的道理，信息系统能否被用户长期持续使用，也与用户使用信息系统之后的满意情况密切相关的。Bhattacherjee（2001a）在构建信息系统持续使用模型（ECM-ISC）时，就发现用户的满意度是决定其是否持续使用网络银行系统的关键因素。其研究认为用户对信息技术的满意度会显著正向的影响用户持续使用信息技术的意愿。其后许多实证研究都显示满意度是用户持续使用信息技术的关键影响因子。因此，本研究提出假设：

假设 7：老年人在采纳社会化网络服务后，满意度显著正向地影响老年人持续使用意愿。

（6）主观规范对持续使用意愿的影响

每个个体都是社会群体中的一份子，因此当人们在做任何决策时，都会受到各种各样的影响，这种影响有来自个体自身的，比如性别、年龄、教育以及工作经历等，也会受到身边亲人朋友，甚至是社会环境的影响。每个人都希望自己的选择是正确的或者是能够被大多数人认同的。在当今的信息化时代，这种现象越来越明显。因为用户都会希望自己所使用的产品或服务，也是自己亲朋好友所使用的产品或服务，尤其是在基于 Web 2.0 的社交化网络服务方面。如果大家都能使用相同的系统，就能够形成彼此共同的交流平台，不仅可以通过相同的 Web 2.0 网站互相分享所知、所想，也能在面对面沟通的时候，能有一个共同且相互了解的话题。创新扩散理论、理性行为理论、技术接受模型都提到了主观规范的概念。这个概念正是用来说明人是会受到亲人或是好友的想法而改变自己的决策。

老年人使用社会化网络服务的过程中，主观规范是指：外界环境和亲戚朋友等人际认同压力对老年人持续使用社会化网络服务活动的影响力。老年人群在决定采纳社会化网络服务时,往往是因为朋友,亲戚也在使用社会化网络服务,或者是他们对老年人采纳社会化网络服务持有积极鼓励的态度。因此,提出假设8:

假设8:主观规范显著正向影响老年人持续使用社会化网络服务的意愿。

(7)感知信任对持续使用意愿的影响

Sabol et al.(2002)认为信任是顾客对服务提供商是否可靠或可依靠的期望程度。Morgan and Hunt(1994)在信任承诺理论中主张信任与承诺是关系发展与维持的关键中介变量,能有效降低离去倾向及不确定性风险。研究表明顾客对产品的信任程度是顾客忠诚度的重要驱动因素。网络是无中心、无监督、跨文化以及跨地域的环境,并且人们的沟通交流以及消费等活动大多是以匿名的方式,这种环境特点会存在很多的安全隐患,比如个人隐私问题、黑客攻击问题以及信息虚假等问题。人们使用网络以及网络服务的态度和意愿往往会受到这些问题的影响。当用户真实地感受到这些问题的存在且会对他们造成损害,那他们就会对网络服务产生不信任感,从而影响他们持续使用网络服务的意愿。Dinevet al.(2008)在网络点击广告的研究中指出,当使用者对搜索引擎的信任度增加时,会同时增加对该搜索引擎推送的网络广告的好感。

综上所述,虽然学者们对于信任的定义有所不同,但是大家都认同信任是可以间接或直接对持续使用意愿产生影响的。

由于老年人的心理特征以及网络使用能力等问题,他们在参与社会化网络服务过程中,对交互个体以及所处的网络环境有更高的信任要求。对网络环境信任程度越高,老年人对参与社会化网络服务活动的情感承诺也越高,有助于促进老年人采纳社会化网络服务,增加老年人的社会化网络服务的忠诚度。因此,提出假设:

假设9:感知信任对老年人持续采纳社会化网络服务意愿有显著正向的影响。

(二)研究问题2:人口统计变量以及生活形态外部变量对老年人群持续使用社会化网络服务意愿的干扰效果,不同群组的干扰效果是否存在差异?

(1)人口统计变量对采纳意愿影响因素的干扰作用

人口统计变量是实证研究中重要的考虑因素,人们的决策和行为往往都会受到性别、年龄及教育程度等人口统计变量的影响。本研究中人口统计变量主要包括老年人性别、年龄、教育程度,职业经历和居住状态。因此,提出假设:

假设10:人口统计变量对老年人持续使用社会化网络服务的影响因素具有干扰作用。

假设10-1:不同年龄对影响因素的干扰作用有显著差异。

假设10-2:不同性别对影响因素的干扰作用有显著差异。

假设10-3:不同教育程度对影响因素的干扰作用有显著差异。

假设10-4:不同职业对影响因素的干扰作用有显著差异。

假设10-5:不同居住状态对影响因素的干扰作用有显著差异。

（2）生活形态外部变量对持续使用意愿影响因素的干扰作用

Kline（1971）研究指出，人们在使用各种媒介的过程中，生活形态是一个非常重要的中介变量。每个人都成长经历、教育背景以及家庭环境等因素都不尽相同，每个人的生活形态也是各不相同的，因此每个人使用媒介的状况也是不同的。Engel，Kollat & Blackwell（2003）指出生活形态就是人们生活、支配时间和金钱的方式，是个人价值观及人格特性经过不断整合所产生的结果。此种结果会影响个人决策行为。综合以往研究，本研究将生活形态分为家庭生活型，积极活跃型，孤立保守型3个维度，并提出以下假设：

假设 11：不同类型的生活形态对老年人持续采纳社会化网络服务的影响因素会产生干扰作用。

表 5-2　研究假设汇总

编号	内容
假设 1	老年人在采纳社会化网络服务后，期望确认会显著正向地影响老年人的满意度
假设 2	老年人在采纳社会化网络服务后，期望确认会显著正向地影响老年人的感知价值
假设 3	老年人在采纳社会化网络服务后，感知价值会显著正向地影响老年人的满意度
假设 4	老年人在采纳社会化网络服务后，感知价值会显著正向影响老年人持续使用意愿
假设 5	感知易用性显著且正向的影响老年人使用社会化网络服务的感知价值
假设 6	感知易用性显著且正向的影响着老年人持续使用社会化网络服务的意愿
假设 7	老年人在采纳社会化网络服务后，满意度直接正向地影响老年人持续使用意愿。
假设 8	主观规范显著正向的影响老年人持续使用社会化网络的意愿
假设 9	感知信任对老年人持续使用社会化网络服务的意愿有显著且正向的影响。
假设 10	人口统计变量对老年人持续使用社会化网络服务的影响因素具有干扰作用。
假设 10-1	不同年龄对影响因素的干扰作用有显著差异。
假设 10-2	不同性别对影响因素的干扰作用有显著差异。
假设 10-3	不同教育程度对影响因素的干扰作用有显著差异。
假设 10-4	不同职业对影响因素的干扰作用有显著差异。
假设 10-5	不同居住状态对影响因素的干扰作用有显著差异。
假设 11	不同类型的生活形态对老年人采纳社会化网络服务的影响因素产生干扰作用。

5.3　实证研究设计

本研究采用问卷调查的方法，通过发放问卷获取数据，并对数据进行统计分析，深入剖析老年人群持续使用社会化网络服务的意愿及影响因素。

5.3.1　问卷设计

（一）变量测量

所有变量的测量问项都参考了已有的相关文献，包括相关情境中所采用的经典采纳模型以及诸如 Pew Research 等关于老年人使用信息技术的问卷调查报告。在量表设计中，尽可能采用成熟的且经过验证的有效量表，同时也结合老年人的特征以及社会化网络服务的功能特点对某些问项进行了重新编制。对于英文量表我们采用双向翻译的方法力求量表内容的准确。

老年人社会化网络服务持续使用模型的变量分别是：持续使用意愿、用户满意度、期望确认、顾客感知价值、感知易用性、主观规范和感知信任。每个变量的操作性题项见表5-3~表5-9。

（1）持续使用意愿

表5-3　持续使用意愿的操作性题项

变量	操作性题项	参考来源
持续使用意愿	我继续使用社会化网络服务	Bhattacherjee（2001）
	我不会轻易放弃使用社会化网络服务	
	我会不断尝试社会化网络服务平台上推出的各种服务	

（2）满意度

表5-4　满意度的操作性题项

变量	操作性题项	参考来源
满意度	我满意社会化网络服务提供的各项功能和服务	Bhattacherjee（2001a）
	我喜欢使用社会化网络服务的经历	
	我觉得使用社会化网络服务是明智的选择	

（3）期望确认

表5-5　期望确认的操作性题项

变量	操作性题项	参考来源
期望确认	使用社会化网络服务的经历比我预期的要好	Bhattacherjee（2001）
	社会化网络服务平台提供的服务比我预期要好	
	总而言之，大多社会化网络服务达到了我的期望	

（4）顾客感知价值

表5-6　顾客感知的操作性题项

变量	操作性题项	参考来源
功能价值	社会化网络服务可为我提供有用的信息和资料	Davis（1989）Straub（2000）
	社会化网络服务能帮我处理日常生活事务	
	我认为社会化网络服务有使用价值	
社会价值	社会化网络服务有助于我和朋友家人沟通交流	Sheth（1991）
	社会化网络服务有助我与社会保持联系	
	社会化网络服务让我不至于脱离社会	
情感价值	使用社会化网络服务，我会感觉时间过得很快	Kim（2010）
	使用社会化网络服务，能够让我感到快乐	
	我使用社会化网络服务，会感到心情愉悦	

（5）感知易用性

表5-7　感知易用性操作性题项

变量	操作性题项	参考来源
易用性	学习使用社会化网络服务对我来说比较容易	Davis（1989）
	我能较快地掌握和使用社会化网络服务平台	
	总的来说，社会化网络服务对我而言比较容易	

（6）主观规范

表5-8　主观规范的操作性题项

变量	操作性题项	参考来源
主观规范	家人亲戚都在使用社会化网络服务	Venkatesh（2005）
	很多朋友都在使用社会化网络服务	
	很多生活功能都可以通过社会化网络服务完成	

（7）感知信任

表 5-9 感知信任的操作性题项

变量	操作性题项	参考来源
感知信任	在社会化网络中获取的信息是可信的	Taylor & Todd（1995a, 1995b）
	我不担心社会化网络服务泄漏我的信息	
	在使用时不会感觉到有什么危害	

（二）问卷编制

本研究采用封闭式结构化问卷。为了方便地进行资料统计与量化分析，考虑到传统的纸质问卷更加适合老年人填写，所以我们采用纸质不记名问卷，问卷设计时尽量避免使用较长的题项。

整个问卷包含基础信息和主题问项两个部分。第一个部分基础信息主要是收集性别，年龄，职业经历，教育程度以及居住状态等人口统计变量和老年人持续使用社会化网络服务的基本情况；社会化网络服务的使用情况包括了被调查老年人目前使用的主要社会化网络服务以及使用频次。第二部分用来调查老年人持续使用社会化网络服务的影响因素。参与文件调查的老年人分别对问卷中的变量进行打分，打分结果采用统计分析的方法进行分析。问卷中的社会化网络服务使用状况问项采用 3 级李科特（Likert）态度量表，每个问题分为 3 个评分等级：1 分至 3 分分别代表经常、偶尔和从不。问卷的其他题项采用 5 级李科特（Likert）态度量表，每个问题分为 5 个评分等级：1 分至 5 分分别代表完全不同意，不同意，中立，同意，完全同意。第三部分是收集老年人生活形态外部变量数据，用于分析外部变量对自变量以及因变量的影响和干扰作用。为了避免老年人填写过多的问卷题项，我们对生活形态的测量做了简化处理，将生活形态分为家庭居住型、积极活跃型以及孤立保守型，让老年人自己判断属于哪种类型，直接在问卷中勾选。问卷调查表见附录。

（三）问卷的内容效度

研究模型及问卷主要参考了国内外学者所提出的研究量表，并通过相关文献的探讨，加以修改而成，因此具有一定的理论基础，初步符合表面效度（Face Validity）。量表设计完成后，邀请了 3 位有相关专业知识背景的学者及 2 位相关行业的管理人员针对量表结构、题量、问项的表达及含义等进行讨论，听取他们的意见，并进行修改和完善，在初始量表的基础上删除了 4 道题项。最终编制成老年人持续使用社会化网络服务的调查问卷，这些措施可以增加量表的专家效度和内容效度，这些措施都增加了量表的专家效度和内容效度。

5.3.2 小规模样本前测

问卷修改完成后，将进行小规模样本前测。前测样本对象的性质与正式问卷的对象性质相同，都为五十五岁以上，有过一段时间即时通讯等网络服务使用经验的老年人。

进行前测的目的是进一步完善问卷的设计,通过信度和效度分析,对量表进行修正以确保正式调查时问卷的质量。

（一）数据收集

前测问卷的发放对象主要是江西省高校社区以及某几个大型社区的老年住户,样本为随机发放。在发放之前,工作人员会与被调查老年人进行简单交流,确认被调查对象年龄在 55 岁以上,有使用网络服务的经历,且使用时间大致在 1 年以上。考虑到问卷发放的对象是老年人群,所以每份问卷都是在我们发放人员指导填写完成后再收回,共发放问卷 45 份,收回 40 份。问卷的有效回收率为 88%。在有效回收的问卷中,男性占 46%,女性占 54%,年龄在 50 至 75 之间。

（二）前测数据分析

使用 SPSS 22 对收集的数据进行项目分析,检验问卷的信度及效度。

（1）项目分析

量表题目的可靠程度通过项目分析来检验,其主要目的是针对预试题目进行试探性评估。在项目分析中,我们先计算预试问卷题项平均值,然后用低分组（27% 以下）和高分组（73% 以上）比较法进行独立 T 检验的双尾显著水平检验。进行 T 检验时,通常以 CR 值 $\geq$ 3, a $\leq$ 0.05 为判断依据。具有鉴别度的因子,在两个对照组的得分应具有显著差异,T 检验应该达到显著水平。将 T 检验值和 Cronbach's a 值不达标的题项删除,最后参考专家的建议确定最终问卷题项。

（2）量表的信度分析

我们采用 Cronbach a 系数和总体相关系数（CITC）来评估每个测量变量的信度。对前测数据进行信度分析后的结果见表 5-10。结果表明理论模型中全部 8 个变量的 a 系数都超过了 0.7 的标准阈值,这说明量表内部一致性良好。

（3）量表的效度分析

问卷的题项是否合适准确需进行效度分析。问卷设计是参考了大量文献并参照了领域专家的建议进行了问卷内容的修正,从而确保了问卷的表面效度和专家效度。问卷的结构效度,我们将采用探索性因素分析来进行检验。

为确保量表所衡量的题项能够代表本研究所要衡量的影响因素,我们采用因素分析来检验问卷是否具有构建效度。在正式进行因素分析前,采用 KMO（Kaiser - Mayer-Olkin）抽样适当性量数以及巴式球形检验（Bartlett Test of Sphericity）进行检验,检验结果如表 5-11 所示。Hair et al.（1998）研究指出:当 KMO 值大于 0.6,且巴式球形检定的 P-value 趋近于 0,即表示样本数据可以进行因素分析。根据表 5-11 可知,每个构面的 KMO 值均在 0.7 以上,且巴式球形检验也到达显著水平,因此样本资料适合进行因素分析。进行因素分析时,采用主成分分析法（Principal Component Method）,经过最大方差

（Varimax Rotation）正交转轴，提取特征值大于1的因素，并给各构面命名，检验结果见表5-12。

表5-10 变量的信度评价结果

因　子	测度项	CITC	删除项目后的a值	构面的a值
期望确认（CF）	CF1	0.964	0.983	0.986
	CF2	0.960	0.985	
	CF3	0.985	0.968	
满意度（ST）	ST1	0.963	0.985	0.987
	ST2	0.986	0.969	
	ST3	0.963	0.985	
顾客感知价值—功能价值（PV-FV）	FV1	0.990	0.978	0.990
	FV2	0.973	0.989	
	FV3	0.973	0.989	
顾客感知价值—社会价值（PV-SV）	SV1	0.815	0.889	0.915
	SV2	0.879	0.835	
	SV3	0.796	0.907	
顾客感知价值—情感价值（PV-MV）	MV1	0.982	0.962	0.983
	MV2	0.955	0.981	
	MV3	0.953	0.982	
感知易用性（PE）	PE1	0.969	0.987	0.988
	PE2	0.968	0.987	
	PE3	0.987	0.974	
主观规范（SN）	SN1	0.943	0.977	0.979
	SN2	0.943	0.977	
	SN3	0.978	0.952	
感知信任（PT）	PT1	0.795	0.760	0.865
	PT2	0.740	0.812	
	PT3	0.695	0.852	
持续使用意愿（CU）	CU1	0.926	0.906	0.951
	CU2	0.931	0.901	
	CU3	0.838	0.970	

表5-11 KMO与Bartlett检验

Kaiser-Meyer-Olkin		0.712
Bartlett的球形检定	方差	1718.319
	自由度	351
	显著性	0.000

表5-12 因素旋转矩阵

测度项	1	2	3	4	5	6	7	8	9
CF1	0.955								
CF3	0.954								
CF2	0.924								
SN3		0.966							
SN2		0.939							
SN1		0.930							
MV2			0.916						
MV1			0.914						
MV3			0.897						
FV1				0.895					
FV3				0.889					

续表

			FV2	ST	PE	CU	SV	PT
FV2			0.875					
ST3				0.897				
ST2				0.896				
ST1				0.881				
PE3					0.894			
PE2					0.892			
PE1					0.865			
CU2						0.918		
CU1						0.917		
CU3						0.822		
SV2							0.935	
SV3							0.883	
SV1							0.882	
PT2								0.882
PT1								0.867
PT3								0.858

从表 5-12 可以看出所有因素被分为 9 个构面,分别是期望确认、满意度、感知价值、感知易用性,主观规范,感知信任以及持续使用意愿。量表构建效度符合模型要求。

(4)最终问卷形成

经过专家效度修正,对问卷进行了修改,剔除了不合适题项,并进一步对问卷进行润色,确保文字语意清晰,不会产生歧义或者误解,然后通过信度和效度分析确保问卷有效,最终确定大规模发放问卷,问卷见附录。正式问卷包括以下部分:

以期望确认模型为基础衍生出来的研究变量。期望确认共 3 题、满意度共 3 题、感知价值共 3 题、感知易用性共 3 题、主观规范共 3 题、感知信任共 3 题、持续使用意愿共 3 题。

② 个人背景资料。包括年龄、性别、教育程度、职业经历、居住状态、使用状况共 6 题。

③ 生活形态外部变量,包括三个因子:家庭生活型、积极活跃型、孤独保守型。

5.3.3 正式问卷发放

(一)样本选择

样本选择的对象是 55 岁 ~75 岁之间的老年人群, 样本对象必须是有一段时间的网络使用经历和经验,特别是使用过某些社会化网络服务。

我们主要是以老年人群相对聚集的高校、大型社区以及老年大学作为问卷发放的主要地点。高校和老年大学的老年人群文化程度相对高些,为了使得样本对象具有代表性,弥补样本对象文化程度方面的局限,我们在大型社区的选择上尽可能选择普通的而非高档的社区,同时,也考虑到地域的差异,所以我们分别在南昌、上海、广州、北京和成都五个地方进行了问卷调查。有些问卷是通过学生向其父母、亲人和朋友圈发放的。

(二)数据收集

老年人群在问卷填写方面的局限性较大, 主要体现在他们对问卷调查活动的认同,对问卷题项的理解以及填写问卷过程的时间长短等，这些问题都会增加调查问卷收集的难度，以及问卷数据的准确性。综合考虑后，我们采用填写纸质问卷的方式收集数据。比如在老年大学的某个课堂上让老年人进行填写，在下午 3 点左右，天气晴好的条件下去大型社区进行问卷调查，每次进行的时间不宜太长，以免造成负面的影响，在老年人填写过程中尽可能给予填写方面的解释和指导，以确保老年人顺利填写完问卷，同时也能提高有效问卷的比例。

问卷的调查时间为 2015 年 7 月至 2016 年 5 月，为期 9 个月。最终总共发放问卷 220 份，将没有填写完整或者存在明显地错误的问卷剔除。最终有效问卷为 186 份，有效回收率为 85%。

（三）分析方法

对回收的问卷进行整理后，将进行描述性统计分析、独立样本 T 检验、单因子方差分析、结构方程分析以及干扰效果的多群组分析。

采用偏最小二乘法 SmartPLS2.0 软件进行 PLS 结构方程分析。PLS 是一种结构方程模式的分析技术，以回归分析为基础。PLS 的实用性高且优于一般的线性结构关系模型的分析技术，它可以同时处理反应性（reflective）和形成性（formative）的模型结构，并且不要求变量必须符合常态分配，对样本的随机性和数量也无要求；此外，PLS 能克服多变量共线性问题、有效处理干扰数据及遗失值且具良好的预测及解释能力。因为老年人群对问卷填写的认知度，参与度等特殊性，使得样本量不会太大，使用 PLS 进行分析可不受样本数的限制及变量分配形态的影响。为保证各变量估计值的稳定性，Chin（1998）建议检验程序 bootstrap 再抽样的方法，抽样的次数为 100 次。

5.4 老年人持续使用社会化网络服务影响因素分析

本部分将对回收的问卷进行整理，进一步分析验证本研究提出的研究问题，并对模型假设进行验证。主要完成的研究目标有两个方面：①探讨老年人持续使用社会化网络服务的影响因素；②通过分析人口统计变量，生活形态以及使用状况等外部变量与老年人持续使用社会化网络服务的影响因子的相互关系，探讨老年人持续使用社会化网络服务的行为状况。

5.4.1 样本描述性统计分析

（一）人口统计变量频次分析

表5-13 性别及年龄的描述性统计

变量	项目	次数（人）	百分比（%）
年龄	55-65	66	35.5
	65-70	94	50.5
	70以上	26	14
性别	男	86	46.2
	女	100	53.8
教育程度	初高中	62	33.3
	大中专	104	55.9
	本科以上	20	10.8
退休前工作性质	机关事业单位	90	48.4
	企业单位	80	43
	个体从业	16	8.6
居住状态	与子女同住	76	40.9
	夫妻同住	90	48.4
	独居	20	10.8
生活形态	家庭居住型	88	47.3
	积极活跃型	66	35.5
	孤立保守型	32	17.2

从表5-13中可以看出：在年龄方面，55~65岁共有66人，占总样本35.5%；65~70岁有94人，占总样本50.5%；70以上有26人，占总样本14%。性别方面来看，男性受访者为86人占总样本46.2%，女性100人占总样本53.8%，女性略多于男性。在教育水平方面：大中专学历者104人，占总样本的55.9%，初高中者62人，占总样本的33.3%，研究生20人，占总样本的10.8%。职业方面：机关事业单位工作的有90人，占总样本48.4%，在企业单位工作的有80人，占总样本的43%，个体从业者的16人，占总样本的8.6%。在居住状态方面：与子女同住的有76人，占总样本的40.9%，夫妻同住的有90人，占总样本的48.4%，独居的有20人占总样本的10.8%。生活形态方面：表示自己属于家庭居住型的有88人，占总样本的47.3%，属于积极活跃型的有66人，占总样本的35.5%，属于孤立保守型的有32人，占总样本的17.2%。

（二）社会化网络服务使用情况描述性统计

（1）您使用社会化网络服务大概多久？

表5-14 使用社会化网络服务时间频次

变量	项目	次数（人）	百分比（%）
使用社会化网络服务多少年？	1-2年	34	18.3
	2-3年	52	30
	3年以上	100	51.7

表5-14数据显示，参与问卷调查的老年人中，大多数使用社会化网络服务在3年以

上。虽然,我们在问卷发放对象选择的时候是专门针对持续使用社会化网络服务的老年人,但数据在一定程度上反映了现在的老年人或多或少的使用过社会化网络服务的某些功能。

(2)您使用社会化网络服务时一般用什么工具?

表 5-15　使用社会化网络服务的工具

工具类别	人数（n=186）	百分比（%）
智能手机	95	51
平板	49	26
电脑	32	17

从表 5-15 可以看出,大多数老年人是通过智能手机使用社会化网络服务。

(3)您主要使用哪种类型的社会化网络服务,频次如何?

表 5-16　使用社会化网络服务主要功能和频次

分类	类别	人数	百分比（%）
即时通讯服务（如微信、QQ 等）	经常	112	60.2
	偶尔	74	39.8
	从不	0	0
老年人社交类网站（如老龄网等）	经常	26	14
	偶尔	34	18.3
	从不	126	67.7
博客、评论类网络服务（如新浪微博等）	经常	14	7.5
	偶尔	60	32.3
	从不	112	60.2
资讯及生活服务类网站（如网络购物,股票理财,新闻资讯,视频等）	经常	36	19.4
	偶尔	118	63.4
	从不	32	17.2

表 5-16 中数据显示,老年人在持续使用阶段选择的主要社会化网络服务功能这与初次采纳时的数据结果类似,依然是使用即时通讯服务的老年人居多,说明了不管是在初次采纳还是持续使用阶段,即时通讯服务都是老年人经常使用的主要社会化网络服务功能,其次是访问资讯及生活服务类网站,而老年人社交网站和博客类网站相对使用较少。

(4)您使用社会化网络服务时经常做哪些事情?

表 5-17　社会化网络服务的时候最喜欢做哪些事情。

分类	类别	人数	百分比（%）
沟通交流,分享信息和照片	经常	100	53.8
	偶尔	82	44.1
	从不	4	2.2
玩游戏	经常	60	32.3
	偶尔	74	39.8
	从不	52	28
缴费、理财等	经常	24	12.9
	偶尔	112	65.6
	从不	40	21.5
观看视频、新闻等获取信息	经常	64	34.4
	偶尔	98	52.7
	从不	24	12.9

从表 5-17 可以看出,使用社会化网络工具进行沟通交流分享信息是老年人经常性的活动,其次是玩游戏等娱乐活动,观看视频、新闻获取信息、缴费和理财的活动相对较少。

（5）您在使用微信等即时通信工具的时候主要跟谁联系？

表5-18　您在使用社会化网络服务工具的时候主要是跟谁联系

分类	类别	人数	百分比（%）
家人和亲戚	经常	100	53.8
	偶尔	86	46.2
	从不	0	0
朋友和同事	经常	92	49.5
	偶尔	94	50.5
	从不	0	0
陌生人	经常	12	6.5
	偶尔	44	23.7
	从不	130	69.9

从表5-18可以看出，在使用社会化网络服务工具进行沟通交流方面，老年人主要是跟家人和亲戚进行交流，其次是朋友同学和老同事，跟陌生人交流的老年人较少。

从描述性统计分析结果可以看出，在社会化网络服务选择和使用频次方面，大多数老年人主要使用"微信"等即时通讯类服务，而且使用的频率也较大，其次就是访问资讯和生活服务类网站，而在年轻人中较为流行的博客、论坛以及社交类网络服务，老年人则不太使用。使用社会化网络服务主要还是跟家人朋友进行沟通交流以及分享信息，游戏娱乐等休闲娱乐也是老年人经常性的活动，进行缴费和理财的活动相对较少。

与初次采纳阶段的数据进行比较，可以看出，老年人在社会化网络服务持续使用阶段，选择的主要社会化网络服务功能和与人沟通交流的情况等都与初次采纳时的数据结果类似，且并无太大变化。

（三）人口统计变量对社会化网络服务使用状况的相关性分析

卡方检验是一种量化资料的假设检验方法，属于非参数检验，主要是对两个分类变量的关联性进行分析，如果卡方值具有显著性，说明这两个分类变量具有相关性。

（1）性别与社会化网络服务使用状态的相关性分析

表5-19　使用不同类型社会化网络服务的频次

变量	即时通讯服务（如微信、QQ等）			Pearson 卡方值	显著性（双尾）
	经常	偶尔	从不		
男	46（53.5%）	40（46.5%）	0	3.021	0.082 不显著
女	66（66.0%）	34（34.0%）	0		
变量	老年人社交类网站（如老龄网等）			Pearson 卡方值	显著性（双尾）
	经常	偶尔	从不		
男	8（9.3%）	12（14.0%）	66（76.7%）	6.054	0.408 不显著
女	18（18.0%）	22（22.0%）	60（60.0%）		
变量	博客、评论类网络服务（如新浪微博）			Pearson 卡方值	显著性（双尾）
	经常	偶尔	从不		
男	4（4.7%）	28（32.6%）	54（62.8%）	1.938	0.379 不显著
女	10（10.0%）	32（32.0%）	58（58.0%）		
变量	资讯及生活服务类网站			Pearson 卡方值	显著性（双尾）
	经常	偶尔	从不		
男	10（11.6%）	58（67.4%）	18（20.9%）	6.629	0.036 显著
女	26（26.0%）	60（60.0%）	14（14.0%）		

表 5-19 数据显示性别与社会化网络服务使用状况,在使用资讯和生活服务类网站是具有显著性,而其他服务并无相关性,而初次采纳的数据显示性别在使用微信等即时通讯类服务方面有显著差别,在其他社会化网络服务功能方面没有显著差异。

表 5-20　用不同社会化网络服务功能的频次

变量	沟通交流,分享信息和照片			Pearson 卡方值	显著性(双尾)
	经常	偶尔	从不		
男	28 (32.6%)	58 (67.4%)	0	36.611	0.000 显著
女	72 (72.0%)	24 (24.0%)	4 (4.0%)		
变量	玩游戏			Pearson 卡方值	显著性(双尾)
	经常	偶尔	从不		
男	22 (25.6%)	44 (51.2%)	20 (23.3%)	8.680	0.013 显著
女	38 (38.0%)	30 (30.0%)	32 (32.0%)		
变量	缴费、理财等			Pearson 卡方值	显著性(双尾)
	经常	偶尔	从不		
男	8 (9.3%)	56 (65.1%)	22 (25.6%)	2.849	0.241 显著
女	16 (16.0%)	66 (66.0%)	18 (18.0%)		
变量	观看视频、新闻等获取信息			Pearson 卡方值	显著性(双尾)
	经常	偶尔	从不		
男	18 (20.9%)	54 (62.8%)	14 (16.3%)	12.957	0.002 显著
女	46 (46.0%)	44 (44.0%)	10 (10.0%)		

表 5-20 数据显示性别与老年人使用不同社会化网络服务功能频次具有相关性。从数据表中的百分比可以看出,老年女性在使用社会化网络服务功能的频次方面整体要高于老年男性,也就是说老年女性在社会化网络服务上的活跃程度要比老年男性高许多。

表 5-21　通过社会化网络服务与社会关系联系的频次

变量	家人和亲戚			Pearson 卡方值	显著性(双尾)
	经常	偶尔	从不		
男	46 (53.5%)	40 (46.5%)	0	0.005	0.944 不显著
女	54 (54.0%)	46 (46.0%)	0		
变量	朋友和同事			Pearson 卡方值	显著性(双尾)
	经常	偶尔	从不		
男	36 (41.9%)	50 (58.1%)	0	3.698	0.054 不显著
女	56 (56.0%)	44 (44.0%)	0		
变量	陌生人			Pearson 卡方值	显著性(双尾)
	经常	偶尔	从不		
男	2 (2.3%)	24 (27.9%)	60 (69.8%)	5.443	0.066 不显著
女	10 (10.0%)	20 (20.0%)	70 (70.0%)		

表 5-21 是性别与老年人通过社会化网络服务与亲戚朋友等联系频次的相关性分析结果。表中数据显示性别在通过社会化网络服务进行社会联系方面没有显著差异。

(2)年龄与社会化网络服务使用状况的相关性分析

表 5-22　使用不同类型社会化网络服务的频次

变量	即时通讯服务(如微信、QQ 等)			Pearson 卡方值	显著性(双尾)
	经常	偶尔	从不		
55–65	44 (66.7%)	22 (33.3%)	0	3.309	0.191 不显著
65–70	56 (59.6%)	38 (40.4%)	0		
70 以上	12 (46.2%)	14 (53.8%)	0		
变量	老年人社交类网站(如老龄网等)			Pearson 卡方值	显著性(双尾)
	经常	偶尔	从不		

续表

变量	即时通讯服务（如微信、QQ 等）			Pearson 卡方值	显著性（双尾）
	经常	偶尔	从不		
55-65	8（12.1%）	24（36.4%）	34（51.5%）	25.341	0.000 显著
65-70	12（12.8%）	10（10.6%）	72（76.6%）		
70 以上	6（23.1%）	0	20（76.9%）		
变量	博客、评论类网络服务（如新浪微博）			Pearson 卡方值	显著性（双尾）
	经常	偶尔	从不		
55-65	10（15.2%）	28（42.4%）	28（42.4%）	23.494	0.000 显著
65-70	4（4.3%）	30（31.9%）	60（63.8%）		
70 以上	0	2（7.7%）	24（92.3%）		
变量	资讯及生活服务类网站			Pearson 卡方值	显著性（双尾）
	经常	偶尔	从不		
55-65	14（21.2%）	30（45.5%）	22（33.3%）	32.640	0.000 显著
65-70	12（12.8%）	76（80.9%）	6（6.4%）		
70 以上	10（38.5%）	12（46.2%）	4（15.4%）		

表 5-22 是年龄与社会化网络服务使用状况的相关性分析结果。表中数据显示年龄在使用微信等即时通讯类服务方面没有显著差别，而在其他社会化网络服务功能方面有显著差异。从百分比可以看出，年纪更轻的老年比年纪更大的老年人更多的使用社会化网络服务的各种功能，随着年龄的增长，老年人在社会化网络服务功能使用方面会逐渐减少。

表 5-23　使用不同社会化网络服务功能的频次

变量	沟通交流，分享信息和照片			Pearson 卡方值	显著性（双尾）
	经常	偶尔	从不		
55-65	44（66.7%）	22（33.3%）	0	17.203	0.002 显著
65-70	50（53.2%）	42（44.7%）	2（2.1%）		
70 以上	6（23.1%）	18（69.2%）	2（7.7%）		
变量	玩游戏			Pearson 卡方值	显著性（双尾）
	经常	偶尔	从不		
55-65	24（36.4%）	22（33.3%）	20（30.3%）	9.891	0.042 显著
65-70	34（36.2%）	36（38.3%）	24（25.5%）		
70 以上	2（7.7%）	16（61.5%）	8（30.8%）		
变量	缴费、理财等			Pearson 卡方值	显著性（双尾）
	经常	偶尔	从不		
55-65	12（16.7%）	36（50.0%）	24（33.3%）	15.819	0.003 显著
65-70	12（12.8%）	70（74.5%）	12（12.8%）		
70 以上	6（23.1%）	16（61.5%）	4（15.4%）		
变量	观看视频、新闻等获取信息			Pearson 卡方值	显著性（双尾）
	经常	偶尔	从不		
55-65	36（54.5%）	26（39.4%）	4（6.1%）	20.881	0.000 显著
65-70	24（25.5%）	56（59.6%）	14（14.9%）		
70 以上	4（15.4%）	16（61.5%）	6（23.1%）		

表 5-23 是年龄与老年人使用不同社会化网络服务功能频次的相关性分析结果。表中数据显示年龄在社会化网络服务功能方面都具有显著差异性。从数据表中的百分比可以看出，年纪更轻的老年比年纪更大的老年人使用社会化网络服务各种功能的频次更高，随着年龄的增长，老年人使用社会化网络服务功能的频次会逐渐减少。

表5-24　通过社会化网络服务与社会关系联系的频次

变量	家人和亲戚			Pearson 卡方值	显著性（双尾）
	经常	偶尔	从不		
55-65	42（38.9%）	24（22.2%）	42（38.9%）	5.313	0.070 不显著
65-70	48（33.8%）	46（32.4%）	48（33.8%）		
70以上	10（27.8%）	16（44.4%）	10（27.8%）		
变量	朋友和同事			Pearson 卡方值	显著性（双尾）
	经常	偶尔	从不		
55-65	44（66.7%）	22（33.3%）	0	25.973	0.000 显著
65-70	46（48.9%）	48（51.1%）	0		
70以上	2（7.7%）	24（92.3%）	0		
变量	陌生人			Pearson 卡方值	显著性（双尾）
	经常	偶尔	从不		
55-65	2（3.0%）	12（18.2%）	52（78.8%）	4.624	0.328 不显著
65-70	8（8.5%）	24（25.5%）	62（66.0%）		
70以上	2（7.7%）	8（30.8%）	16（61.5%）		

表5-24是年龄与老年人通过社会化网络服务与社会关系联系频次的相关性分析结果。表中数据显示年龄在通过社会化网络服务与家人、亲戚以及陌生人联系方面没有显著差异，而在与朋友同事方面都有显著差异。从数据表中的百分比可以看出，随着年龄的增长，老年人使用社会化网络服务与社会联系的频次会逐渐减少。

上述分析结果显示，与家人沟通交流，是不同年纪老年人选择社会化网络服务的主要目的。而随着年龄的增长，老年人在社会化网络服务的活跃度不断降低，我们认为主要原因是老年人生理和认知方面的障碍与缺乏面向老年人的社会化网络服务内容以及人机功能的矛盾所导致的。

（3）职业经历与社会化网络服务使用状况的相关性分析

表5-25　使用不同类型社会化网络服务的频次

变量	即时通讯服务（如微信、QQ等）			Pearson 卡方值	显著性（双尾）
	经常	偶尔	从不		
机关事业单位	62（68.9%）	28（31.1%）	0	6.346	0.142 不显著
企业单位	40（50.0%）	40（50.0%）	0		
个体从业者	10（62.5%）	6（37.5%）	0		
变量	老年人社交类网站（如老龄网等）			Pearson 卡方值	显著性（双尾）
	经常	偶尔	从不		
机关事业单位	12（13.3%）	12（13.3%）	66（73.3%）	5.821	0.213 不显著
企业单位	10（12.5%）	20（25.0%）	50（62.5%）		
个体从业者	4（25.0%）	2（12.5%）	10（62.5%）		
变量	博客、评论类网络服务（如新浪微博）			Pearson 卡方值	显著性（双尾）
	经常	偶尔	从不		
机关事业单位	12（13.3%）	28（31.1%）	50（55.6%）	12.879	0.012 显著
企业单位	2（2.5%）	30（37.5%）	48（60.0%）		
个体从业者	0	2（12.5%）	14（87.5%）		
变量	资讯及生活服务类网站			Pearson 卡方值	显著性（双尾）
	经常	偶尔	从不		
机关事业单位	18（20.0%）	56（62.2%）	16（17.8%）	4.437	0.350 不显著
企业单位	12（15.0%）	54（67.5%）	14（17.5%）		
个体从业者	6（37.5%）	8（50.0%）	2（12.5%）		

表5-25是职业与社会化网络服务使用状况的相关性分析结果。表中数据显示不同

职业经历在使用博客类社会化网络服务方面有显著差异，在使用其他社会化网络服务方面没有显著差异。从表中的百分比可以看出，在行政机关和企事业单位工作过的老年人使用博客类社会化网络服务的频次相对较高。

表 5-26　使用不同社会化网络服务功能的频次

变量	沟通交流，分享信息和照片			Pearson 卡方值	显著性（双尾）
	经常	偶尔	从不		
机关事业单位	46（51.1%）	42（46.7%）	2（2.2%）	11.533	0.201 不显著
企业单位	44（55.0%）	36（45.0%）	0		
个体从业者	10（62.5%）	4（25.0%）	2（12.5%）		
变量	玩游戏			Pearson 卡方值	显著性（双尾）
	经常	偶尔	从不		
机关事业单位	38（42.2%）	30（33.3%）	22（24.4%）	8.590	0.072 不显著
企业单位	18（22.5%）	38（47.5%）	24（30.0%）		
个体从业者	4（25.0%）	6（37.5%）	6（37.5%）		
变量	缴费、理财等			Pearson 卡方值	显著性（双尾）
	经常	偶尔	从不		
机关事业单位	6（6.7%）	70（77.8%）	14（15.6%）	18.158	0.001 显著
企业单位	12（15.0%）	46（57.5%）	22（27.5%）		
个体从业者	6（37.5%）	6（37.5%）	4（25.0%）		
变量	观看视频、新闻等获取信息			Pearson 卡方值	显著性（双尾）
	经常	偶尔	从不		
机关事业单位	28（31.1%）	52（57.8%）	10（11.1%）	4.345	0.361 不显著
企业单位	32（40.0%）	38（47.5%）	10（12.5%）		
个体从业者	4（25.0%）	8（50.0%）	4（25.0%）		

表 5-26 数据显示不同职业经历的老年人在使用缴费理财类社会化网络服务功能频次有显著差异，而在使用其他社会化网络服务功能频次方面没有显著差异。从表中的百分比可以看出个体从业者在使用缴费理财类社会化网络服务功能频次比机关事业单位和企业单位工作经历的老年人要多。

表 5-27　通过社会化网络服务与社会关系联系的频次

变量	家人和亲戚			Pearson 卡方值	显著性（双尾）
	经常	偶尔	从不		
机关事业单位	48（53.3%）	42（46.7%）	0	2.158	0.340 不显著
企业单位	46（57.5%）	34（42.5%）	0		
个体从业者	6（37.5%）	10（62.5%）	0		
变量	朋友和同事			Pearson 卡方值	显著性（双尾）
	经常	偶尔	从不		
机关事业单位	38（42.2%）	52（57.8%）	0	3.957	0.138 不显著
企业单位	44（55.0%）	36（45.0%）	0		
个体从业者	10（62.5%）	6（37.5%）	0		
变量	陌生人			Pearson 卡方值	显著性（双尾）
	经常	偶尔	从不		
机关事业单位	2（2.2%）	18（20.0%）	70（77.8%）	61.749	0.000 显著
企业单位	2（2.5%）	20（25.0%）	58（72.5%）		
个体从业者	8（50.0%）	6（37.5%）	2（12.5%）		

表 5-27 显示不同职业经历老年人通过社会化网络服务与陌生人联系频次有显著差异。而职业与其他通过社会化网络服务与社会关系联系频次的卡方检验都不具有显著性。数据显示，个体从业者与陌生人联系的频次较多，这种现象或许与他们个体从业的

工作经历相关。

（4）教育背景与社会化网络服务使用状况的相关性分析

表 5-28　使用不同类型社会化网络服务的频次

变量	即时通讯服务（如微信、QQ 等）			Pearson 卡方值	显著性（双尾）
	经常	偶尔	从不		
研究生	32（34.0%）	30（31.9%）	32（34.0%）	5.259	0.072 不显著
大／中专	64（38.1%）	40（23.8%）	64（38.1%）		
初／高中	16（44.4%）	4（11.1%）	16（44.4%）		
变量	老年人社交类网站（如老龄网等）			Pearson 卡方值	显著性（双尾）
	经常	偶尔	从不		
研究生	12（19.4%）	8（12.9%）	42（67.7%）	4.697	0.320 不显著
大／中专	12（11.5%）	20（19.2%）	72（69.2%）		
初／高中	2（10.0%）	6（30.0%）	12（60.0%）		
变量	博客、评论类网络服务（如新浪微博）			Pearson 卡方值	显著性（双尾）
	经常	偶尔	从不		
研究生	4（6.5%）	16（25.8%）	42（67.7%）	7.954	0.093 不显著
大／中专	6（5.8%）	36（34.6%）	62（59.6%）		
初／高中	4（20.0%）	8（40.0%）	8（40.0%）		
变量	资讯及生活服务类网站			Pearson 卡方值	显著性（双尾）
	经常	偶尔	从不		
研究生	10（16.1%）	44（71.0%）	8（12.9%）	3.693	0.449 不显著
大／中专	20（19.2%）	64（61.5%）	20（19.2%）		
初／高中	6（30.0%）	10（50.0%）	4（20.0%）		

表 5-28 是教育程度与社会化网络服务使用状况的相关性分析的结果。表中数据显示教育程度在老年人选择使用社会化网络服务功能方面没有显著差异。

表 5-29　使用不同社会化网络服务功能的频次

变量	沟通交流，分享信息和照片			Pearson 卡方值	显著性（双尾）
	经常	偶尔	从不		
研究生	34（54.8%）	26（41.9%）	2（3.2%）	2.873	0.579 不显著
大／中专	58（55.8%）	44（42.3%）	2（1.9%）		
初／高中	8（40.0%）	12（60.0%）	0		
变量	玩游戏			Pearson 卡方值	显著性（双尾）
	经常	偶尔	从不		
研究生	12（19.4%）	26（41.9%）	24（38.7%）	9.795	0.044 显著
大／中专	42（40.4%）	40（38.5%）	22（21.2%）		
初／高中	6（30.0%）	8（40.0%）	6（30.0%）		
变量	缴费、理财等			Pearson 卡方值	显著性（双尾）
	经常	偶尔	从不		
研究生	12（19.4%）	40（64.5%）	10（16.1%）	6.425	0.170 不显著
大／中专	12（11.5%）	68（65.4%）	24（23.1%）		
初／高中	0	14（70.0%）	6（30.0%）		
变量	观看视频、新闻等获取信息			Pearson 卡方值	显著性（双尾）
	经常	偶尔	从不		
研究生	20（32.3%）	34（54.8%）	8（12.9%）	1.358	0.852 不显著
大／中专	38（36.5%）	54（51.9%）	12（11.5%）		
初／高中	4（22.2%）	10（55.6%）	4（22.2%）		

表 5-29 是教育程度与老年人使用不同社会化网络服务功能的相关性分析的结果。表中数据显示不同教育程度的老年人在使用社会化网络服务进行游戏娱乐方面有显著差别，具有研究生学历老年人进行游戏娱乐活动的频次相对较少。而不同学历老年人在

使用社会化网络服务其他功能方面没有显著差别。

表5-30　通过社会化网络服务与社会关系联系的频次

变量	家人和亲戚			Pearson 卡方值	显著性（双尾）
	经常	偶尔	从不		
研究生	34（54.8%）	28（45.2%）	0	0.143	0.931 不显著
大/中专	56（53.8%）	48（46.2%）	0		
初/高中	10（50.0%）	10（50.0%）	0		
变量	朋友和同事			Pearson 卡方值	显著性（双尾）
	经常	偶尔	从不		
研究生	28（45.2%）	34（54.8%）	0	1.975	0.373 不显著
大/中专	56（53.8%）	48（46.2%）	0		
初/高中	8（40.0%）	12（60.0%）	0		
变量	陌生人			Pearson 卡方值	显著性（双尾）
	经常	偶尔	从不		
研究生	8（12.9%）	14（22.6%）	40（64.5%）	9.873	0.403 不显著
大/中专	4（3.8%）	22（21.2%）	78（75.0%）		
初/高中	0	8（40.0%）	12（60.0%）		

表5-30是教育程度与老年人通过社会化网络服务与社会关系联系频次的结果。表中数据显示教育程度在通过社会化网络服务与家人亲戚等社会关系联系方面的频次没有显著差别。

（5）居住状态对社会化网络服务使用状态的分析

表5-31　使用不同类型社会化网络服务的频次

变量	即时通讯服务（如微信、QQ等）			Pearson 卡方值	显著性（双尾）
	经常	偶尔	从不		
家庭同住	52（68.4%）	24（31.6%）	0	3.916	0.141 不显著
夫妻同住	48（53.3%）	42（46.7%）	0		
独居	12（60.0%）	8（40.0%）	0		
变量	老年人社交类网站（如老龄网等）			Pearson 卡方值	显著性（双尾）
	经常	偶尔	从不		
家庭同住	6（7.9%）	16（21.1%）	54（71.1%）	8.553	0.073 不显著
夫妻同住	16（20.0%）	8（10.0%）	56（70.0%）		
独居	4（20.0%）	0	16（80.0%）		
变量	博客、评论类网络服务（如新浪微）			Pearson 卡方值	显著性（双尾）
	经常	偶尔	从不		
家庭同住	6（7.9%）	24（31.6%）	46（60.5%）	2.224	0.695 不显著
夫妻同住	8（8.9%）	30（33.3%）	52（57.8%）		
独居	0	6（30.0%）	14（70.0%）		
变量	资讯及生活服务类网站			Pearson 卡方值	显著性（双尾）
	经常	偶尔	从不		
家庭同住	14（18.4%）	46（60.5%）	16（21.1%）	16.649	0.002 显著
夫妻同住	16（17.8%）	66（73.3%）	8（8.9%）		
独居	6（30.0%）	6（30.0%）	8（40.0%）		

表5-31是居住状态与社会化网络服务使用状况的相关性分析的结果。表中数据显示居住状态在老年人使用即时通讯类服务、访问社交网站以及使用博客类服务方面没有显著差别，而在使用资讯类社会化网络服务频次方面有显著差异。表中的百分比显示，独居的老年人比与子女同住以及夫妻同住的老年人会更多地使用资讯类社会化网络服务。

表 5-32　使用不同社会化网络服务功能的频次

变量	沟通交流，分享信息和照片			Pearson 卡方值	显著性（双尾）
	经常	偶尔	从不		
家庭同住	44（57.9%）	28（36.8%）	4（5.3%）	12.139	0.016 显著
夫妻同住	50（55.6%）	40（44.4%）	0		
独居	6（30.0%）	14（70.0%）	0		
变量	玩游戏			Pearson 卡方值	显著性（双尾）
	经常	偶尔	从不		
家庭同住	36（47.4%）	26（34.2%）	14（18.4%）	14.734	0.005 显著
夫妻同住	20（22.2%）	38（42.2%）	32（35.6%）		
独居	4（20.0%）	10（50.0%）	6（30.0%）		
变量	缴费、理财等			Pearson 卡方值	显著性（双尾）
	经常	偶尔	从不		
家庭同住	12（15.8%）	42（55.3%）	22（28.9%）	11.833	0.019 显著
夫妻同住	8（8.9%）	70（77.8%）	12（13.3%）		
独居	4（20.0%）	10（50.0%）	6（30.0%）		
变量	观看视频、新闻等获取信息			Pearson 卡方值	显著性（双尾）
	经常	偶尔	从不		
家庭同住	28（36.8%）	40（52.6%）	8（10.5%）	16.763	0.002 显著
夫妻同住	34（37.8%）	48（53.3%）	8（8.9%）		
独居	2（10.0%）	10（50.0%）	8（40.0%）		

表 5-32 是居住状态与老年人使用不同社会化网络服务功能的相关性分析的结果。表中数据显示不同居住状态的老年人在使用不同社会化网络服务功能方面有显著差别。表中的百分比显示，与子女同住以及夫妻同住的老年人会比独居的老年人更多的使用社会化网络服务的某些功能。

表 5-33　通过社会化网络服务与社会关系联系的频次

变量	家人和亲戚			Pearson 卡方值	显著性（双尾）
	经常	偶尔	从不		
家庭同住	44（36.7%）	32（26.7%）	44（36.7%）	0.890	0.641 不显著
夫妻同住	46（33.8%）	44（32.4%）	46（33.8%）		
独居	10（33.3%）	10（33.3%）	10（33.3%）		
变量	朋友和同事			Pearson 卡方值	显著性（双尾）
	经常	偶尔	从不		
家庭同住	40（52.6%）	36（47.4%）	0	1.034	0.596 不显著
夫妻同住	44（48.9%）	46（51.1%）	0		
独居	8（40.0%）	12（60.0%）	0		
变量	陌生人			Pearson 卡方值	显著性（双尾）
	经常	偶尔	从不		
家庭同住	4（5.3%）	14（18.4%）	58（76.3%）	28.170	0.000 显著
夫妻同住	2（2.2%）	22（24.4%）	66（73.3%）		
独居	6（30.0%）	8（40.0%）	6（30.0%）		

表 5-33 是居住状态与老年人通过社会化网络服务与社会关系联系频次的结果。表中数据显示不同居住状态的老年人在通过社会化网络服务与陌生人联系的频次方面有显著差异，独居的老年人与陌生人联系的频次比家庭居住和夫妻同住的老年人相对多些，而不同居住状态老年人与其他社会关系联系方面没有显著差别。

（6）生活形态与社会化网络服务使用状况的相关性分析

表5-34 使用不同类型社会化网络服务的频次

变量	即时通讯服务（如微信、QQ等）			Pearson 卡方值	显著性（双尾）
	经常	偶尔	从不		
家庭居住型	54（61.4%）	34（38.6%）	0		
积极活跃型	44（66.7%）	22（33.3%）	0	4.816	0.090 不显著
孤立保守型	14（43.8%）	18（56.3%）	0		
变量	老年人社交类网站（如老龄网等）			Pearson 卡方值	显著性（双尾）
	经常	偶尔	从不		
家庭居住型	12（13.6%）	16（18.2%）	60（68.2%）		
积极活跃型	8（12.1%）	14（21.2%）	44（66.7%）	1.606	0.808 不显著
孤立保守型	6（18.8%）	4（12.5%）	22（68.8%）		
变量	博客、评论类网络服务（如新浪微博）			Pearson 卡方值	显著性（双尾）
	经常	偶尔	从不		
家庭居住型	4（4.5%）	24（27.3%）	60（68.2%）		
积极活跃型	10（15.2%）	26（39.4%）	30（45.5%）	13.978	0.007 显著
孤立保守型	0	10（31.3%）	22（68.8%）		
变量	资讯及生活服务类网站			Pearson 卡方值	显著性（双尾）
	经常	偶尔	从不		
家庭居住型	24（24.0%）	58（58.0%）	18（18.0%）		
积极活跃型	12（18.2%）	42（63.6%）	12（18.2%）	10.132	0.038 显著
孤立保守型	2（6.3%）	18（56.3%）	12（37.5%）		

表5-34是生活形态与社会化网络服务使用状况的相关性分析的结果。表中数据显示不同生活形态的老年人使用即时通讯服务和访问社交网站方面没有显著差别，而在使用博客类和资讯类社会化网络服务方面有显著差异。表中的百分比显示，家庭生活型和积极活跃型的老年人比孤立保守型的老年人会更多地使用博客类和资讯类社会化网络服务。

表5-35 使用不同社会化网络服务功能的频次

变量	沟通交流，分享信息和照片			Pearson 卡方值	显著性（双尾）
	经常	偶尔	从不		
家庭居住型	22（25.0%）	46（52.3%）	20（22.7%）		
积极活跃型	28（42.4%）	34（51.5%）	4（6.1%）	17.511	0.002 显著
孤立保守型	14（43.8%）	18（56.3%）	0		
变量	玩游戏			Pearson 卡方值	显著性（双尾）
	经常	偶尔	从不		
家庭居住型	34（38.6%）	34（38.6%）	20（22.7%）		
积极活跃型	20（30.3%）	22（33.3%）	24（36.4%）	8.528	0.074 不显著
孤立保守型	6（18.8%）	18（56.3%）	8（25.0%）		
变量	缴费、理财等			Pearson 卡方值	显著性（双尾）
	经常	偶尔	从不		
家庭居住型	12（13.6%）	56（63.6%）	20（22.7%）		
积极活跃型	6（9.1%）	42（63.6%）	18（27.3%）	6.694	0.153 不显著
孤立保守型	6（18.8%）	24（75.0%）	2（6.3%）		
变量	观看视频、新闻等获取信息			Pearson 卡方值	显著性（双尾）
	经常	偶尔	从不		
家庭居住型	48（54.5%）	40（45.5%）	0		
积极活跃型	36（54.5%）	28（42.4%）	2（3.0%）	4.812	0.307 不显著
孤立保守型	16（50.0%）	14（43.8%）	2（6.3%）		

表5-35是不同生活形态的老年人使用主要社会化网络服务功能频次的相关性分析的结果。表中数据显示不同生活形态的老年人在使用社会化网络服务进行沟通交流，分

享信息的功能方面有显著差别，而在使用其他社会化网络服务功能的频次方面没有显著差别。表中的百分比显示，积极活跃型和家庭居住型老年人比孤立保守型老年人更少地使用沟通交流分享信息的功能。

表 5-36　通过社会化网络服务与社会关系联系的频次

变量	家人和亲戚			Pearson 卡方值	显著性（双尾）
	经常	偶尔	从不		
家庭居住型	52（59.1%）	36（40.9%）	0	12.898	0.002 显著
积极活跃型	40（60.6%）	26（39.4%）	0		
孤立保守型	8（25.0%）	24（75.0%）	0		

变量	朋友和同事			Pearson 卡方值	显著性（双尾）
	经常	偶尔	从不		
家庭居住型	42（47.7%）	46（52.3%）	0	13.071	0.001 显著
积极活跃型	42（63.6%）	24（36.4%）	0		
孤立保守型	8（25.0%）	24（75.0%）	0		

变量	陌生人			Pearson 卡方值	显著性（双尾）
	经常	偶尔	从不		
家庭居住型	6（6.8%）	26（29.5%）	56（63.6%）	18.191	0.001 显著
积极活跃型	4（12.5%）	12（37.5%）	16（50.0%）		
孤立保守型	2（3.0%）	6（9.1%）	58（87.9%）		

表 5-36 是不同生活状态的老年人通过社会化网络服务与社会关系联系频次的结果。表中数据显示不同生活形态的老年人通过社会化网络服务与社会关系联系频次有显著差别。从表中的百分比可以看出，积极活跃型的老年人更愿意通过社会化网络服务与各方面的社会关系进行联系。

5.4.2　变量的描述性分析

老年人社会化网络服务持续使用模型包括期望确认、顾客感知价值、感知易用性、满意度、主观规范及感知行为控制 6 个自变量，持续使用意愿 1 个因变量。问卷题项共 21 题，采用李克特五级量表，将每位老人的选项得分加起来，算出均值（Mean）和标准差（Std.）。通过描述性统计分析样本数据的集中趋势和离散趋势，反映样本数据在研究变量上的一般水平。描述性统计如表 5-37 所示：

表 5-37　各变量的描述性分析结果

因子	测度项	平均数	标准差	因子平均数	因子标准差
期望确认（CF）	使用社会化网络服务的经历比我预期的要好	3.4839	0.716	3.4659	0.69355
	社会化网络服务平台提供的服务比我预期要好	3.4731	0.685		
	总而言之，大多社会化网络服务达到了我的期望	3.4409	0.729		
满意度（ST）	我满意社会化网络服务提供的各项功能和服务	3.8602	0.635	3.8566	0.63398
	我很喜欢使用社会化网络服务的经历	3.8495	0.641		
	使用社会化网络服务平台，我觉得是很明智的选择	3.8602	0.635		
顾客感知价值—功能价值（PV-FV）	社会化网络服务可为我提供有用的信息和资料	3.8387	0.630	3.8530	0.61476
	社会化网络服务能帮我办理日常生活事务	3.8602	0.635		
	社会化网络服务有助于我表达自己的想法	3.8602	0.618		
顾客感知价值—社会价值（PV-SV）	社会化网络服务有助于我和朋友家人沟通交流	4.1505	0.606	4.1434	0.59871
	社会化网络服务有助我与社会保持联系	4.1290	0.611		
	社会化网络服务让我不至于脱离社会	4.1505	0.624		

续表

因子	测度项	平均数	标准差	因子平均数	因子标准差
顾客感知价值—情感价值（PV-MV）	使用社会化网络服务，我会感觉时间过得很快	4.2151	0.605		
	使用社会化网络服务，能够让我感到快乐	4.2151	0.586	4.2043	0.56044
	我使用社会化网络服务，会感到心情愉悦	4.1828	0.588		
感知易用性（PE）	学习使用社会化网络服务对我来说比较容易	3.7849	0.640		
	我能较快地掌握和使用社会化网络服务平台	3.7634	0.665	3.7849	0.62679
	总的来说社会化网络服务对我而言比较容易	3.8065	0.695		
主观规范（SN）	家人亲戚都在使用社会化网络服务	4.1613	0.664		
	很多朋友都在使用社会化网络服务	4.1075	0.683	4.1183	0.60322
	很多生活功能可以通过社会化网络服务完成	4.0753	0.646		
感知信任（PT）	在社会化网络中获取的信息是可信的	3.6344	0.484		
	我不担心社会化网络服务泄漏我的信息	3.6344	0.506	4.1147	0.62457
	在使用时不会感觉到有什么危害	3.6237	0.529		
持续使用意愿（CU）	我觉得我在未来会继续使用社会化网络服务	4.1183	0.605		
	我在未来不会轻易放弃使用社会化网络服务	4.1183	0.605	3.6308	0.47767
	我会向朋友推荐社会化网络服务	4.1183	0.622		

变量描述性统计分析结果：

（1）期望确认

期望确认的题项及因素的平均数都低于4，分值不高，但差异不大。数据结果显示：老年人对期望确认的认同度基本是一致的。数据结果显示，在初次采纳社会化网络服务后，大多数老年人认为使用社会化网络服务的经历比预期的要好，但仍然还有一部分老年人认为未达到期望。这种情况应该是属于正常的，因为老年人生理和心理上的原因造成了这一群体有特殊的需求和认知，而且他们是少数群体，面向老年人的社会化网络服不管是数量还是质量上都还是欠缺的。

（2）满意度

满意度的题项及因素的平均数都低于4，分值不高，但差异不大。数据结果显示：老年人对社会化网络服务的满意度的认同度基本是一致的。在初次采纳社会化网络服务后，大多数老年人满意社会化网络服务提供的各项功能和服务，但仍然还有一部分老年人持不同态度。

（3）功能价值

功能价值的题项及因素的平均数都低于4，分值不高，但差异不大。数据结果显示：老年人对社会化网络服务的功能价值的认同度基本是一致的。在初次采纳社会化网络服务后，大多数老年人认为社会化网络服务可以提供有用的信息和资料，并帮助解决生活中一些日常事务，但仍然还有一部分老年人持不同态度。

（4）社会价值

社会价值的题项及因素的平均数都高于4，分值较高，且差异不大。数据结果显示：老年人对社会化网络服务的社会价值有较高的认同度。在初次采纳社会化网络服务后，绝大多数老年人认为社会化网络服务能帮助他们于家人朋友沟通交流，并与社会保持联系。

（5）情感价值

情感价值的题项及因素的平均数都高于 4，分值较高，且差异不大。数据结果显示：老年人对社会化网络服务的情感价值有较高的认同度。在初次采纳社会化网络服务后，大多数老年人在使用社会化网络服务提供的各项功能和服务后，都有较愉快的经历，对社会化网络服务有情感上的依赖。

（6）感知易用性

感知易用性的题项及因素的平均数都低于 4，分值不高，但差异不大。数据结果显示：老年人对感知易用性的认同度基本是一致的。在初次采纳社会化网络服务后，大多数老年人认为使用和学习社会化网络服务是一个比较复杂的事情，需要花费一些精力。这种状况是由于老年人生理和心理上的老化所造成的。

（7）主观规范

功能价值的题项及因素的平均数都高于 4，分值较高，且差异不大。数据结果显示：老年人对社会化网络服务的主观规范认同度是一致的。在初次采纳社会化网络服务后，大多数老年人都认同身边的亲朋好友等关系亲近人的态度和周围环境的影响对他们继续使用社会化网络服务有很大的影响。

（8）感知信任

感知信任的题项平均数都低于 4，分值不高，但差异不大，因素的平均数高于 4。数据结果显示：老年人对社会化网络服务的感知信任认同度基本是一致的。大多数老年人对使用社会化网络服务可能带来的风险持中立态度。

（9）持续使用意愿

持续使用意愿的题项及因素的平均数都高于 4，分值较高，且差异不大。数据结果显示：老年人对社会化网络服务的持续使用意愿认同度基本是一致的。在初次采纳社会化网络服务后，大多数老年人都认为他们会继续使用并会向朋友推荐社会化网络服务。

5.4.3 人口统计变量对各因子的影响分析

采用 T 检验或者单因子方差分析的方法来探讨外部变量对老年人持续使用社会化网络服务模型中各因子的影响程度是否具有显著差异。单因子方差分析时，显著水平若达 0.05，则进一步以 Scheffe's 法进行多重事后检验。

（1）不同性别与各变量的 T 检验

性别为两元变量，因此用 T 检验的方法来检验不同性别的老年人持续使用社会化网络服务的意愿是否有显著差异。如表 5-38。

T 检验的分析结果显示，性别对各变量都具有显著差异。从平均数可以看出，除了感知信任变量，女性在其他各变量的平均值皆高于男性，这种结果显示，相对老年男性而言，老年女性的活跃程度更强些，对持续使用社会化网络服务影响变量的认同度更高，而老年男性对社会化网络服务的信任度更高。

表 5-38 不同性别与各变量的 T 检验

变量	性别				
	男（N=86），女（N=100）				
	男（平均数）	女（平均数）	T 值	P 值	显著性
期望确认（CF）	3.1783	3.7133	−5.684	0.000	显著差异
满意度（ST）	3.5271	4.14	−7.516	0.000	显著差异
功能价值（PV-FV）	3.5426	4.12	−7.241	0.000	显著差异
社会价值（PV-SV）	3.5426	3.9933	−5.238	0.000	显著差异
情感价值（PV-MV）	4.0233	4.36	−4.164	0.000	显著差异
感知易用性（PE）	3.8605	4.3867	−6.549	0.000	显著差异
主观规范（SN）	3.5194	3.7267	−3.022	0.003	显著差异
感知信任（PT）	4.2326	4.0133	2.474	0.014	显著差异
持续使用意愿（CU）	3.8915	4.3133	−5.074	0.000	显著差异

（2）年龄对各变量的方差分析

用单因子变异量来分析年龄对各变量是否存在差异（如表 5-39）。数据结果显示，年龄对各变量都具有显著差异。Scheffe 事后检验结果显示：

55-65 岁的老年人群对于满意度、功能价值、情感价值、感知易用性及主观规范的认同程度显著高于 65-70 岁和 70 岁以上的老年人群，且 65-70 岁老年人群对这些变量的认同度也高于和 70 岁以上的老年人群。从认同的平均数来看，年龄越小的老年人越认为社会化网络服务是比较容易使用的，而且更容易受到身边人和周围环境的影响，而且他们对社会化网络服务的满意度、功能价值和情感价值都有较高的认可。

表 5-39 年龄对变量的方差分析

变量	年龄					
	1.55~65（N=66），2.65~70（N=94），3.70 以上（N=26）					
	55~65（平均数）	65~70（平均数）	70 以上（平均数）	F 值	显著性（双尾）P 值	Scheffe 检定
期望确认（CF）	3.7071	3.3972	3.1026	8.741	P=0.000*** 显著差异	1>2 1>3
满意度（ST）	4.1818	3.8227	3.1538	33.746	P=0.000*** 显著差异	1>2 1>3 2>3
功能价值（PV-FV）	4.1313	3.8014	3.3333	19.840	P=0.000*** 显著差异	1>2 1>3 2>3
社会价值（PV-SV）	4.0101	3.7943	3.1795	19.829	P=0.000*** 显著差异	1>3 2>3
情感价值（PV-MV）	4.4545	4.1702	3.6923	21.617	P=0.000*** 显著差异	1>2 1>3 2>3
感知易用性（PE）	4.3838	4.1418	3.5385	23.167	P=0.000*** 显著差异	1>2 1>3 2>3
主观规范（SN）	3.8485	3.6099	3.1538	25.238	P=0.000*** 显著差异	1>2 1>3 2>3
感知信任（PT）	4.0505	4.0284	4.5897	9.658	P=0.000*** 显著差异	1>3 2>3
持续使用意愿（CU）	4.3636	4.1702	3.3077	42.724	P=0.000*** 显著差异	1>3 2>3

注：*：P<0.1；**：P<0.05；***：P<0.01

（3）教育程度对各变量的方差分析

用单因子方差分析来探讨教育程度在各变量上是否存在差异（如表5-40）。数据结果显示：

期望确认（F=4.490，p=0.012）和功能价值（F=5.834，p=0.003）的数据结果显示教育程度在期望确认和功能价值方面有显著差异。Scheffe事后检验显示，具有大中专以上学历的老年人对于期望确认和功能价值的认同程度显著高于具有初高中学历的老年人。

感知易用性（F=4.986，p=0.008）的数据结果表明教育程度在感知易用性方面有显著差异。Scheffe事后检验显示，对于感知易用性的认同程度随学历提高而不断提高，教育程度越高的老年人越认为社会化网络服务是容易使用的。

数据结果表明教育程度在满意度、社会价值、情感价值、主观规范、感知信任和持续使用意愿方面不具有显著差异。

表5-40　教育程度对变量的方差分析

变量	教育程度					
	1. 研究生（N=62），2. 大中专（N=104），3. 初高中（N=20）					
	研究生（平均数）	大中专（平均数）	初高中（平均数）	F 值	显著性（双尾）P 值	Scheff
期望确认（CF）	3.344	3.4615	3.8667	4.490	0.012 显著	1>3 2>3
满意度（ST）	3.720	3.9231	3.9333	2.188	0.115 不显著	
功能价值（PV-FV）	3.656	3.9808	3.8000	5.834	0.003 显著	1>3 2>3
社会价值（PV-SV）	3.677	3.8397	3.8333	1.379	0.254 不显著	
情感价值（PV-MV）	4.108	4.2692	4.1667	1.698	0.186 不显著	
感知易用性（PE）	3.979	4.2628	4.0333	4.986	0.008 显著	1>3 2>3
主观规范（SN）	3.677	3.5513	3.9000	5.164	0.070 不显著	
感知信任（PT）	4.065	4.1410	4.1333	0.301	0.741 不显著	
持续使用意愿（CU）	4.097	4.1026	4.2667	0.684	0.506 不显著	

注：*：P<0.1；**：P<0.05；***：P<0.01

（4）职业经历对各变量的方差分析

用单因子方差分析来探讨工作经历对各变量是否存在差异（如表5-41）。结果显示：

期望确认（F=5.573，p=0.004）的数据结果显示，不同的职业经历在期望确认方面有显著差异。Scheffe事后检验显示，个体从业者对社会化网络服务的期望确认程度比机关事业单位和企业单位工作经历的老年人更高。

除期望确认外，职业经历在其他各变量方面都没有显著差异性。

表 5-41　职业经历对变量的方差分析

变量	职业经历					
	1. 机关事业单位（N=90），2. 企业单位（N=80），3. 个体从业（N=16）					
	机关事业单位（平均数）	企业单位（平均数）	个人从业（平均数）	F 值	显著性（双尾）P 值	Scheffe 检定
期望确认（CF）	3.4370	3.3917	4.0000	5.573	0.004 显著性	3>1 3>2
满意度（ST）	3.9037	3.8250	3.7500	0.573	0.565 无显著性	
功能价值（PV-FV）	3.8000	3.9500	3.6667	2.102	0.125 无显著性	
社会价值（PV-SV）	3.8222	3.7500	3.7500	0.311	0.733 无显著性	
情感价值（PV-MV）	4.1185	4.2667	4.3750	2.331	0.100 无显著性	
感知易用性（PE）	4.1259	4.1667	4.1250	0.106	0.900 无显著性	
主观规范（SN）	3.6519	3.6083	3.6250	0.176	0.838 无显著性	
感知信任（PT）	4.1556	4.1417	3.7500	3.082	0.048 无显著性	
持续使用意愿（CU）	4.1037	4.1833	3.8750	1.817	0.165 无显著性	

注：*：P<0.1；**：P<0.05；***：P<0.01

（5）居住状态对各变量的方差分析

用单因子方差分析来探讨居住状态对各变量是否存在差异（如表 5-42）。数据结果显示：

居住状态在期望确认（F=8.093，p=0.000）、满意度（F=10.723，p=0.000）、感知易用性（F=3.832，p=0.023）、主观规范（F=10.268，p=0.000）和持续使用意愿（F=3.232，p=0.042）方面有显著差异。Scheffe 事后检验显示，与子女同住和夫妻同住在期望确认、满意度、感知易用性、主观规范和持续使用意愿方面的认同度比独居老年人高。

居住状态在社会价值（F=3.949，p=0.021）和情感价值（F=5.797，p=0.004）方面有显著差异。Scheffe 事后检验发现，与子女同住的老年人在社会价值和情感价值方面的认同度比独居老人高。

居住状态对于功能价值和感知信任方面没有显著差异。

表5-42　居住状态对各变量的方差分析

变量	居住状态					
	1. 与子女同住（N=76），2. 夫妻同住（N=90），3. 独居（N=20）					
	与子女同住（平均数）	夫妻同住（平均数）	独居（平均数）	F 值	显著性（双尾）P 值	Scheffe 检定
期望确认（CF）	3.5263	3.5407	2.9000	8.093	0.000 显著	1>3 2>3
满意度（ST）	4.0000	3.8593	3.3000	10.723	0.000 显著	1>3 2>3
功能价值（PV-FV）	3.9561	3.8222	3.6000	2.947	0.055 不显著	
社会价值（PV-SV）	3.8947	3.7630	3.4667	3.949	0.021 显著	1>3
情感价值（PV-MV）	4.3246	4.1778	3.8667	5.797	0.004 显著	1>3
感知易用性（PE）	4.1930	4.1778	3.8000	3.832	0.023 显著	1>3 2>3
主观规范（SN）	3.6579	3.7037	3.2000	10.268	0.000 显著	1>3 2>3
感知信任（PT）	4.1140	4.1037	4.1667	.082	0.921 不显著	
持续使用意愿（CU）	4.1667	4.1481	3.8000	3.232	0.042 显著	1>3 2>3

注：*：P<0.1；**：P<0.05；***：P<0.01

（6）生活形态对各变量的方差分析

用单因子方差分析来探讨生活形态对各变量是否存在差异（如表5-43）。数据结果显示：

生活形态在满意度（F=19.995，p=0.000）、功能价值（F=19.001，p=0.000）、社会价值（F=56.742，p=0.000）、情感价值（F=12.708，p=0.000）、感知易用性（F=18.718，p=0.000）和持续使用意愿（F=48.704，p=0.000）方面有显著差异。Scheffe 事后检验显示，家庭居住型和积极活跃型老年人在满意度、功能价值、社会价值、情感价值、感知易用性和持续使用意愿方面的认同度明显高于孤立保守型老年人，同时积极活跃型老年人对这些变量的认同度也显著高于家庭居住型老年人。

在期望确认（F=4.463，p=0.013）方面，积极活跃型老年人的认同度显著高于孤立保守型老年人。在主观规范（F=11.511，p=0.000）方面，家庭居住型和积极活跃型老年人的认同度显著高于孤立保守型老年人。

不同生活形态在感知信任（F=2.416，p=0.092）方面没有显著差异。

表5-43 生活形态对各变量的方差分析

变量	生活形态					
	1. 家庭居住型（N=88），2. 积极活跃型（N=62），3. 孤立保守型（N=32）					
	家庭居住型（平均数）	积极活跃型（平均数）	孤立保守型（平均数）	F 值	显著性（双尾）P 值	Scheffe 检定
期望确认（CF）	3.3182	3.6465	3.5000	4.463	0.013 显著	2>1
满意度（ST）	3.7955	4.1616	3.3958	19.995	0.000 显著	1>3 2>3 2>1
功能价值（PV-FV）	3.7652	4.1616	3.4583	19.001	0.000 显著	1>3 2>3 2>1
社会价值（PV-SV）	3.6364	4.2626	3.2083	56.742	0.000 显著	1>3 2>3 2>1
情感价值（PV-MV）	4.1894	4.4040	3.8333	12.708	0.000 显著	1>3 2>3 2>1
感知易用性（PE）	4.1136	4.4040	3.6875	18.718	0.000 显著	1>3 2>3 2>1
主观规范（SN）	3.6667	3.7475	3.2917	11.511	0.000 显著	1>3 2>3
感知信任（PT）	4.1136	4.0202	4.3125	2.416	0.092 不显著	
持续使用意愿（CU）	4.0985	4.4747	3.4375	48.704	0.000 显著	1>3 2>3 2>1

注：*：P<0.1；**：P<0.05；***：P<0.01

5.4.4 模型假设验证

为了深入了解自变量对因变量的影响关系，我们使用 SmartPLS 软件对模型数据进行结构化方程分析，其过程包括测量模型分析和结构模型分析。测量模型分析是检验测量工具是否能够精确测量所需研究的变量；结构模型分析是通过估计每个变量间的路径系数，来验证潜在变量之间的因果关系。

在进行 SmartPLS 结构化方程模型验证前，我们对样本数据进行了无应答偏差检验来评估数据质量。为了检验样本是否存在无应答偏差（non-response bias）以及样本是否具有代表性，我们比较了较早回收的样本（32 份）与较晚回收的样本（30 份），进行两个子样本在所有潜在变量上的平均值差异检验，检验结果没有出现统计上的显著差异，即无应答偏差在本研究中并没有严重的影响，因此，不存在无应答偏差问题。

（一）测量模型分析

本研究模型是在大量研究基础上构建的，并且在预测过程中进行了探索式因素分析。因此，在此阶段我们采用 SmartPLS 2.0 对研究模型中各构面进行验证性因素分析，主要评估每个项目的信度、潜在变量的组成信度（CR）及 Cronbach's a、平均萃取变异量

（AVE）、内容效度、收敛效度以及区别效度。

（1）信度检验

按照如下评价标准进行检验：

①项目信度（Individual Item Reliability），即每个测量题项的信度。Hair et al.（1992）建议因素负载值应该在 0.5 以上，测量指标才具有较好的信度；

②潜变量组成信度（Composite Reliability，CR）及 Cronbach's a：变量内部因子的统一性，潜变量的 CR 值及 Cronbach's a 越高，其测量变量的相关性也就越高，表示他们都在测量相同的潜在变量。一般而言，CR 值及 Cronbach's a 需要大于 0.7；

③平均方差提取量（Average Variance，AVE）是统计学中检验结构变量内部一致性的统计量，代表观测变量能测得潜在变量的百分比，可以作为信度和收敛效度的评判标准。AVE 值大于 0.5 代表有较好的收敛效度。

从表 5-44 和表 5-45 可以看出，本研究所有测量变量的因素负荷都大于 0.5，表示本研究的测量变量具有良好的信度；潜在变量的 CR 值及 Cronbach's a 介于 0.851 到 0.952，皆大于 0.7，表示本研究的潜在变量具有良好的内部一致性；潜在变量的 AVE 值介于 0.883 到 0.988，皆大于 0.5，表示本研究的潜在变量具有良好的信度和收敛效度。因此，本研究各变量的检验值都达到了评价标准，显示模型的各变量有较好的信度。

（2）效度检验

研究模型的问卷都是采用了国内外权威的文献，大多量表都是经过实证研究证明有效的，而且在大规模问卷调查之前还进行了前测，所以问卷有一定的内容效度。收敛效度和区分效度的评价标准如下：

①收敛效度又称内部一致性效度，要求所有因素的载荷量（Factor Loading）至少大于 0.5，0.7 以上为理想值；

②平均方差提取量（Average Variance，AVE）代表观测变量能测得潜在变量的百分比，可以作为信度和收敛效度的评判标准。AVE 值大于 0.5 代表有较好的收敛效度；

③区分效度是验证模型中不同变量间的相关程度，不同变量的测量题项不应该存在高度相关的状况。区分效度是通过变量的 AVE 值的平方根来判断的，当表 5-45 中对角线的值大于对应的行和列的值，即变量测量题项的因素负载量大于其他变量中的因素负载量，模型具有较好的区分效度。

从表 5-44 可以看出，研究模型中所有因素的载荷量和 AVE 值都大于 0.7，表明模型具有良好的收敛效度。表 5-45 中主对角线代表各变量 AVE 的开根号值，从 0.938 到 0.994，都超过与其所在同一行或者同一列的所有非对角线元素值，显示本研究各潜在变量应为明显不同，具有良好的区别效度。

表5-44　各构面的信度与效度

变量	题项	因素负荷量	T-Value	AVE	CR	Cronbach`s alpha	Communality
期望确认（CF）	CF1	0.977	106.377	0.953	0.984	0.976	0.953
	CF2	0.974	104.553				
	CF3	0.979	141.933				
满意度（ST）	ST1	0.993	161.250	0.988	0.996	0.994	0.988
	ST2	0.997	541.707				
	ST3	0.992	151.572				
功能价值（PV-FV）	FV1	0.985	169.317	0.958	0.985	0.978	0.958
	FV2	0.975	91.648				
	FV3	0.975	92.341				
社会价值（PV-SV）	SV1	0.936	59.141	0.883	0.958	0.934	0.883
	SV2	0.962	98.427				
	SV3	0.920	49.568				
情感价值（PV-MV）	MV1	0.950	64.459	0.891	0.961	0.939	0.891
	MV2	0.933	43.459				
	MV3	0.949	50.617				
感知易用性（PE）	PE1	0.968	84.697	0.949	0.982	0.973	0.949
	PE2	0.977	102.294				
	PE3	0.977	99.531				
主观规范（SI）	SN1	0.927	32.555	0.888	0.960	0.937	0.888
	SN2	0.955	85.544				
	SN3	0.945	53.406				
感知信任（PT）	PC1	0.946	6.647	0.880	0.957	0.934	0.880
	PC2	0.918	5.745				
	PC3	0.950	8.968				
持续使用意愿（CU）	CU1	0.983	104.076	0.974	0.991	0.987	0.974
	CU2	0.993	285.756				
	CU3	0.984	103.248				

表5-45　变量间的相关系数，区分效度

变量	CF	ST	FV	SV	MV	PE	SI	PT	CU
期望确认（CF）	0.976								
满意度（ST）	0.368	0.994							
功能价值（FV）	0.211	0.559	0.979						
社会价值（SV）	0.239	0.524	0.500	0.940					
情感价值（MV）	0.183	0.461	0.401	0.463	0.944				
感知易用性（PE）	0.144	0.466	0.521	0.557	0.470	0.974			
主观规范（SI）	0.180	0.375	0.283	0.322	0.100	0.354	0.942		
感知信任（PT）	−0.218	−0.171	−0.109	−0.059	−0.221	0.021	−0.009	0.938	
持续使用意愿（CU）	0.110	0.557	0.438	0.544	0.493	0.511	0.436	−0.149	0.987

（3）感知价值变量的二阶验证性因素分析

研究模型中，感知价值为二阶变量，包括功能价值、社会价值和情感价值三个形成性因子。因此，对感知价值进行二阶验证性因素分析。感知价值变量的二阶测量模型结果显示，感知价值变量内部一致性均已达到可接受的范围，如表5-46和表5-47所示。

表5-46　感知价值变量的二阶验证性因素分析

变量	因子	因素负载量	组成信度（CR）
感知价值 AVE= 0.580 Cronbach's a= 0.909	功能价值	0.807***	0.925
	社会价值	0.764***	
	情感价值	0.821***	

注：*：P<0.05；**：P<0.01；***：P<0.001

表5-47 二阶模型的路径系数

	路径系数	T值	p-Value
PV –> FV	0.807	23.234	P<0.001
PV –> MV	0.761	12.956	P<0.001
PV –> SV	0.824	26.817	P<0.001

综合上述，测量模型具有较好的信度和效度，可以对结构模型进行检验。

（二）结构模型分析

结构模型分析是对模型中每个变量之间的直接路径和间接路径进行分析，从而验证研究假设，变量之间的路径代表了两变量间的因果关系，变量关系的显著性代表了变量间因果关系的强弱。结构模型必须检验各变量间的标准化系数是否达到统计显著性，并且以内生变量的变异解释量（R^2）来判断模型的解释能力，变异解释量（R^2）数值越高，代表模型的解释能力越强。本研究采用SmartPLS 2.0软件进行结构模型潜在变量间的因果关系分析与检验。

（1）路径系数检验

标准化路径系数（path coefficient）可以分析变量之间关系的强度与方向，经检验应当具有显著性，并且应该与模型假设所预期的方向一致，系数越大代表因果关系越强。路径系数的显著性分析，一般都采用拔靴法（Bootstrapping）连续抽样来进行分析，计算出路径系数（β）以及t-value值，本研究设定反复抽样500次。各变量的路径系数如表5-48所示，数据结果显示：

①感知价值对持续使用意愿（路径系数为0.333，p值为0.01显著）、主观规范对持续使用意愿（路径系数为0.219，p值为0.01显著）和满意度对持续使用意愿（路径系数为0.186，p值为0.05显著）为显著正相关，表明假设4（感知价值对持续使用意愿有显著正向影响）、假设8（主观规范对持续使用意愿有显著正向影响）和假设7（满意度对持续使用意愿有显著正向影响）成立。感知易用性和感知信任对持续使用意愿的相关性不显著，表明假设6（感知易用性对持续使用意愿有显著正向影响）和假设9（感知信任对持续使用意愿有显著正向影响）不成立；

② 期望确认对感知价值（路径系数为0.176，p值为0.05显著）和满意度（路径系数为0.211，p值为0.05显著）为显著正相关，表明假设2（期望确认对感知价值有显著正向影响）和假设1（期望确认对满意度有显著正向影响）成立。感知易用性对感知价值（路径系数为0.623，p值为0.001显著）显著正相关，表明假设5（感知易用性对感知价值有显著正向影响）成立。感知价值对满意度（路径系数为0.591，p值为0.001显著）显著正相关，表明假设3（感知价值对满意度有显著正向影响）成立。

表 5-48　各变量路径系数和研究假设结果路径系数表

	路径系数	T 值	p–Value	假设
期望确认 -> 感知价值（CF-> PV）	0.176	2.199	P<0.05	假设 2 成立
期望确认 -> 满意度（CF-> ST）	0.211	2.399	P<0.05	假设 1 成立
感知易用性 -> 持续使用意愿（PE -> CU）	0.133	1.325	不显著	假设 6 不成立
感知易用性 -> 感知价值（PE -> PV）	0.623	8.912	P<0.001	假设 5 成立
感知信任 -> 持续使用意愿（PT -> CU）	−0.065	0.749	不显著	假设 9 不成立
感知价值 -> 持续使用意愿（PV -> CU）	0.333	3.011	P<0.01	假设 4 成立
感知价值 -> 满意度（PV -> ST）	0.591	9.098	P<0.001	假设 3 成立
主观规范 -> 持续使用意愿（SI -> CU）	0.219	3.098	P<0.01	假设 8 成立
满意度 -> 持续使用意愿（ST -> CU）	0.186	2.196	P<0.05	假设 7 成立

*：P<0.05；**：P<0.01；***：P<0.001

（2）模型预测力估计

R^2 值是指单个测量变量被潜在变量解释的程度，研究模型对现实问题的解释力可以通过该值来衡量，其值介于 0 至 1 之间，R^2 值越大，代表模型的解释力越好。根据 Falk 和 Miller（1992）的建议，R^2 值至少达到 0.1 以上。表 5-49 是本研究模型预测能力的 R^2 检验结果，数据显示：持续使用意图的 R^2 值为 0.482，感知价值的 R^2 值为 0.451，满意度的 R^2 值为 0.460。因此，研究模型具有较好的解释能力。

图 5-2 是全模型的路径分析图，从图中数据可知：

① 感知价值对持续使用意愿（路径系数为 0.333，p 值为 0.01 显著）的影响力最强，其次是主观规范（路径系数为 0.219，p 值为 0.01 显著）和满意度（路径系数为 0.186，p 值为 0.05 显著）。感知易用性和感知信任对持续使用意愿不具有显著的影响力；

②感知易用性对感知价值（路径系数为 0.623，p 值为 0.001 显著）的影响力最强，其次是期望确认（路径系数为 0.176，p 值为 0.05 显著）；

③感知价值对满意度（路径系数为 0.591，p 值为 0.001 显著）的影响力最强，其次是期望确认（路径系数为 0.211，p 值为 0.05 显著）。

表 5-49　模型预测能力的 R^2 检验

	R Square
CU	0.482
PV	0.451
ST	0.460

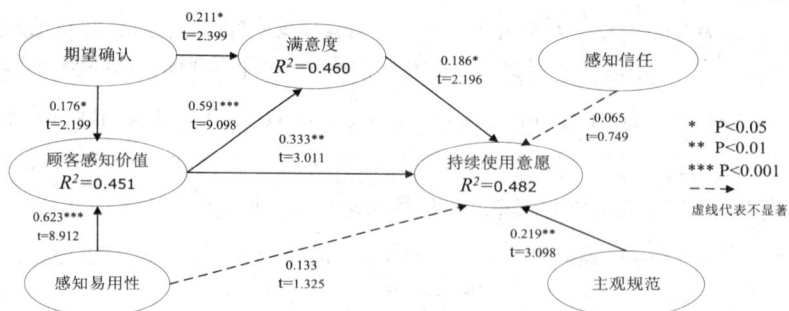

图 5-2　全模型的路径系数分析图

5.4.5 感知价值变量对持续使用意愿的分析

研究模型中,感知价值为二阶变量,包括功能价值、社会价值和情感价值三个形成性因子。从上述数据分析结果可以得出,感知价值对持续使用意愿具有强影响力,为了进一步了解感知价值三个维度对持续使用意愿的影响作用,我们从原模型中提取感知价值与持续使用意愿子模型,并对其进行结构化方程分析。首先对子模型进行测量模型分析,然后进行结构模型分析。

（1）感知价值变量对持续使用意愿影响的测量模型分析

依然采用 SmartPLS 2.0 软件对子模型中感知价值的三个构面进行验证性因素分析。从表 5-50 可以看出,该子模型的所有因素载荷量和 AVE 值都大于 0.7,表明该子模型具有良好的收敛效度。表 5-51 中主对角线代表各变量 AVE 的开根号值,该值从 0.940 到 0.987,都超过与其所在同一行或者同一列的所有非对角线元素值,显示各潜在变量为明显不同,具有良好的区别效度。

表 5-50 各构面的信度与效度

变量	题项	因素负荷量	T-Value	AVE	CR	Cronbach`s alpha	Communality
功能价值（PV-FV）	FV1	0.985	169.317	0.958	0.985	0.978	0.958
	FV2	0.975	91.648				
	FV3	0.975	92.341				
社会价值（PV-SV）	SV1	0.936	59.141	0.881	0.958	0.934	0.883
	SV2	0.962	98.427				
	SV3	0.920	49.568				
情感价值（PV-MV）	MV1	0.950	64.459	0.891	0.961	0.939	0.891
	MV2	0.933	43.459				
	MV3	0.949	50.617				
持续使用意愿（CU）	CU1	0.983	104.076	0.974	0.991	0.987	0.974
	CU2	0.993	285.756				
	CU3	0.984	103.248				

表 5-51 变量间的相关系数,区分效度

变量	FV	SV	MV	CU
功能价值（FV）	0.979			
社会价值（SV）	0.500	0.940		
情感价值（MV）	0.401	0.463	0.944	
持续使用意愿（CU）	0.438	0.544	0.493	0.987

（2）感知价值变量的结构模型分析

感知价值的三个变量对持续使用意愿影响的路径系数如表 5-52 和图 5-3 所示,数据结果显示:社会价值对持续使用意愿的影响力最强（路径系数为 0.351,p 值为 0.001 显著）,其次是情感价值（路径系数为 0.267,p 值为 0.01 显著）;功能价值对持续使用意愿不具有显著的影响力。该子模型的 R^2 为 0.375,说明模型具有解释力。

表 5-52 三个变量对持续使用意愿影响的路径系数

	路径系数	T 值	p-Value
功能价值 -> 持续使用意愿（FV -> CU）	0.157	1.53	不显著
情感价值 -> 持续使用意愿（MV -> CU）	0.267	2.84**	显著
社会价值 -> 持续使用意愿（SV -> CU）	0.351	3.97***	显著

*：P<0.05；**：P<0.01；***：P<0.001

图 5-3　感知价值变量对持续使用意愿影响的 PLS 图

5.4.6　结构方程模型分析

（1）感知价值、主观规范和满意度对持续使用意愿有显著正向影响；感知易用性和感知信任对持续使用意愿没有显著正向影响；感知价值对持续使用意愿的影响力最强，其次是主观规范和满意度；感知易用性和感知信任对持续使用意愿不具有显著的影响力。

感知价值对持续使用意愿有显著正向影响，且具有较高的解释能力，这个结果与Zeithaml（1988）的研究结果一致，他认为感知价值是影响消费者对产品或服务忠诚度的关键因素，消费者对产品或服务的感知价值越高，那么他们对该产品或服务的满意度就会越高，消费者再次购买产品或服务的意愿也必然会更强，反之，他们的满意度和再次购买意愿也就会越低。当老年人在初次采纳了社会化网络服务以后，会将使用过程中的体验转变为内在心理的一种评价，并以此来决定是否持续接受服务或使用某项功能。在感知价值三个维度中，社会价值对持续使用意愿的影响力最强，其次是情感价值，而功能价值不具有影响力。这种结果显示，社会化网络服务对老年人而言，更多的作用是与亲戚朋友沟通交流，与社会关系保持联系，也就是说老年人更多的使用社会化网络服务的社交功能，而通过社会化网络服务完成日常生活中的某些具体功能的作用对老年人而言意义并不是很大。情感价值的影响力表明了，在持续使用社会化网络服务以后，老年人对社会化网络服务的依赖性，这种对手机、网络等创新信息技术的依赖性在不同群体都普遍存在，而且随着基于 web2.0 技术的社会化网络服务渗透到人们的生活和商业活动中，人们对于社会化网络服务的依赖会越来越强。

与初次采纳的分析结果一样，社会影响变量对老年人持续使用社会化网络服务意愿不但有直接的影响效果，而且也具有较强的影响力。这种结果与过往文献中的研究也是一致的。例如，在 TAM 模型的后续研究中，社会影响变量的重要性就不断的被证实，特别是对通讯类信息技术采纳意愿的影响作用：电子邮件和移动电话采纳行为研究就显示，当用户发现周围使用电子邮件和移动电话的人数越多，那么他们使用这些通信工具的意愿也就越强；在对老年人使用信息技术行为的研究显示，年轻一代对老年人使用信息技术进行鼓励，会对老年人采纳和持续使用信息技术有显著的正向影响。对老年人而言,主动地去接受类似社会化网络服务这样的创新型信息技术是具有较大挑战性的。老年人的生理和认知能力以及学习能力方面的衰退和障碍也限制了他们主动去学习和挑战新技术的可能性,因此,他们在使用社会化网络服务等创新型信息技术时往往是被动的,是周围的人和环境促使他们去接触和了解社会化网络服务。

Bhattacherjee(2001a)在构建信息系统持续使用模型(ECM-ISC)时,就发现用户的满意度是决定其是否持续使用网络银行系统的关键因素,研究结果显示用户对信息技术的满意度会显著正向的影响用户持续使用信息技术的意愿。其后,很多文献研究也都证实了满意度对持续使用意愿不仅具有正向影响作用,而且是关键影响因素。老年人社会化网络服务持续使用行为的数据分析结果显示,老年人对社会化网络服务的满意度越高,老年人持续使用社会化网络服务的意愿就越强,但满意度并不是最强的影响因素,这一结果与其他文献的实证结果略有不同,这种情况说明,社会化网络的主要受众并不是老年群体,所以社会化网络服务的功能和系统设计都不可能完全符合老年人的生理和心理特征,也不可能完全满足老年人群的信息需求,老年人使用社会化网络服务往往处于被动且别无选择的境地,因此,很容易就能理解为什么满意度变量不是影响老年人持续使用社会化网络服务的最关键因素。

感知易用性和感知信任不具有影响力这个结果与初次采纳的分析结果一致。过往的研究普遍认为:当人们认为信息技术比较容易使用,那么他们会更倾向采纳这种信息技术,如果感觉信息技术较难使用,那么他们就有可能放弃。但是社会化网络服务等创新型信息技术对老年人而言都不是容易使用的,描述性分析的结果都显示,大多数老年人认为社会化网络服务比较复杂,有点难学。可见,大多数情况下,老年人都是被动地接受这种创新型信息技术和网络服务。或许在老年人内心中,他们常常会因为感觉到社会化网络服务比较复杂而不愿接受它,但由于身边的亲人朋友以及周围环境促使他们去了解并接受社会化网络服务。

在不同的研究情境下,感知信任的影响力各不相同。老年人在使用社会化网络服务时,他们其实对社会化网络服务中存在的具体风险了解并不多,也就是说老年人对社会化网络服务风险的认知水平较低。同时,老年人对社会化网络服务的使用,大多数只是停留在基础的应用上,并不会深入使用社会化网络服务的各种功能,类似添加银行账号、转账付款等涉及资金交易类的服务使用频次相对较少,且描述性分析中显示,大多数老年人通过社会化网络服务进行社会联系基本上都局限在自己亲戚朋友等熟人之间,而很少会通过社会化网络服务与陌生人进行交互,因此,这种情况在一定程度上降低了老年人使用社会化网络服务的风险。以上原因使得感知信任对老年人持续使用社会化网络服务并不具有影响力。

(2)感知易用性和期望确认对感知价值有显著正向影响。感知易用性对感知价值的影响力最强,其次是期望确认。

顾客感知价值是感知易用性的进一步诠释,是感知易用性的具体表现。易用性对感知有用性的正向影响作用在很多关于老年人信息技术采纳的研究中都得到了证实，老年人对信息技术及其功能服务的认知有很大的局限性，这种局限性使得老年人对信息技术有用性的认知也不会全面。对老年人而言，信息技术的易用性，是他们对信息技术最直接的感受，因此，当老年人感知信息技术比较容易使用的时候，他们会主观上地认为信息技术是有用的。

技术采纳领域的研究都证实了使用者的确认程度会正向影响知觉有用性，由于初期使用者因为没有任何使用经验也没有任何技术的知识，无法得知使用系统后能否带来什么样的好处。因此，初期用户对于新系统的知觉有用性程度较低且较容易被确认，而当实际使用过系统一段时间后，用户将渐渐确认系统会带来的好处，会逐渐调整原先的期望形成之后的事后期望（即知觉有用性）。

以本研究的情境而言，老年人在持续使用社会化网络服务后，对社会化网络服务会有进一步的认识，从而提升为对社会化网络服务的感知价值。初次采纳时，老年人对社会化网络服务的期望值不会太高，在持续使用后会对初次采纳后的期望进行修正，当期望确认的程度越高，对社会化网络服务的感知价值度也就会越高。

（3）感知价值和期望确认对满意度有显著正向影响。感知价值对满意度的影响力最强，其次是期望确认。

顾客感知价值是用户在使用产品或服务后对产品或服务的各层面进行的总体评估。许多研究也表明，顾客知觉价值是顾客满意的前因变量且顾客感知价值与顾客满意度之间有正向影响关系。Zeithaml（1988）认为感知价值是影响消费者对产品或服务忠诚度的关键因素，消费者对产品或服务的感知价值越高，那么他们对该产品或服务的满意度就会越高，消费者再次购买产品或服务的意愿也必然会更强，反之，他们的满意度和再次购买意愿也就会越低。数据分析结果与相关领域的研究是一致的，当老年人认为可以从使用社会化网络服务的行为中得到好处或是获得有益的帮助，那么他们持续使用社会化网络服务的意愿也就更强，也就是说老年人社会化网络服务的感知价值会正向影响他们的持续使用社会化网络服务的意愿。

期望确认是指用户在使用某种产品或服务一段时间后，对该产品是否达到自己预期的一种主观判断。Bhattacherjee等的研究已经证实确认程度是满意度最主要的预测指标。老年人在使用社会化网络服务过程中也会对各种服务产生一个初始的期望，当老年人真正使用了社会化网络服务后，会根据其在使用过程中的各种主观感受来判断使用社会化网络服务是否达到了预期效益。如果达到了预期的效益，那么期望确认是正向的，反之就是不确认。因此，数据分析结果与相关领域的研究也是一致的，确认程度会直接正向影响到老年人对社会化网络服务的满意度。

5.5　干扰变量的多群组分析

为了更加深入的分析老年人持续使用社会化网络服务的各影响因素，本研究还将性别、年龄、教育程度、职业、居住状况以及生活形态作为干扰变量，依次将样本分组，并用 SmartPLS 软件进行多群组分析，来验证不同群组间路径系数的差异是否具有显著性，显著性的判断采用联合 T 检验的方法。多群组分析的模型是在全模型的基础上分解为以下三个子模型：变量影响持续使用模型、变量影响感知价值模型、感知价值影响持续使用模型。

5.5.1　持续使用模型的多群组分析

图 5-4 是模型变量影响持续使用模型全样本分析结果：

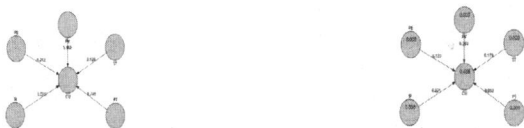

R2=0.488
图 5-4　模型变量影响持续使用模型全样本分析

（一）性别的干扰效果

在性别干扰验证方面，本研究依据样本的性别，区分为男性组（n=86）和女性组（n=100）两个群组进行分析比较。两个群组的 PLS 分析结果如表 5-53 所示，分析结果显示：

（1）老年女性组的分析结果与全样本相同，感知价值、主观规范及满意度对持续使用意愿的影响是显著正相关，即假设 4、假设 7、假设 8 获得支持。与全样本分析结果相比较，老年男性分组只有感知价值对于持续使用意愿具有显著影响，也就是说假设 4 在老年男性分组样本中得到支持；

（2）在模型解释力方面，老年男性组的 R2=0.411，女性组的 R2=0.547，结果显示：研究模型针对老年女性的解释力较男性更强。对于老年男性而言，感知价值对持续使用意愿的影响力最强，其余变量的影响力都较弱；对女性老年人而言，感知价值对持续使用意愿的影响力最强，其次是主观规范和满意度，感知信任和感知易用性对持续使用意愿不具有影响力；

（3）性别分组的路径系数差异性通过联合 T 检定来验证，结果显示：不同性别在主

131 ▶▶

观规范和满意度对持续使用意愿的影响力方面有显著差异，女性更容易受到来自外界的影响。

表 5-53　性别干扰效果的多群组分析

研究假设	路径系数			系数差值	显著性
	全样本	男	女		
感知易用性 -> 持续使用意愿	0.123 n.s	0.216 n.s	0.068 n.s	0.148	0.283 n.s
感知信任 -> 持续使用意愿	−0.062	0.061 n.s	−0.053 n.s	0.114	0.400 n.s
感知价值 -> 持续使用意愿	0.353**	0.461***	0.417***	0.044	0.742 n.s
主观规范 -> 持续使用意愿	0.221**	0.087 n.s	0.310***	−0.223	0.027*
满意度 -> 持续使用意愿	0.179*	−0.050 n.s	0.211**	−0.261	0.014*

注：*p<=0.05，**p<=0.01，***p<=0.001，n.s 表示不显著

（二）年龄的干扰效果

在年龄的干扰分析方面，将样本的年龄数据分为老年低龄组（55-65 岁，n=66）和老年高龄组（65-70，n=120）两个群组进行分析比较。分组比较的 PLS 分析结果如表 5-54所示，分析结果显示：

（1）老年低龄与全样本的分析结果相同，感知价值、主观规范及满意度对持续使用意愿的影响是显著正相关，即假设4、假设7、假设8获得支持；感知易用性和感知信任对持续使用意愿不显著，表明假设6和假设9不成立。与全样本分析结果相比，老年高龄组分析结果显示，感知价值及主观规范对持续使用意愿的影响是显著正相关，即假设4和假设7获得支持，而满意度对持续使用意愿不显著相关，即假设8没有获得支持；

（2）在模型解释力方面，老年低龄组 R2=0.296，老年高龄组 R2=0.517，结果显示年龄越大，研究模型的解释力越强。老年低龄组的分析结果显示，感知价值对持续使用意愿的影响力最强，其次是满意度和主观规范，而感知易用性和感知信任不具有影响力；老年高龄组的分析结果显示，感知价值对持续使用意愿的影响力最强，其次是主观规范，而满意度、感知易用性和感知信任不具有影响力；

（3）分组的路径系数差异性通过联合 t 检定来验证，结果显示老年高龄组和老年低龄组的各路径系数无显著差异。

表 5-54　年龄干扰效果的多群组分析

研究假设	路径系数			系数差值	P 值 显著性
	全样本	老年低龄组	老年高龄组		
感知易用性 -> 持续使用意愿	0.123 n.s	0.065 n.s	0.108 n.s	−0.043	0.756 n.s
感知信任 -> 持续使用意愿	−0.062 n.s	0.092 n.s	−0.129 n.s	0.220	0.077 n.s
感知价值 -> 持续使用意愿	0.353**	0.314**	0.427***	−0.112	0.461 n.s
主观规范 -> 持续使用意愿	0.221**	0.236***	0.187**	0.050	0.578 n.s
满意度 -> 持续使用意愿	0.179*	0.281**	0.135	0.146	0.236 n.s

注：*p<=0.05，**p<=0.01，***p<=0.001，n.s 表示不显著

（三）学历的干扰效果

在学历干扰验证方面，本研究将全样本区分为低学历组（初高中，n=62）和高学历组

(大中专以上,n=124)两个群组进行分析比较。两个群组的PLS分析结果如表5-55所示,分析结果显示:

(1)高学历组的分析结果与全样本相同,感知价值、主观规范及满意度对持续使用意愿的影响是显著正相关,即假设4、假设7、假设8获得支持。与全样本分析结果相比较,低学历组只有感知价值对于持续使用意愿具有显著影响,也就是说只有假设4在低学历组样本中得到支持;

(2)在模型解释力方面,低学历组的R2=0.581,高学历组的R2=0.482,结果显示:研究模型针对低学历组的解释力较高学历组更强。对于低学历组而言,感知价值对持续使用意愿的影响力最强,其余变量的影响力都较弱;对高学历组而言,感知价值对持续使用意愿的影响力最强,其次是主观规范和满意度,感知信任和感知易用性对持续使用意愿不具有影响力;

(3)教育程度分组的路径系数差异性通过联合t检定来验证,结果显示不同教育程度在主观规范对持续使用意愿的影响力方面有显著差异。

表5-55　学历干扰效果的多群组分析

研究假设	路径系数			系数差值	P 值 显著性
	全样本	低学历组	高学历组		
感知易用性 -> 持续使用意愿	$0.123^{n.s}$	$0.181^{n.s}$	$0.149^{n.s}$	0.032	$0.835^{n.s}$
感知信任 -> 持续使用意愿	$-0.062^{n.s}$	$-0.070^{n.s}$	$-0.077^{n.s}$	0.008	$0.952^{n.s}$
感知价值 -> 持续使用意愿	0.353^{**}	0.533^{***}	0.255^{*}	0.278	$0.077^{n.s}$
主观规范 -> 持续使用意愿	0.221^{**}	$0.030^{n.s}$	0.258^{**}	-0.228	0.039^{*}
满意度 -> 持续使用意愿	0.179^{*}	$0.071^{n.s}$	0.255^{***}	-0.184	$0.158^{n.s}$

注:$*p<=0.05$,$**p<=0.01$,$***p<=0.001$,n.s 表示不显著

（四）职业经历的干扰效果

在职业经历的干扰验证方面,本研究将全样本区分为机关事业单位组(n=90)和企业及个体从业组(n=96)两个群组进行分析比较。两个群组的PLS分析结果如表5-56所示,分析结果显示:

(1)机关事业单位组和企业及个体从业组分析结果与全样本相同,即感知价值、主观规范及满意度对持续使用意愿的影响是显著正相关,假设4、假设7、假设8获得支持。感知易用性和感知信任对于持续使用意愿不具有显著影响,即假设6和假设9未获得支持;

(2)在模型解释力方面,机关事业单位组的R2=0.467,企业及个体从业组的R2=0.653,结果显示:研究模型针对企业及个体从业组的解释力比机关事业单位组更强。对于企业及个体从业组而言,感知价值对持续使用意愿的影响力最强,其次是主观规范和满意度;对于机关事业单位组而言,感知价值、主观规范和满意度对持续使用意愿的影响力基本相同;

(3)职业经历分组的路径系数差异性通过联合T检定来验证,结果显示不同职业经

历各变量对持续使用意愿的影响力方面没有显著差异。

表 5-56 职业经历干扰效果的多群组分析

研究假设	路径系数			系数差值	显著性
	全样本	机关事业单位	企业个体从业		
感知易用性 -> 持续使用意愿	$0.123^{n.s}$	$0.282^{n.s}$	-0.026^{**}	0.308	0.034^{*}
感知信任 -> 持续使用意愿	$-0.062^{n.s}$	$-0.200^{n.s}$	$0.028^{n.s}$	-0.228	$0.109^{n.s}$
感知价值 -> 持续使用意愿	0.353^{**}	0.206^{***}	$0.496^{n.s}$	-0.290	$0.058^{n.s}$
主观规范 -> 持续使用意愿	0.221^{**}	0.221^{**}	0.237^{**}	-0.016	$0.867^{n.s}$
满意度 -> 持续使用意愿	0.179^{*}	0.221^{**}	0.183^{**}	0.038	$0.745^{n.s}$

注：$*p<=0.05$，$**p<=0.01$，$***p<=0.001$，n.s 表示不显著

（五）居住状态的干扰效果

在居住状态的干扰验证方面，本研究将全样本区分为子女同住组（n=76）、夫妻同住组（n=90）和独居组（n=20）三个群组进行两两比较分析。两个群组的 PLS 分析结果如表 5-57 所示，分析结果显示：

（1）夫妻同住组分析结果与全样本相同，即感知价值、主观规范及满意度对持续使用意愿的影响是显著正相关，假设 4、假设 7、假设 8 获得支持。感知易用性和感知信任对于持续使用意愿不具有显著影响，即假设 6 和假设 9 未获得支持；与全样本分析结果比较，子女同住组的分析结果显示，感知价值和主观规范对持续使用意愿的影响是显著正相关，假设 4 和假设 7 获得支持，感知易用性、感知信任及满意度对于持续使用意愿不具有显著影响，即假设 6、假设 8 和假设 9 未获得支持；独居组分析结果显示，感知易用性、感知信任及满意度对于持续使用意愿具有显著影响，即假设 6、假设 8 和假设 9 获得支持；感知价值和主观规范对持续使用意愿的影响不显著相关，假设 4 和假设 7 未获得支持。

（2）在模型解释力方面，子女同住组的 R2=0.476，夫妻同住组的 R2=0.551，独居组的 R2=0.526，结果显示：研究模型针对夫妻同住组的解释力最强，其次是独居组和子女同住组。对于子女同住在组而言，感知价值对持续使用意愿的影响力最强，其次是主观规范；对于夫妻同住组而言，感知价值对持续使用意愿的影响力最强，其次是主观规范和满意度；对于独居组而言，感知易用性对持续使用意愿的影响力最强，其次是满意度和感知信任；

（3）居住状态分组的路径系数差异性通过联合 t 检定来验证，结果显示子女居住组与夫妻同住组的路径系数没有显著差异。子女居住组与独居组以及夫妻同住组与独居组的路径系数在感知价值、主观规范和感知信任方面没有显著差异。

表5-57　居住状态干扰效果的多群组分析

研究假设	路径系数				系数差值		显著性
	全样本	1.子女同住	2.夫妻同住	3.独居			
感知易用性 -> 持续使用意愿	0.123 n.s	0.095 n.s	0.159 n.s	0.355*	1-2	-0.064	0.654 n.s
					1-3	-0.260	0.142 n.s
					2-3	-0.196	0.273 n.s
感知信任 -> 持续使用意愿	-0.062 n.s	0.055 n.s	-0.064 n.s	-0.721***	1-2	0.119	0.366 n.s
					1-3	0.776	0.000***
					2-3	0.657	0.000***
感知价值 -> 持续使用意愿	0.353**	0.438***	0.342***	-0.150 n.s	1-2	0.097	0.522 n.s
					1-3	0.589	0.005**
					2-3	0.492	0.015**
主观规范 -> 持续使用意愿	0.221**	0.277***	0.220**	0.016 n.s	1-2	0.057	0.578 n.s
					1-3	0.262	0.001***
					2-3	0.205	0.010**
满意度 -> 持续使用意愿	0.179*	0.121 n.s	0.221**	0.222***	1-2	-0.100	0.420 n.s
					1-3	-0.100	0.349 n.s
					2-3	-0.001	0.995 n.s

注：*p<=0.05，**p<=0.01，***p<=0.001，n.s表示不显著

（六）生活形态的干扰效果

在生活形态的干扰方面，将样本数据区分为家庭居住型组（n=88）、积极活跃型组（n=66）和孤立保守型组（n=32）三个群组进行两两分析比较。分组比较的PLS分析结果如表5-58所示，分析结果显示：

（1）与全样本数据分析结果比较，家庭居住组分析结果显示，感知价值和主观规范对持续使用意愿的影响是显著正相关，假设4和假设7获得支持，感知易用性、感知信任及满意度对于持续使用意愿不具有显著影响，即假设6、假设8和假设9未获得支持；社交扩展组和孤立保守组分析数据显示，除主观规范对持续使用意愿的影响不具有显著相关，即假设8未获得支持，其他变量对于持续使用意愿的影响均具有显著相关，即假设4、假设6、假设7和假设9获得支持；

（2）在模型解释力方面，家庭居住组的R2=0.326，社交扩展组的R2=0.467，孤立保守组的R2=0.756，结果显示：研究模型对孤立保守组的解释力最强，其次是社交扩展组和家庭居住组。对于家庭居住组而言，感知价值对持续使用意愿的影响力最强，其次是主观规范；对于社交扩展组而言，满意度对持续使用意愿的影响力最强，其次是感知价值、感知易用性和感知信任；对于孤立保守组而言，感知价值对持续使用意愿的影响力最强，其次是感知易用性、满意度和感知信任；

（3）生活形态分组的路径系数差异性通过联合T检验来验证，分析结果显示家庭居住组与社交扩展组的路径系数在感知易用性、满意度和感知信任方面显著差异；家庭居住组与孤立保守组的路径系数在感知价值、满意度和感知信任方面显著差异；社交扩展组与孤立保守组的路径系数在感知价值和感知易用性方面显著差异。

表5-58 生活形态干扰效果的多群组分析

研究假设	路径系数				系数差值		显著性
	全样本	1. 家庭居住	2. 社交扩展	3. 孤立保守			
感知易用性 -> 持续使用意愿	$0.123^{n.s}$	$-0.089^{n.s}$	0.257^{**}	-0.528^{**}	1-2	-0.346	0.019^{*}
					1-3	0.438	0.028^{*}
					2-3	0.784	0.000^{***}
感知信任 -> 持续使用意愿	$-0.062^{n.s}$	$-0.179^{n.s}$	0.224^{**}	-0.393^{***}	1-2	-0.402	0.023^{*}
					1-3	0.214	$0.195^{n.s}$
					2-3	0.616	0.000^{***}
感知价值 -> 持续使用意愿	0.353^{**}	0.444^{***}	0.290^{**}	0.921^{***}	1-2	0.155	$0.315^{n.s}$
					1-3	-0.477	0.021^{*}
					2-3	-0.632	0.001^{**}
主观规范 -> 持续使用意愿	0.221^{**}	0.219^{**}	$0.167^{n.s}$	$0.071^{n.s}$	1-2	0.052	$0.671^{n.s}$
					1-3	0.147	$0.168^{n.s}$
					2-3	0.095	$0.370^{n.s}$
满意度 -> 持续使用意愿	0.179^{*}	$0.050^{n.s}$	0.333^{***}	0.234^{**}	1-2	-0.283	0.041^{*}
					1-3	-0.184	$0.169^{n.s}$
					2-3	0.099	$0.375^{n.s}$

注：$*p<=0.05$，$**p<=0.01$，$***p<=0.001$，n.s 表示不显著

5.5.2 感知价值模型的多群组分析

顾客感知价值是二阶模型，所以在全模型的基础上分解3个顾客感知价值相关模型，分别对这三个模型进行多群组分析。模型1：顾客感知价值对 CU 影响模型；模型2：CF 及 PE 对顾客感知价值影响模型，R^2 是 0.395。

图5-4 感知价值模型的多群组分析

（一）性别的干扰效果

在性别干扰验证方面，本研究依据样本的性别，区分为男性组（n=86）和女性组（n=100）两个群组进行分析比较。两个群组的 PLS 分析结果如图5-4和表5-59所示，分析结果显示：

（1）老年男性组的分析结果与全样本相同，情感价值和社会价值对持续使用意愿的影响是显著正相关。与全样本分析结果相比较，老年女性分组的分析结果显示，功能价值、情感价值和社会价值对于持续使用意愿均具有显著影响；

（2）在模型解释力方面，老年男性组的R2=0.492，女性组的R2=0.369，结果显示：研究模型针对老年男性的解释力较老年女性更强。对于老年男性而言，社会价值对持续使用意愿的影响力最强，其次是情感价值，而功能价值不具有影响力；对女性老年人而言，功能价值对持续使用意愿的影响力最强，其次是社交价值和情感价值；

（3）性别分组的路径系数差异性通过联合t检定来验证，结果显示不同性别在功能价值和社会价值对持续使用意愿的影响力方面有显著差异。

表 5.59 性别干扰效果的多群组分析

研究假设	路径系数			系数差值	显著性
	全样本	男	女		
功能价值 -> 持续使用意愿	0.157$^{n.s}$	−0.360***	0.381***	−0.740	0.000***
情感价值 -> 持续使用意愿	0.267**	0.436***	0.233**	0.204	0.085$^{n.s}$
社会价值 -> 持续使用意愿	0.351**	0.532***	0.285***	0.248	0.021**

注：*p<=0.05，**p<=0.01，***p<=0.001，n.s 表示不显著

（二）年龄的干扰分析

在年龄的干扰分析方面，将样本的年龄数据分为老年低龄组（55-65岁，n=66）和老年高龄组（65-70，n=120）两个群组进行分析比较。分组比较的PLS分析结果如表5-60所示，分析结果显示：

（1）老年高龄组与全样本的分析结果相同，情感价值和社会价值对持续使用意愿的影响是显著正相关，而功能价值不具有影响力。与全样本分析结果相比，老年低龄组分析结果显示，功能价值对持续使用意愿的影响是显著正相关，而情感价值和社会价值对持续使用意愿不显著相关；

（2）在模型解释力方面，老年低龄组的R2=0.124，老年高龄组的R2=0.475，结果显示：年龄越大，研究模型的解释力越强。老年低龄组的分析结果显示，功能价值对持续使用意愿的影响力较强；老年高龄组的分析结果显示，社会价值对持续使用意愿的影响力最强，其次是情感价值；

（3）分组的路径系数差异性通过联合t检定来验证，结果显示老年高龄组和老年低龄组的各路径系数无显著差异。

表 5.60 年龄干扰效果的多群组分析

研究假设	路径系数			系数差值	P 值 显著性
	全样本	老年低龄组	老年高龄组		
功能价值 -> 持续使用意愿	0.157$^{n.s}$	0.245*	0.044$^{n.s}$	0.201	0.157$^{n.s}$
情感价值 -> 持续使用意愿	0.267**	0.132$^{n.s}$	0.239*	−0.107	0.442$^{n.s}$
社会价值 -> 持续使用意愿	0.351**	0.146$^{n.s}$	0.504***	−0.357	0.107$^{n.s}$

注：*p<=0.05，**p<=0.01，***p<=0.001，n.s 表示不显著

（三）教育程度的干扰分析

在学历干扰验证方面，本研究将全样本区分为低学历组（初高中，n=62）和高学历组（大中专以上，n=124)两个群组进行分析比较。两个群组的PLS分析结果如表5-61所示，

分析结果显示：

（1）低学历组的分析结果与全样本的分析结果相同，情感价值和社会价值对持续使用意愿的影响是显著正相关。高学历组的功能价值、情感价值和社会价值都对持续使用意愿的影响是显著正相关；

（2）在模型解释力方面，低学历组的 $R^2=0.344$，高学历组的 $R^2=0.551$，结果显示：研究模型针对高学历组的解释力较低学历组更强。对于低学历组而言，社会价值对持续使用意愿的影响力最强，其次是情感价值；对高学历组而言，社会价值和情感价值对持续使用意愿的影响力最强，其次是功能价值；

（3）教育程度分组的路径系数差异性通过联合 t 检定来验证，结果显示不同教育程度的各路径系数无显著差异。

表　5.61　教育程度干扰效果的多群组分析

研究假设	路径系数			系数差值	P 值 显著性
	全样本	低学历	高学历		
功能价值 –> 持续使用意愿	$0.157^{n.s}$	$0.149^{n.s}$	0.224^{**}	0.076	$0.585^{n.s}$
情感价值 –> 持续使用意愿	0.267^{**}	0.227^{*}	0.357^{***}	0.131	$0.309^{n.s}$
社会价值 –> 持续使用意愿	0.351^{**}	0.352^{**}	0.340^{***}	−0.012	$0.913^{n.s}$

注：$*p<=0.05$，$**p<=0.01$，$***p<=0.001$，n.s 表示不显著

（四）职业经历的干扰分析

在职业经历的干扰验证方面，本研究将全样本区分为机关事业单位组（n=90）和企业及个体从业组（n=96）两个群组进行分析比较。两个群组的 PLS 分析结果如表 5-62 所示，分析结果显示：

（1）机关事业单位组和企业及个体从业组分析结果与全样本相同，即情感价值和社会价值对持续使用意愿的影响是显著正相关，而功能价值对于持续使用意愿不具有显著影响；

（2）在模型解释力方面，机关事业单位组的 $R^2=0.322$，企业及个体从业组的 $R^2=0.488$，结果显示：研究模型针对企业及个体从业组的解释力比机关事业单位组更强。对于企业及个体从业组而言，社会价值对持续使用意愿的影响力最强，其次是情感价值；对于机关事业单位组而言，情感价值对持续使用意愿的影响力高于社会价值；

（3）职业经历分组的路径系数差异性通过联合 t 检定来验证，结果显示不同职业经历各变量对持续使用意愿的影响力方面没有显著差异。

表 5.62　职业经历干扰效果的多群组分析

研究假设	路径系数			系数差值	显著性
	全样本	机关事业单位	企业个体从业		
功能价值 –> 持续使用意愿	$0.157^{n.s}$	$0.080^{n.s}$	$0.194^{n.s}$	−0.114	$0.441^{n.s}$
情感价值 –> 持续使用意愿	0.267^{**}	0.324^{**}	0.236^{*}	0.088	$0.491^{n.s}$
社会价值 –> 持续使用意愿	0.351^{**}	0.273^{**}	0.421^{***}	−0.147	$0.245^{n.s}$

注：$*p<=0.05$，$**p<=0.01$，$***p<=0.001$，n.s 表示不显著

（五）居住状态

在居住状态的干扰验证方面，本研究将全样本区分为子女同住组（n=76）、夫妻同住组（n=90）和独居组（n=20）三个群组进行两两比较分析。两个群组的 PLS 分析结果如表 5-63 所示，分析结果显示：

（1）夫妻同住组分析结果与全样本相同，即情感价值和社会价值对持续使用意愿的影响是显著正相关，而功能价值对于持续使用意愿不具有显著影响。子女同住组和独居组的分析结果显示，功能价值、情感价值和社会价值对持续使用意愿的影响都具有显著影响；

（2）在模型解释力方面，子女同住组的 $R^2=0.366$，夫妻同住组的 $R^2=0.446$，独居组的 $R^2=0.339$，结果显示：研究模型针对夫妻同住组的解释力最强，其次是子女同住组和独居组。对于子女同住和独居组而言，社会价值和情感价值对持续使用意愿的影响力最强，其次是功能价值；对于夫妻同住组而言，也是社会价值对持续使用意愿的影响力最强，其次是情感价值；

（3）居住状态分组的路径系数差异性通过联合 T 检验来验证，结果显示子女居住组与夫妻同住组的路径系数没有显著差异；子女居住组与独居组的路径系数在功能价值和情感价值方面有显著性；夫妻同住组与独居组的路径系数在功能价值方面具有显著差异。

表 5.63 居住状态干扰效果的多群组分析

研究假设	路径系数				系数差值		显著性
	全样本	1. 子女同住	2. 夫妻同住	3. 独居			
功能价值 -> 持续使用意愿	$0.157^{n.s}$	0.212^*	$0.153^{n.s}$	-0.543^{***}	1-2	0.059	$0.681^{n.s}$
					1-3	0.754	0.000^{***}
					2-3	0.695	0.000^{***}
情感价值 -> 持续使用意愿	0.267^{**}	0.201^{**}	0.307^{**}	0.499^{***}	1-2	-0.107	$0.369^{n.s}$
					1-3	-0.298	0.039^*
					2-3	-0.192	$0.211^{n.s}$
社会价值 -> 持续使用意愿	0.351^{**}	0.362^{***}	0.372^{***}	-0.483^{**}	1-2	-0.010	$0.934^{n.s}$
					1-3	-0.120	$0.471^{n.s}$
					2-3	-0.111	$0.510^{n.s}$

注：$*p<=0.05$，$**p<=0.01$，$***p<=0.001$，n.s 表示不显著

（六）生活形态

在生活形态的干扰方面，将样本数据区分为家庭居住型组（n=88）、积极活跃型组（n=66）和孤立保守型组（n=32）三个群组进行两两分析比较。分组比较的 PLS 分析结

果如表 5-64 所示,分析结果显示:

(1)家庭居住组分析结果与全样本数据分析结果相同,即情感价值和社会价值对持续使用意愿的影响是显著正相关,而功能价值对于持续使用意愿不具有显著影响;社交扩展组分析数据显示,功能价值和社会对于持续使用意愿具有显著影响,情感价值对持续使用意愿的影响都不具有显著性;孤立保守组分析数据显示,功能价值、情感价值和社会价值对持续使用意愿的影响都是显著相关;

(2)在模型解释力方面,家庭居住组的 $R^2=0.285$,社交扩展组的 $R^2=0.144$,孤立保守组的 $R^2=0.46$,结果显示:研究模型对孤立保守组的解释力最强,其次是家庭居住组,而对社交扩展组的解释力最弱。对于家庭居住组而言,情感价值对持续使用意愿的影响力最强,其次是社会价值;对于社交扩展组而言,只有功能价值对持续使用意愿具有解释力;对于孤立保守组而言,情感价值对持续使用意愿的影响力最强,其次是社会价值和功能价值;

(3)生活形态分组的路径系数差异性通过联合 T 检定来验证,结果显示家庭居住组与社交扩展组的路径系数在情感价值方面显著差异;家庭居住组与孤立保守组的路径系数没有显著差异;社交扩展组与孤立保守组的路径系数在情感价值和社会价值方面有显著差异。

表 5-64　生活形态干扰效果的多群组分析

研究假设	路径系数				系数差值		显著性
	全样本	1.家庭居住	2.社交扩展	3.孤立保守			
功能价值 -> 持续使用意愿	$0.157^{n.s}$	$0.030^{n.s}$	0.282^{**}	0.217^{**}	1-2	-0.252	$0.084^{n.s}$
					1-3	-0.188	$0.088^{n.s}$
					2-3	0.064	$0.634^{n.s}$
情感价值 -> 持续使用意愿	0.267^{**}	0.337^{***}	$0.081^{n.s}$	0.321^{***}	1-2	0.256	0.038^{*}
					1-3	0.016	$0.434^{n.s}$
					2-3	-0.240	0.044^{*}
社会价值 -> 持续使用意愿	0.351^{**}	0.287^{***}	$0.125^{n.s}$	0.425^{***}	1-2	0.162	$0.174^{n.s}$
					1-3	-0.138	$0.125^{n.s}$
					2-3	-0.300	0.024^{*}

注:$*p<=0.05$,$**p<=0.01$,$***p<=0.001$,n.s 表示不显著

5.6　本章小结

本章节的主要目的是通过实证研究的方法,对老年人群持续使用社会化网络服务的影响因素进行分析,探讨老年人持续使用社会化网络服务的影响因素,分析这些因素对老年人持续使用社会化网络服务的影响力,分析人口统计变量及生活形态等外部变量在老年人持续使用社会化网络服务中的作用,探讨老年人持续使用社会化网络服务的行为状况。

　　从描述性统计分析结果可以看出，老年人在持续使用阶段选择的主要社会化网络服务功能这与初次采纳时的数据结果类似，依然是使用即时通讯服务的老年人居多，说明了不管是在初次采纳还是持续使用阶段，即时通讯服务都是老年人经常使用的主要社会化网络服务功能，其次是访问资讯及生活服务类网站，而老年人社交网站和博客类网站相对使用较少。使用社会化网络服务的主要目的还是跟家人朋友进行沟通交流以及分享信息，游戏娱乐等休闲娱乐也是老年人经常性的活动，进行缴费和理财的活动相对较少。

　　人口统计变量对社会化网络服务使用状况的相关性分析结果显示，人口统计变量与社会化网络服务使用状况有较强的相关性，特别不同性别和不同年龄段的老年人在社会化网络服务使用方面差异性还是比较大的。

　　结构化方程模型分析得出：感知价值对持续使用意愿、主观规范对持续使用意愿和满意度对持续使用意愿为显著正相关，表明假设4、假设8和假设7成立；感知易用性和感知信任对持续使用意愿的相关性不显著，表明假设6和假设9不成立；期望确认对感知价值和满意度为显著正相关，表明假设2和假设1；感知易用性对感知价值显著正相关，表明假设5成立；感知价值对满意度显著正相关，表明假设3成立。模型的R2值为0.482，表明研究模型具有较好的解释能力。分析结果显示，感知价值对持续使用意愿的影响力最强，其次是主观规范和满意度。感知易用性和感知信任对持续使用意愿不具有显著的影响力。

6 英国老年人使用社会化网络服务的影响因素分析

英国是老牌的发达资本主义国家的代表，也是老龄问题比较突出的西方国家之一，预计在 2020 年，英国将有 25% 的人口进入 65 岁以上年龄。同时，英国也是信息化程度相当较高以及信息技术应用相当完备的西方发达国家之一。近几十年来，英国政府和民间在信息技术发展和应用方面都投入了相当多的资金，他们认为，信息技术可以帮助老年人更加独立的生活，提升他们的生活质量。因此，对西方发达国家老年人社会化网络服务使用状况以及影响因素进行分析，可以进一步了解在社会化网络环境下老年人的信息行为。同时，通过比较两个不同发展阶段国家老年人使用社会化网络服务的行为，也能为中国在构建面向老年人的网络信息服务建设方面提供借鉴。本章节研究目标有两个方面：一方面是通过实证分析，探究西方国家老年人初次采纳和持续使用社会化网络服务的影响因素；另一方面是通过数据比较，分析中英国老年人初次采纳和持续使用社会化网络服务的共同点和差异性。

6.1 研究设计

本部分的实证研究在英国进行，采用了问卷调查的方法，对回收的问卷进行整理，并对模型假设进行验证。为保证数据结果的可比较性，在英国进行的实证研究问卷以及分析方法都与国内进行实证研究的问卷和分析方法基本一致。

（1）研究模型

因为本章节的主要目是探究西方国家老年人初次采纳和持续使用社会化网络服务的影响因素，并与中国老年人的行为进行比较，所以，研究模型依然参与第四、五章节所使用的初次采纳和持续使用模型。考虑到英国的文化背景以及数据采集的便利性，人口统计变量方面我们只考虑了性别和年龄。

（2）样本选择及问卷发放

英国的城乡差别并不是很大，所以样本收集时没有考虑地域的差别，样本对象的年龄定位在 55 岁到 75 岁之间，样本对象必须是有一定的网络使用经历。问卷都是采用纸质问卷，问卷一般都是当场填写并提交。对于填写有一定困难的，我们会给予一定的指导说明。我们选择老年人群出现较多的咖啡厅、图书馆和城镇中心作为问卷发放的主要地点。本研究的主持人在英国做访问学者 1 年，因此还有一部分的问卷是通过所在大学的学生给自己的长辈填写以及通过所在大学的本地教师帮助发放问卷,研究主持人通过假期在英国各地及大学游学的机会发放问卷。调查问卷与国内研究的问卷大致相同,问卷翻译成英文。具体见附录 A。

问卷的调查时间为 2017 年 2 月至 2017 年 12 月,共为期 10 个月。最终共发放问卷 128 份,将没有填写完整或者存在明显地错误的问卷剔除,最终有效问卷为 117 份,其中关于老年人初次采纳社会化网络服务的问卷有 63 份,关于老年人持续使用社会化网络服务的问卷有 54 份。

(3)数据分析方法

收集到的样本数据将进行独立样本 T 检验、单因子方差分析和结构方程分析。

6.2 英国老年人社会化网络服务初次采纳模型分析

6.2.1 样本描述性统计分析

(一)频次分析

表 6-1 人口统计变量频次分析

变量	分类	人数(n=63)	百分比(%)
性别	男	28	44
	女	35	56
年龄	55–65	35	55.6
	65–70	18	28.6
	70 以上	10	15.9
教育程度	未受高等教育	25	40
	受过高等教育	38	60

从表 6-1 中可以看出:性别方面来看,男性受访者为 28 人,占总样本 44%,女性 35 人占总样本 56%,女性略多于男性;在年龄方面,55 至 65 岁共有 35 人,占总样本 55.6%,65 至 70 岁有 18 人,占总样本 28.6%,70 以上有 10 人,占总样本 15.9%;在教育程度方面,未受过高等教育者为 25 人,占总样本 40%,受过高等教育者 38 人,占总样本 60%。

(二)社会化网络服务使用情况描述性统计

(1)通过什么途径了解和接触到社会化网络服务?

表 6-2 了解和接触到社会化网络服务的途径

分类	人数(n=63)	百分比(%)
家人或朋友	32	50.8
工作过程中	20	31.7
社会机构(老年大学或图书馆)	11	17.5

从表 6-2 可以看出,大多数老年人都是通过家人或朋友介绍,才开始了解和使用社会

化网络服务工具的，也有许多老年人是在曾经的工作中接触和了解社会化网络服务的，老年培训等社会机构及商业宣传对老年人了解和使用社会化网络服务的影响并不大。

（2）您主要使用哪种类型的社会化网络服务，是否经常使用？

表6-3　使用社会化网络服务的类型及频次

分类	类别	人数（n=63）	百分比（%）
即时通讯服务 （如 Twitter、Whatapp 等）	经常	29	46
	偶尔	31	49.2
	从不	3	4.8
老年人社交类网站 （如 Silversurfers 等）	经常	0	0
	偶尔	26	41.3
	从不	37	58.7
博客、评论类网络服务 （Facebook 等）	经常	8	12.7
	偶尔	36	57.1
	从不	19	30.2
资讯及生活服务类网站 （如 Amazon， Youtobe 等）	经常	24	38.1
	偶尔	36	57.1
	从不	3	4.8

从表6-3可以看出，大多数老年人主要使用即时通讯类服务，而且使用的频率也较大，其次就是访问资讯和生活服务类网站；而在年轻人中较为流行的博客、论坛以及社交类网络服务，老年人使用的相对较少。

（3）使用社会化网络服务的主要工具？

表6-4　使用社会化网络服务的主要工具

类别	人数（n=63）	百分比（%）
智能手机	13	21%
平板	20	32%
电脑	30	48%

表6-4显示，大多数英国老年人都是用电脑来使用社会化网络服务。

（4）在使用社会化网络服务时经常做哪些事情？

表6-5　使用社会化网络服务工具时经常做哪些事情

分类	类别	人数（n=63）	百分比（%）
沟通交流，分享信息和照片	经常	24	38.1
	偶尔	30	47.6
	从不	9	14.3
游戏休闲娱乐	经常	11	17.5
	偶尔	24	38.1
	从不	28	44.4
缴费、理财等	经常	8	12.7
	偶尔	42	66.7
	从不	13	20.6
观看视频、新闻等获取信息	经常	29	46
	偶尔	30	47.6
	从不	4	6.3

从表6-5可以看出，使用社会化网络工具进行沟通交流分享信息以及观看新闻获取信息以及观看视频是老年人经常性的活动，游戏娱乐以及进行缴费和理财的活动相对较少。

（5）您在使用 Twitter 等即时通信工具的时候主要跟谁联系？

表6-6 使用即时通信工具的主要联系人及频次？

分类	类别	人数（n=63）	百分比（%）
家人和亲戚	经常	33	52.4
	偶尔	28	44.4
	从不	2	3.2
朋友和同事	经常	16	25.4
	偶尔	42	66.7
	从不	5	7.9
陌生人	经常	1	1.6
	偶尔	7	11.1
	从不	55	87.3

从表6-6可以看出，在使用社会化网络服务工具进行沟通交流方面，老年人主要还是跟家人和亲戚进行联系，其次是朋友同学和老同事，跟陌生人联系交流的老年人相对较少。

（三）人口统计变量对社会化网络服务使用状况的卡方检验

卡方检验是一种量化资料的假设检验方法，属于非参数检验，主要是对两个分类变量的关联性进行分析，如果卡方值具有显著性，说明这两个分类变量具有相关性。

（1）性别与社会化网络服务使用状况的相关性分析

表6-7 使用不同类型社会化网络服务的频次

变量	即时通讯服务（如 Twitter 等）			Pearson 卡方值	显著性（双尾）
	经常	偶尔	从不		
男	14（50.0%）	13（46.4%）	1（3.6%）	0.401	0.818 不显著
女	15（42.9%）	18（51.4%）	2（5.7%）		
变量	老年人社交类网站（如 Silversurfs 等）			Pearson 卡方值	显著性（双尾）
	经常	偶尔	从不		
男	0	14（50%）	14（50%）	1.585	0.208 不显著
女	0	12（34.3%）	23（65.7%）		
变量	博客、评论类网络服务（如 Facebook 等）			Pearson 卡方值	显著性（双尾）
	经常	偶尔	从不		
男	7（25.0%）	11（39.3%）	10（35.7%）	9.335	0.009 显著
女	1（2.9%）	25（71.4%）	9（25.7%）		
变量	资讯及生活服务类网站（Youtobe 等）			Pearson 卡方值	显著性（双尾）
	经常	偶尔	从不		
男	11（39.32%）	15（53.6%）	2（7.1%）	0.731	0.694 不显著
女	13（37.1%）	21（60%）	1（2.9%）		

表6-8 使用不同社会化网络服务功能的频次

变量	沟通交流，分享信息和照片			Pearson 卡方值	显著性（双尾）
	经常	偶尔	从不		
男	12（42.9%）	12（42.9%）	4（14.3%）	0.540	0.763 不显著
女	12（34.3%）	18（51.4%）	5（14.3%）		
变量	游戏娱乐			Pearson 卡方值	显著性（双尾）
	经常	偶尔	从不		
男	5（17.9%）	12（42.9%）	11（39.3%）	0.606	0.738 不显著
女	6（17.1%）	12（34.3%）	17（48.6%）		
变量	缴费、理财等			Pearson 卡方值	显著性（双尾）
	经常	偶尔	从不		

续表

				Pearson 卡方值	显著性（双尾）
男	6（21.4%）	18（64.3%）	4（14.3%）	4.052	0.132 不显著
女	2（5.7%）	24（68.6%）	9（25.7%）		
变量	观看视频、新闻等获取信息			Pearson 卡方值	显著性（双尾）
	经常	偶尔	从不		
男	13（46.4%）	14（50.0%）	1（3.6%）	0.674	0.714 不显著
女	16（45.7%）	16（45.7%）	3（8.6%）		

表6-9　通过社会化网络服务与亲戚朋友等联系的频次

变量	家人和亲戚			Pearson 卡方值	显著性（双尾）
	经常	偶尔	从不		
男	16（57.1%）	12（42.9%）	0	1.847	0.397 不显著
女	17（48.6%）	16（45.7%）	2（5.7%）		
变量	朋友和同事			Pearson 卡方值	显著性（双尾）
	经常	偶尔	从不		
男	8（28.6%）	20（71.4%）	0	4.371	0.112 不显著
女	8（22.9%）	22（62.9%）	5（14.3%）		
变量	陌生人			Pearson 卡方值	显著性（双尾）
	经常	偶尔	从不		
男	1（3.6%）	4（14.3%）	23（82.1%）	1.861	0.394 不显著
女	0	3（8.6%）	32（91.4%）		

分析：从性别与社会化网络服务使用状况的卡方检验可以得出：①在使用不同类型社会化网络服务的频次方面，性别只是在使用博客、评论类网络服务（如 Facebook 等）有显著差异的，从上表可以看出老年男性使用的频次比老年女性要高；②性别在使用不同社会化网络服务功能的频次方面不具有显著相关性；③不同性别在通过社会化网络服务与亲戚朋友等联系的频次方面也不具有显著相关性。

（2）年龄与社会化网络服务使用状况的相关性分析

表6-10　使用不同类型社会化网络服务的频次

变量	即时通讯服务（如 Twitter 等）			Pearson 卡方值	显著性（双尾）
	经常	偶尔	从不		
55-65	25（71.4%）	9（25.7%）	1（2.9%）	26.563	0.000 显著
65-70	4（22.2%）	14（77.8%）	0		
70以上	0	8（80.0%）	2（20.0%）		
变量	老年人社交类网站（如 Silversurfs 等）			Pearson 卡方值	显著性（双尾）
	经常	偶尔	从不		
55-65	0	20（57.1%）	15（42.9%）	9.024	0.011 显著
65-70	0	5（27.8%）	13（72.2%）		
70以上	0	1（10.0%）	9（90.0%）		
变量	博客、评论类网络服务（如 Facebook 等）			Pearson 卡方值	显著性（双尾）
	经常	偶尔	从不		
55-65	8（22.9%）	20（57.1%）	7（20.0%）	9.497	0.05 显著
65-70	0	11（61.1%）	7（38.9%）		
70以上	0	5（50.0%）	5（50.0%）		
变量	资讯及生活服务类网站			Pearson 卡方值	显著性（双尾）
	经常	偶尔	从不		
55-65	22（62.9%）	13（37.1%）	0	24.975	0.000 显著
65-70	2（11.1%）	15（83.3%）	1（5.6%）		
70以上	0	8（80.0%）	2（20.0%）		

表6-11 使用不同社会化网络服务功能的频次

变量	沟通交流，分享信息和照片			Pearson 卡方值	显著性（双尾）
	经常	偶尔	从不		
55-65	23（65.7%）	12（34.3%）	0	61.356	0.000 显著
65-70	1（5.6%）	16（88.9%）	1（5.6%）		
70以上	0	2（20.0%）	8（80.0%）		
变量	游戏娱乐			Pearson 卡方值	显著性（双尾）
	经常	偶尔	从不		
55-65	10（28.6%）	16（45.7%）	9（25.7%）	13.914	0.008 显著
65-70	1（5.6%）	6（33.3%）	11（61.1%）		
70以上	0	2（20.0%）	8（80.0%）		
变量	缴费、理财等			Pearson 卡方值	显著性（双尾）
	经常	偶尔	从不		
55-65	8（22.9%）	25（71.4%）	2（5.7%）	24.477	0.000 显著
65-70	0	14（77.8%）	4（22.2%）		
70以上	0	3（30.0%）	7（70.0%）		
变量	观看视频、新闻等获取信息			Pearson 卡方值	显著性（双尾）
	经常	偶尔	从不		
55-65	25（71.4%）	9（25.7%）	1（2.9%）	30.366	0.000 显著
65-70	4（22.2%）	14（77.8%）	0		
70以上	0	7（70.0%）	3（30.0%）		

表6-12 通过社会化网络服务与亲戚朋友等联系的频次

变量	家人和亲戚			Pearson 卡方值	显著性（双尾）
	经常	偶尔	从不		
55-65	28（80.0%）	7（20.0%）	0	33.690	0.000 显著
65-70	5（27.8%）	13（72.2%）	0		
70以上	0	8（80.0%）	2（20.0%）		
变量	朋友和同事			Pearson 卡方值	显著性（双尾）
	经常	偶尔	从不		
55-65	15（42.9%）	20（57.1%）	0	39.007	0.000 显著
65-70	1（5.6%）	17（94.4%）	0		
70以上	0	5（50.0%）	5（50.0%）		
变量	陌生人			Pearson 卡方值	显著性（双尾）
	经常	偶尔	从不		
55-65	1（2.9%）	7（20.0%）	27（77.1%）	7.331	0.119 不显著
65-70	0	0	18（100.0%）		
70以上	0	0	10（100.0%）		

分析：从年龄与社会化网络服务使用状况的卡方检验可以得出：①年龄与使用不同类型社会化网络服务的频次是显著相关的，从上表可以看出，随着年龄的不断增长，老年人使用这些网络服务的意愿逐渐降低；②年龄与使用不同社会化网络服务功能的频次方面，年龄与游戏娱乐、沟通交流分享信息以及缴费理财等活动有显著相关性，从上表可以看出，随着年龄的不断增长，老年人使用这些网络服务的意愿逐渐降低；③年龄与跟朋友同事联系的活动具有显著相关性，较年轻的老年人比年龄相对较大的老年人更愿意跟朋友同事联系，而年龄与家人和陌生人联系方面不具有显著相关性。

（3）教育程度与社会化网络服务使用状况的相关性分析

表6-13　使用不同类型社会化网络服务的频次

变量	即时通讯服务（如 Twitter 等）			Pearson 卡方值	显著性（双尾）
	经常	偶尔	从不		
未受高等教育	8（32.0%）	15（60.0%）	2（8.0%）	3.667	0.160 不显著
受过高等教育	21（55.3%）	16（42.1%）	1（2.6%）		
变量	老年人社交类网站（如 Silversurfs 等）			Pearson 卡方值	显著性（双尾）
	经常	偶尔	从不		
未受高等教育	0	7（28.0%）	18（72.0%）	3.011	0.083 不显著
受过高等教育	0	19（50.0%）	19（50.0%）		
变量	博客、评论类网络服务（如 Facebook 等）			Pearson 卡方值	显著性（双尾）
	经常	偶尔	从不		
未受高等教育	2（8.0%）	8（32.0%）	15（60.0%）	17.544	0.000 显著
受过高等教育	6（15.8%）	28（73.7%）	4（10.5%）		
变量	资讯及生活服务类网站（Youtobe 等）			Pearson 卡方值	显著性（双尾）
	经常	偶尔	从不		
未受高等教育	5（20.0%）	19（76.0%）	1（4.0%）	6.192	0.045 显著
受过高等教育	19（50.0%）	17（44.7%）	2（5.3%）		

表6-14　使用不同社会化网络服务功能的频次

变量	沟通交流，分享信息和照片			Pearson 卡方值	显著性（双尾）
	经常	偶尔	从不		
未受高等教育	5（20.0%）	14（56.0%）	6（24.0%）	6.912	0.032 显著
受过高等教育	19（50.0%）	16（42.1%）	3（7.9%）		
变量	游戏娱乐			Pearson 卡方值	显著性（双尾）
	经常	偶尔	从不		
未受高等教育	3（12.0%）	11（44.0%）	11（44.0%）	1.089	0.580 不显著
受过高等教育	8（21.1%）	13（34.2%）	17（44.7%）		
变量	缴费、理财等			Pearson 卡方值	显著性（双尾）
	经常	偶尔	从不		
未受高等教育	0	17（68.0%）	8（32.0%）	7.869	0.020 显著
受过高等教育	8（21.1%）	25（65.8%）	5（13.2%）		
变量	观看视频、新闻等获取信息			Pearson 卡方值	显著性（双尾）
	经常	偶尔	从不		
未受高等教育	7（28.0%）	17（68.0%）	1（4.0%）	6.903	0.032 显著
受过高等教育	22（57.9%）	13（34.2%）	3（7.9%）		

表6-15　通过社会化网络服务与亲戚朋友等联系的频次

变量	家人和亲戚			Pearson 卡方值	显著性（双尾）
	经常	偶尔	从不		
未受高等教育	9（36.0%）	15（60.0%）	1（4.0%）	4.469	0.107 不显著
受过高等教育	24（63.2%）	13（34.2%）	1（2.6%）		
变量	朋友和同事			Pearson 卡方值	显著性（双尾）
	经常	偶尔	从不		
未受高等教育	3（12.0%）	19（76.0%）	3（12.0%）	4.333	0.115 不显著
受过高等教育	13（34.2%）	23（60.5%）	2（5.3%）		
变量	陌生人			Pearson 卡方值	显著性（双尾）
	经常	偶尔	从不		
未受高等教育	0	4（16.0%）	21（84.0%）	1.601	0.449 不显著
受过高等教育	1（2.6%）	3（7.9%）	34（89.5%）		

分析：从教育程度与社会化网络服务使用状况的卡方检验可以得出：①教育程度与

使用不同类型社会化网络服务的频次方面、教育程度与使用即时通讯服务和老年人网站是不显著相关的，而在使用博客、评论类服务以及资讯生活服务类网站是显著相关的，从上表可以看出受教育程度越高，使用的频次也就越高；②教育程度与使用不同社会化网络服务功能的频次方面，除游戏娱乐外，教育程度与沟通交流分享信息的活动、缴费理财以及观看视频、新闻等获取信息有显著相关性，从上表可以看出受教育程度越高，使用的频次也就越高；③教育程度与通过社会化网络服务与亲戚朋友等联系的频次方面都不具有显著性。

6.2.2 各变量的描述性统计

老年人社会化网络服务初次采纳模型包括感知有用性、感知易用性、社会影响、便利条件及感知信任5个自变量，用户采纳意愿1个因变量。问卷题项共18题，采用李克特五级量表，将每位老人的选项加总，算出均值（Mean）和标准差（Std.）。通过这样的描述统计可以分析样本数据的集中趋势和离散趋势，反映了样本数据在研究变量上的一般水平。样本的描述统计如表6-16所示：

表6-16 各变量描述性统计分析

因子	测度项	排序	平均数	标准差	因子平均数	因子标准差
感知有用性（PU）	我觉得SNSs对我获取信息是有用的	1	4.10	0.56	4.10	0.55
	我觉得SNSs提高了我与外界交流以及娱乐活动的便利性	2	4.10	0.56		
	我觉得SNSs对我日常的生活有很大的帮助	3	4.10	0.56		
感知易用性（PE）	我觉得SNSs的操作对我来说并不复杂	1	3.16	0.57	3.16	0.55
	我觉得学习使用SNSs对我来说比较容易	2	3.16	0.54		
	我能较熟练使用SNSs	3	3.16	0.57		
社会影响（SI）	我的同事同学都认为我应该使用SNSs	1	3.32	0.53	3.32	0.52
	社会环境促使我应该使用SNSs	2	3.32	0.53		
	我的亲戚好友都鼓励我使用SNSs	3	3.32	0.53		
便利条件（FC）	我具备使用SNSs的软件和硬件资源	1	3.75	0.44	3.75	0.43
	在使用时遇到困难和疑惑时能寻求到帮助	2	3.75	0.44		
	在遇到困难时能较快的寻求到帮助	3	3.75	0.44		
感知信任（PT）	对在社会化网络中获取的信息是可信的	1	3.75	0.44	3.75	0.43
	我不担心社会化网络服务泄漏我的个人信息	2	3.75	0.44		
	在使用时不会感觉到有什么危害	3	3.75	0.44		
用户采纳意愿（UA）	我愿意推荐朋友使用社会化网络服务	1	4.08	0.60	4.09	0.58
	我非常乐意使用社会化网络服务	2	4.10	0.59		
	我不会轻易放弃使用社会化网络服务	3	4.10	0.59		

（1）感知有用性

感知有用性的题项和因素的平均数都高于4，表示大多数英国老年人都认为社会化网络服务对老年人获取信息是有帮助的，而且能提高老年人与外界交流以及娱乐活动的便利性，对老年人日常生活也有一定的帮助。老年人普遍认为SNSs对他们是有帮助的。

（2）感知易用性

感知易用性的题项及因素的平均数都低于4，表示英国老年人对感知易用性的意见基本是一致的。大多数老年人都认为使用和学习社会化网络服务是一个比较复杂的事情,需要花费一些精力。

（3）社会影响

社会影响变量的题项和因素的平均数低于4,表示大多英国数老年人并不认为社会影响对自己采纳社会化网络服务有很大的影响作用。

（4）便利条件

便利条件的题项及因素的平均数都低于4,显示英国老年人对该题项的意见基本趋于一致。从目前的技术推广的范围来看,老年人使用社会化网络服务的软硬件条件基本上都没什么问题,但大多数老年人在遇到问题需要寻求帮助的时候还是会感到欠缺。

（5）感知信任

感知信任的题项及因素的平均数都低于4,显示大多数英国老年人对社会化网络服务信任的态度基本趋于一致,都是保持中立态度,也就是说对社会化网络服务安全与否并没有太多的概念。

（6）用户采纳意愿

采纳意愿变量的题项和因素的平均数都高于4,显示大多数英国老年人在是否使用社会化网络服务的态度基本趋于一致,大多数老年人都愿意使用社会化网络服务,并且也愿意向朋友推荐社会化网络服务。

6.2.3 人口统计变量对各因子的影响分析

采用T检验或者单因子方差分析的方法来探讨外部变量对老年人初次采纳社会化网络服务模型中各因子的影响程度是否具有显著差异。单因子方差分析时,显著水平若达0.05,则进一步以Scheffe's法进行多重事后检验。

（一）性别对各变量方差分析

性别对各变量的方差分析采用T检验的方法。根据表6-17数据可知,性别对感知有用性（P=0.766）、感知易用性（P=0.508）、社会影响（P=0.187）、感知信任（P=0.948）、便利条件（P=0.948）以及采纳意愿（P=0.707）都不具有显著性差异。

表6-17 性别对各变量方差分析

| 变量 | 性别 | | | | |
| | 男（N=28），女（N=35） | | | | |
	男（平均数）	女（平均数）	T值	P值	显著性
感知有用性（PU）	4.07	4.11	−0.299	0.766	无显著差异
感知易用性（PE）	3.11	3.20	−0.666	0.508	无显著差异
社会影响（SI）	3.42	3.24	1.335	0.187	无显著差异
便利条件（FC）	3.75	3.74	0.066	0.948	无显著差异
感知信任（PT）	3.75	3.74	0.066	0.948	无显著差异
采纳意愿（UA）	4.06	4.11	0.377	0.707	无显著差异

注：*：P<0.1；**：P<0.05；***：P<0.01

（二）教育程度对各变量方差分析

教育程度对各变量的方差分析采用 T 检验的方法。根据表 6-18 数据可知，教育程度对感知有用性（P=0.114）、社会影响（P=0.732）、感知信任（P=0.09）、便利条件（P=0.253）以及采纳意愿（P=0.707）都不具有显著性差异，而对感知易用性（P=0.043）具有显著差异，受过高等教育的老年人在使用社会化网络服务的时候会觉得相对容易些。

表 6-18　性别对各变量方差分析

| 变量 | 教育程度 | | | | |
| | 未受高等教育（N=25），受过高等教育（N=38） | | | | |
	未受高等教育（平均数）	受过高等教育（平均数）	T 值	P 值	显著性
感知有用性（PU）	3.96	4.18	−1.603	0.114	无显著差异
感知易用性（PE）	2.99	3.27	−2.048	0.043	显著差异
社会影响（SI）	3.35	3.30	0.357	0.732	无显著差异
便利条件（FC）	3.67	3.80	−1.157	0.253	无显著差异
感知信任（PT）	3.63	3.82	−1.738	0.09	无显著差异
采纳意愿（UA）	3.97	4.17	−1.319	0.139	无显著差异

注：*：$P<0.1$；**：$P<0.05$；***：$P<0.01$

（三）年龄对各变量的单因子方差分析

单因子方差分析用来探讨年龄对各变量是否存在差异，如表 6-19 所示。

感知有用性（F=8.878，p=0.000）、便利条件（F=9.922，p=0.000）、感知信任（F=14.561，p=0.000）和采纳意愿（F=16.958，p=0.000）的数据结果显示年龄在感知有用性、便利条件、感知信任和采纳意愿方面有显著差异。Scheffe 事后检验显示，55-65 岁和 65-70 岁的老年人群对于感知有用性和采纳意愿的认同程度显著高于 70 岁以上年龄的人群；65-70 岁的人群对于感知有用性、便利条件、感知信任和采纳意愿的认同程度显著高于 70 岁以上年龄的人群。从平均数来看，年龄越小的老年人在社会化网络服务的感知有用性、便利条件和感知信任采纳意愿方面的认同度越高，采纳意愿也更强。

感知易用性（F=24.811，p=0.000）的数据结果表明年龄在感知易用性方面有显著差异。Scheffe 事后检验显示，55-65 岁的老年人群对于感知易用性的认同程度显著高于 65-70 岁年龄的老年人群；55-70 岁的老年人群对于感知易用性的认同程度显著高于 70 岁以上年龄的人群。从认同的平均数来看，年龄越小的老年人越认为社会化网络服务是比较容易使用的。

社会影响（F=5.747，p=0.000）的数据结果表明年龄在社会影响方面有显著差异。Scheffe 事后检验显示，55-65 岁的人群对于社会影响的认同程度显著高于 70 岁以上年龄的人群。从认同的平均数来看，年龄越小的老年人越容易受到身边人和周围环境的影响。

表 6-19　性别对各变量方差分析

变量	年龄					
	55-65（N=118），65-70（N=104），70以上（N=30）					
	1.55-65（平均数）	2.65-70（平均数）	3.70以上（平均数）	F 值	显著性（双尾）	Scheffe 检定
感知有用性（PU）	4.1810	4.2593	3.5000	8.878	0.000 显著	1>3 2>3
感知易用性（PE）	3.4476	3.0000	2.4333	24.811	0.000 显著	1>2 1>3 2>3
社会影响（SI）	3.4762	3.2407	2.9000	5.747	0.000 显著	1>3
便利条件（FC）	3.8952	3.7037	3.3000	9.922	0.000 显著	1>3 2>3
感知信任（PT）	3.8857	3.7778	3.2000	14.561	0.000 显著	1>3 2>3
采纳意愿（UA）	4.2762	4.1667	3.3000	16.958	0.000 显著	1>3 2>3

注：*：$P<0.1$；**：$P<0.05$；***：$P<0.01$

6.2.4　初次采纳模型假设验证

采用 SmartPLS 结构化方程对研究模型进行分析验证，进一步了解自变量对因变量的影响关系。分析过程包括测量模型分析和结构模型分析：测量模型分析是检验测量工具是否能够精确衡量所需研究的变量；结构模型分析是通过估计每个变量间的路径系数，来验证潜在变量之间的因果关系。

（一）测量模型分析

（1）信度检验部分

本研究模型是在大量研究基础上构建的，并且在预测过程中进行了探索式因素分析。因此，在此阶段我们采用 SmartPLS 对研究模型中各构面进行验证性因素分析，主要评估每个项目的信度、潜在变量的组成信度（CR）及 Cronbach's a、平均萃取变异量（AVE）、内容效度、收敛效度以及区别效度。

从表 6-20 和表 6-21 可以看出，所有测量变量的因素负荷都大于 0.7，表示本研究的测量变量具有良好的信度。潜在变量的 CR 值及 Cronbach's a 介于 0.98 到 0.99，皆大于 0.7，表示本研究的潜在变量具有良好的内部一致性。潜在变量的 AVE 值介于 0.972 到 0.983 之间，都大于 0.8，表示本研究的潜在变量具有良好的信度和收敛效度。因此，本研究各变量的检验值都达到了评价标准，表明模型的各变量有较好的信度。

（2）效度检验部分

效度检验包括内容效度检验、收敛效度（convergent validity）和区分效度（discriminant validity）检验。研究模型的问卷都是采用了国内外权威的文献，大多量表都是经过实证研究证明有效的，而且在大规模问卷调查之前还进行了前测，所以问卷有一定的内容效度。

从表6-20中可以看出，研究模型的所有因素的载荷量和模型的 AVE 值都大于 0.7，表明模型具有良好的收敛效度。表中主对角线代表各变量 AVE 的开根号值，从 0.972 到 0.983，都超过与其所在同一行或者同一列的所有非对角线元素值，表明本研究各潜在变量应为明显不同，具有良好的区别效度，验证性因素分析结果见下表。

表6-20　各构面的信度与效度

因子	测度项	因素负载	T-Value	AVE	CR	构面的 a 值
感知有用性（PU）	PU1	0.983	90.995	0.97	0.99	0.98
	PU2	0.983	97.480			
	PU3	0.983	90.023			
感知易用性（PE）	PE1	0.983	92.150	0.97	0.99	0.98
	PE2	0.982	84.322			
	PE3	0.985	127.391			
社会影响（SI）	SI1	0.979	31.845	0.96	0.99	0.98
	SI2	0.982	19.906			
	SI3	0.982	26.780			
便利条件（FC）	FC1	0.971	53.013	0.94	0.98	0.97
	FC2	0.972	60.781			
	FC3	0.972	62.232			
感知信任（PT）	PT1	0.971	53.228	0.94	0.98	0.97
	PT2	0.972	61.705			
	PT3	0.972	60.933			
用户采纳意愿（UA）	UA1	0.975	86.712	0.96	0.99	0.98
	UA2	0.982	106.574			
	UA3	0.982	105.785			

表6-21　各变量的 AVE 及相关系数矩阵

	FC	PE	PT	PU	SI	UA
FC	0.972					
PE	0.356	0.983				
PT	0.389	0.445	0.972			
PU	0.266	0.513	0.426	0.983		
SI	0.238	0.182	0.214	0.115	0.981	
UA	0.477	0.474	0.564	0.562	0.230	0.980

（二）结构模型分析

结构模型分析是对模型中每个变量之间的直接路径和间接路径进行分析，从而验证研究假设，变量之间的路径代表了两变量间的因果关系，变量关系的显著性代表了变量间因果关系的强弱。结构模型必须检验各变量间的标准化系数是否达到统计显著性，并且以内生变量的变异解释量（R2）来判断模型的解释能力，变异解释量（R2）数值越高，代表模型的解释能力越强。本研究采用 SmartPLS 2.0 软件进行结构模式潜在变量间的因果关系分析与检验。

（1）路径系数检验

标准化路径系数（path coefficient）是分析变量之间关系的强度与方向，经检验应当具有显著性，并且应该与模型假设所预期的方向一致，系数越大代表因果关系越强。路径系数的显著性分析，一般都采用拔靴法（Bootstrapping）连续抽样来进行分析，计算出路径系数（β）以及 T-value 值，本研究设定反复抽样 500 次。各变量的路径系数如表 6-22 和图 6-1 所示，数据结果显示：

感知有用性对采纳意愿（路径系数为 0.328，p 值为 0.000 显著）、感知信任对采纳意愿（路径系数为 0.282，p 值为 0.01 显著）和便利条件对采纳意愿（路径系数为 0.236，p 值为 0.01 显著）为显著正相关，表明假设 1（感知有用性对采纳意愿有显著正向影响）、假设 4（便利条件对采纳意愿有显著正向影响）和假设 5（感知信任对采纳意愿有显著正向影响）成立；感知易用性和社会影响对采纳意愿不显著，表明假设 2（感知易用性对采纳意愿有显著正向影响）和假设 3（社会影响对采纳意愿有显著正向影响）不成立。

表 6-22　各变量路径系数和研究假设结果

	路径系数	T 值	显著性	研究假设
感知有用性（PU）-> 采纳意愿（UA）	0.328	4.485***	显著	假设 1 成立
感知易用性（PE）-> 采纳意愿（UA）	0.085	1.009$^{n.s}$	不显著	假设 2 不成立
社会影响（SI）-> 采纳意愿（UA）	0.328	0.792^{ns}	不显著	假设 3 不成立
便利条件（FC）> 采纳意愿（UA）	0.236	2.917**	显著	假设 4 成立
感知信任（PT）-> 采纳意愿（UA）	0.282	3.087**	显著	假设 5 成立

注：*p<=0.05，**p<=0.01，***p<=0.001，n.s 代表不显著

（2）模型预测力估计

R^2 值是指单个测量变量被潜在变量解释的程度，研究模型对现实问题的解释力可以通过该值来衡量，其值介于 0 至 1 之间，R^2 值越大，代表模型的解释力越好。根据 Falk 和 Miller（1992）的建议，R^2 值至少达到 0.1 以上，模型才具有解释力。本研究模型内生变量的方差解释量 R^2 值等于 0.510，显示模型的解释力良好。分析结果显示，感知有用性（β=0.328）对采纳意愿的影响力最强，其次为感知信任（β=0.282）以及便利条件（β=0.236），而感知有用性和社会影响没有显著的影响力。

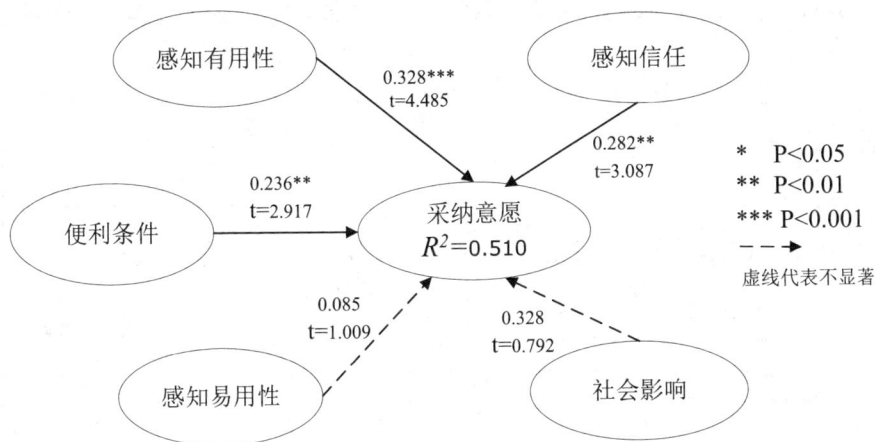

图 6-1　全模型路径系数分析

6.3　持续使用模型分析

6.3.1　样本描述性统计分析

（一）人口统计变量

表 6-23　性别及年龄的描述性统计

变量	项目	次数（54人）	百分比（%）
年龄	55~65	15	27.8
	65~70	34	63.0
	70 以上	5	9.3
性别	男	27	50.0
	女	27	50.0
教育程度	受过高等教育	26	47.3
	未受过高等教育	29	52.7

从表 6-24 中可以看出：在年龄方面，55 至 65 岁共有 15 人，占总样本 27.8%，65 至 70 岁有 34 人，占总样本 63%，70 以上有 5 人，占总样本 9.3%；在性别方面，男性受访者为 27 人占总样本 50%，女性 27 人占总样本 50%，女性和男性人数相同；在受教育程度方面，受过高等教育的 26 人，占总样本的 47.3%，未受过高等教育的 29 人，占总样本的 52.7%。

表 6-25　您使用社会化网络服务大概多久？

变量	项目	次数（54人）	百分比（%）
使用社会化网络服务多少年？	1~2 年	6	11
	2~3 年	16	30
	3 年以上	32	59

表 6-25 数据显示，参与问卷调查的老年人中，大多数使用社会化网络服务在 3 年以上。虽然，我们在问卷发放对象选择的时候是专门针对持续使用社会化网络服务的老年

人,但数据在一定程度上反映了,现在的老年人或多或少的使用过社会化网络服务的某些功能。

表 6-26　使用社会化网络服务的接入工具

工具类别	人数（n=54）	百分比（%）
智能手机	14	26
平板	12	22
电脑	28	52

表 6-26 显示,大多数老年人都是通过电脑来使用社会化网络服务。

表 6-27　您主要使用哪些社会化网络服务

分类	类别	人数	百分比（%）
即时通讯服务 （如 Twitter、Whatapp 等）	经常	29	53.7
	偶尔	17	31.5
	从不	8	14.8
老年人社交类网站 （如 Silversurfers 等）	经常	15	27.8
	偶尔	17	31.5
	从不	22	40.7
博客、评论类网络服务 （Facebook 等）	经常	12	22.2
	偶尔	21	38.9
	从不	21	38.9
资讯及生活服务类网站 （如 Amazon, Youtobe 等）	经常	13	24.1
	偶尔	23	42.6
	从不	18	33.3

表 6-27 数据显示,英国老年人在持续使用阶段选择的主要社会化网络服务功能这与初次采纳时的数据结果类似,依然是使用即时通讯服务的老年人居多,说明了不管是在初次采纳还是持续使用阶段,即时通讯服务都是老年人经常使用的主要社会化网络服务功能。

表 6-28　使用社会化网络服务的时候最喜欢做哪些事情

分类	类别	人数	百分比（%）
沟通交流,分享信息和照片	经常	21	38.9
	偶尔	24	44.4
	从不	9	16.7
玩游戏	经常	17	31.5
	偶尔	19	35.2
	从不	18	33.3
缴费、理财等	经常	9	16.7
	偶尔	26	48.1
	从不	19	35.2
观看视频、新闻等获取信息	经常	18	33.3
	偶尔	28	51.9
	从不	8	14.8

从表 6-28 可以看出,使用社会化网络工具进行沟通交流分享信息以及观看视频、新闻获取信息是英国老年人经常性的活动,其次是玩游戏、缴费和理财。

表 6-29　您在使用社会化网络服务工具的时候主要是跟谁联系

分类	类别	人数	百分比（%）
家人和亲戚	经常	26	48.1
	偶尔	24	44.4
	从不	4	7.4

分类	类别	人数	百分比（%）
朋友和同事	经常	24	44.4
	偶尔	24	44.4
	从不	6	11.1
陌生人	经常	6	11.1
	偶尔	7	13.0
	从不	41	75.9

在使用社会化网络服务工具进行沟通交流方面，英国老年人主要是跟家人和亲戚以及朋友同学和老同事进行沟通交流，跟陌生人交流的老年人非常少。

与初次采纳阶段的数据进行比较可以看出，老年人在社会化网络服务持续使用阶段，选择的主要社会化网络服务功能和与人沟通交流的情况等都与初次采纳时的数据结果类似，并无太大变化。

6.3.2 人口统计变量对社会化网络服务使用状况的卡方检验

卡方检验是一种量化资料的假设检验方法，属于非参数检验，主要是对两个分类变量的关联性进行分析，如果卡方值具有显著性，说明这两个分类变量具有相关性。

（1）性别与使用状态的关联性分析

表6-29　使用的主要工具

变量	即时通讯服务（如 Twitter 等）			Pearson 卡方值	显著性（双尾）
	经常	偶尔	从不		
男	15（57.69%）	7（26.92%）	4（15.38%）	0.490	0.783 不显著
女	14（50.00%）	10（35.71%）	4（14.29%）		
变量	老年人社交类网站（如 Silversurfs 等）			Pearson 卡方值	显著性（双尾）
	经常	偶尔	从不		
男	7（26.92%）	7（26.92%）	12（46.15%）	0.705	0.703 不显著
女	8（28.57%）	10（35.71%）	10（35.71%）		
变量	博客、评论类网络服务（如 Facebook）			Pearson 卡方值	显著性（双尾）
	经常	偶尔	从不		
男	3（11.54%）	13（50.00%）	10（38.46%）	4.170	0.124 不显著
女	9（32.14%）	8（28.57%）	11（39.29%）		
变量	资讯及生活服务类网站（Youtobe 等）			Pearson 卡方值	显著性（双尾）
	经常	偶尔	从不		
男	5（19.23%）	10（38.46%	11（42.31%）	1.901	0.387 不显著
女	8（28.57%）	13（46.43%	7（25.00%）		

表6-29数据显示，性别与社会化网络服务使用状况并无显著相关性。

表6-30　使用的主要功能

变量	沟通交流，分享信息和照片			Pearson 卡方值	显著性（双尾）
	经常	偶尔	从不		
男	7（26.92%）	14（53.85%）	5（19.23%）	3.041	0.219 不显著
女	14（50.00%）	10（35.71%）	4（14.29%）		
变量	玩游戏			Pearson 卡方值	显著性（双尾）
	经常	偶尔	从不		
男	4（15.38%）	13（50.00%）	9（34.62%）	7.280	0.026 显著
女	13（46.43%）	6（21.43%）	9（32.14%）		

续表

变量	缴费、理财等			Pearson 卡方值	显著性（双尾）
	经常	偶尔	从不		
男	3（11.54%）	11（42.31%）	12（46.15%）	2.861	0.239 不显著
女	6（21.43%）	15（53.57%）	7（25.00%）		
变量	观看视频、新闻等获取信息			Pearson 卡方值	显著性（双尾）
	经常	偶尔	从不		
男	5（19.23%）	16（61.54%）	5（19.23%）	4.559	0.102 不显著
女	13（46.43%）	12（42.86%）	3（10.71%）		

表 6-30 数据显示性别与老年人使用不同社会化网络服务进行游戏娱乐活动的频次具有显著相关性，老年女性游戏活动的频次要高于老年男性。性别与沟通交流、分享信息和照片、缴费、理财等和观看视频、新闻等获取信息的活动频次不具有显著相关性。

表 6-31　主要的联系人

变量	家人和亲戚			Pearson 卡方值	显著性（双尾）
	经常	偶尔	从不		
男	12（46.15%）	12（46.15%）	2（7.69%）	0.08	0.961 不显著
女	14（50.00%）	12（42.86%）	2（7.14%）		
变量	朋友和同事			Pearson 卡方值	显著性（双尾）
	经常	偶尔	从不		
男	10（38.46%）	10（38.46%）	6（23.08%）	7.269	0.026 显著
女	14（50.00%）	14（50.00%）	0.00%		
变量	陌生人			Pearson 卡方值	显著性（双尾）
	经常	偶尔	从不		
男	3（11.54%）	3（11.54%）	20（76.92%）	.093	0.954 不显著
女	3（10.71%）	4（14.29%）	21（75.00%）		

表 6-31 数据显示，性别与老年人通过社会化网络服务与亲戚朋友以及陌生人联系的频次没有显著相关性，而与朋友同事联系的频次有显著相关性，从百分比上可以看出老年男性与朋友同事联系的频次要高于老年女性。

（2）年龄与使用状态关联性的分析

表 6-32　使用的主要工具

变量	即时通讯服务（如 Twitter 等）			Pearson 卡方值	显著性（双尾）
	经常	偶尔	从不		
55-65	10（66.67%）	4（26.67%）	1（6.67%）	11.195	0.024 显著
65-70	19（55.88%）	11（32.35%）	4（11.76%）		
70 以上	0.00%	2（40.00%）	3（60.00%）		
变量	老年人社交类网站（如 Silversurfs 等）			Pearson 卡方值	显著性（双尾）
	经常	偶尔	从不		
55-65	5（33.33%）	4（26.67%）	6（40.00%）	4.206	0.379 不显著
65-70	10（29.41%）	12（35.29%）	12（35.29%）		
70 以上	0.00%	1（20.00%）	4（80.00%）		
变量	博客、评论类网络服务（如 Facebook）			Pearson 卡方值	显著性（双尾）
	经常	偶尔	从不		
55-65	11（73.33%）	4（26.67%）	0.00%	35.137	0.000 显著
65-70	1（2.94%）	16（47.06%）	17（50.00%）		
70 以上	0.00%	1（20.00%）	4（80.00%）		
变量	资讯及生活服务类网站（Youtobe 等）			Pearson 卡方值	显著性（双尾）
	经常	偶尔	从不		

55-65	11（73.33%）	4（26.67%）	0.00%	32.238	0.000 显著
65-70	2（5.88%）	18（52.94%）	14（41.18%）		
70以上	0.00%	1（20.00%）	4（80.00%）		

表 6-32 是年龄与社会化网络服务使用状况相关性的分析结果。表中数据显示,年龄与老年人使用老年人社交类网站(如 Silversurfs 等)方面没有显著差别,而在使用即时通讯类服务等其他社会化网络服务功能方面有显著差异,从上表可以看出,年纪更轻的老年比年纪更大的老年人更多的使用社会化网络服务的各种功能,随着年龄的增长,老年人在社会化网络服务功能使用方面会逐渐减少。

表 6-33 使用的主要功能

变量	沟通交流,分享信息和照片			Pearson 卡方值	显著性（双尾）
	经常	偶尔	从不		
55-65	9（60.00%）	5（33.33%）	1（6.67%）	18.841	0.001 显著
65-70	12（35.29%）	18（52.94%）	4（11.76%）		
70以上	0.00%	1（20.00%）	4（80.00%）		
变量	玩游戏			Pearson 卡方值	显著性（双尾）
	经常	偶尔	从不		
55-65	6（40.00%）	5（33.33%）	4（26.67%）	5.984	0.020 显著
65-70	11（32.35%）	13（38.24%）	10（29.41%）		
70以上	0.00%	1（20.00%）	4（80.00%）		
变量	缴费、理财等			Pearson 卡方值	显著性（双尾）
	经常	偶尔	从不		
55-65	4（26.67%）	8（53.33%）	3（20.00%）	11.495	0.022 显著
65-70	5（14.71%）	18（52.94%）	11（32.35%）		
70以上	0.00%	0.00%	5（100.00%）		
变量	观看视频、新闻等获取信息			Pearson 卡方值	显著性（双尾）
	经常	偶尔	从不		
55-65	10（66.67%）	5（33.33%）	0.00%	13.569	0.009 显著
65-70	8（23.53%）	20（58.82%）	6（17.65%）		
70以上	0.00%	3（60.00%）	2（40.00%）		

表 6-33 是年龄与老年人使用不同社会化网络服务功能频次的相关性分析结果。表中数据显示年龄与社会化网络服务功能使用频次方面都具有显著差异性。从数据表中的百分比可以看出,年纪轻的老年比年纪更大的老年人使用社会化网络服务各种功能的频次更高,随着年龄的增长,老年人使用社会化网络服务功能的频次会逐渐减少。

表 6-34 主要的联系人

变量	家人和亲戚			Pearson 卡方值	显著性（双尾）
	经常	偶尔	从不		
55-65	10（66.67%）	5（33.33%）	0	12.614	0.013 显著
65-70	16（47.06%）	16（47.06%）	2（5.88%）		
70以上	0	3（60%）	2（40%）		
变量	朋友和同事			Pearson 卡方值	显著性（双尾）
	经常	偶尔	从不		
55-65	13（86.67%）	2（13.33%）	0	39.450	0.000 显著
65-70	11（32.35%）	21（61.76%）	2（5.88%）		
70以上	0	1（20%）	4（80%）		
变量	陌生人			Pearson 卡方值	显著性（双尾）
	经常	偶尔	从不		

续表

55-65	6（40%）	2（13.33%）	7（46.67%）		
65-70	0	5（14.71%）	29（85.29%）	18.795	0.001 显著
70以上	0	0	5（100%）		

表6-34是年龄与老年人通过社会化网络服务与社会关系联系频次的相关性分析结果。表中数据显示年龄在通过社会化网络服务与家人亲戚、朋友同事以及陌生人联系方面具有显著差异。从数据表中的百分比可以看出，随着年龄的增长，老年人使用社会化网络服务与社会联系的频次会逐渐减少。

上述分析结果显示，与家人沟通交流，是不同年纪老年人选择社会化网络服务的主要目的。而随着年龄的增长，老年人在社会化网络服务的活跃度不断降低的现象，我们认为主要原因是老年人生理和认知方面的障碍与缺乏面向老年人的社会化网络服务内容以及人机功能的矛盾所导致的。

（3）教育程度与社会化网络服务使用状况的相关性分析

表6-35　使用不同类型社会化网络服务的频次

变量	即时通讯服务（如Twitter等）			Pearson卡方值	显著性（双尾）
	经常	偶尔	从不		
未受高等教育	13（48.15%）	9（33.33%）	5（18.52%）	0.869	0.648 不显著
受过高等教育	16（59.26%）	8（29.63%）	3（11.11%）		
变量	老年人社交类网站（如Silversurfs等）			Pearson卡方值	显著性（双尾）
	经常	偶尔	从不		
未受高等教育	4（14.81%）	7（25.93%）	16（59.26%）	8.342	0.015 显著
受过高等教育	11（40.74%）	10（37.04%）	6（22.22%）		
变量	博客、评论类网络服务（如Facebook）			Pearson卡方值	显著性（双尾）
	经常	偶尔	从不		
未受高等教育	2（7.41%）	9（33.33%）	16（59.26%）	11.524	0.003 显著
受过高等教育	10（37.04%）	12（44.44%）	5（18.52%）		
变量	资讯及生活服务类网站（Youtobe等）			Pearson卡方值	显著性（双尾）
	经常	偶尔	从不		
未受高等教育	3（11.11%）	10（37.04%）	14（51.85%）	9.716	0.008 显著
受过高等教育	10（37.04%）	13（48.15%）	4（14.81%）		

表6-35是受教育程度与社会化网络服务使用状况相关性的分析结果。表中数据显示，受教育程度与老年人使用即时通讯服务（如Twitter等）的频次不具有显著相关性，而与使用老年人社交类网站（如Silversurfs等）、博客类网站以及资讯生活服务类网站的频次有显著相关性，从上表可以看出，受过高等教育的老年比未受过高等教育的老年人更多的使用社会化网络服务的各种功能。

表6-36　使用不同社会化网络服务功能的频次

变量	沟通交流，分享信息和照片			Pearson卡方值	显著性（双尾）
	经常	偶尔	从不		
未受高等教育	7（25.93%）	12（44.44%）	8（29.63%）	7.778	0.020 显著
受过高等教育	14（51.85%）	12（44.44%）	1（3.70%）		
变量	游戏娱乐			Pearson卡方值	显著性（双尾）
	经常	偶尔	从不		
未受高等教育	5（18.52%）	12（44.44%）	10（37.04%）	4.420	0.110 不显著
受过高等教育	12（44.44%）	7（25.93%）	8（29.63%）		

变量	缴费、理财等			Pearson 卡方值	显著性（双尾）
	经常	偶尔	从不		
未受高等教育	4（14.81%）	12（44.44%）	11（40.74%）	0.739	0.691 不显著
受过高等教育	5（18.52%）	14（51.85%）	8（29.63%）		
变量	观看视频、新闻等获取信息			Pearson 卡方值	显著性（双尾）
	经常	偶尔	从不		
未受高等教育	7（25.93%）	15（55.56%）	5（18.52%）	1.532	0.465 不显著
受过高等教育	11（40.74%）	13（48.15%）	3（11.11%）		

表 6-36 是受教育程度与老年人使用不同社会化网络服务功能频次的相关性分析结果。表中数据显示教育程度与沟通交流、分享信息和照片的频次有显著相关性，而与游戏娱乐、缴费理财以及观看视频、新闻等获取信息的频次没有显著的相关性。从数据可以看出受过高等教育的老年人更愿意与人进行沟通交流和分享信息。

表 6-37　通过社会化网络服务与亲戚朋友等联系的频次

变量	家人和亲戚			Pearson 卡方值	显著性（双尾）
	经常	偶尔	从不		
未受高等教育	12（44.44%）	13（48.15%）	2（7.41%）	0.321	0.852 不显著
受过高等教育	14（51.85%）	11（40.74%）	2（7.41%）		
变量	朋友和同事			Pearson 卡方值	显著性（双尾）
	经常	偶尔	从不		
未受高等教育	7（25.93%）	15（55.56%）	5（18.52%）	8.333	0.016 显著
受过高等教育	17（62.96%）	9（33.33%）	1（3.70%）		
变量	陌生人			Pearson 卡方值	显著性（双尾）
	经常	偶尔	从不		
未受高等教育	3（11.11%）	3（11.11%）	21（77.78%）	0.167	0.920 不显著
受过高等教育	3（11.11%）	4（14.81%）	20（74.07%）		

表 6-37 是受教育程度与老年人通过社会化网络服务与社会关系联系频次的相关性分析结果。表中数据显示受教育程度与朋友同事联系的频次方面有显著相关性，而在通过社会化网络服务与家人亲戚和陌生人联系方面不具有显著差异。从数据可以看出，受过高等教育的老年人会更多地与同事和朋友进行沟通交流。

6.3.3　模型变量的描述性分析

老年人社会化网络服务持续使用模型包括期望确认、顾客感知价值、感知易用性、满意度、主观规范及感知行为控制6个自变量，持续使用意愿1个因变量。问卷题项共21题，采用李克特五级量表，将每位老人选项加起来的总分，算出均值（Mean）和标准差（Std.）。通过这样的描述统计可以分析样本数据的集中趋势和离散趋势，反映了样本数据在研究变量上的一般水平。该样本的描述统计如表 6-38 所示：

表 6-38　各变量的描述性分析结果

因子	测度项	平均数	标准差	因子平均数	因子标准差
期望确认（CF）	使用社会化网络服务的经历比我预期的要好	3.5000	0.6369	3.4753	0.6462
	社会化网络服务平台提供的服务比我预期要好	3.5000	0.6066		
	总而言之，大多社会化网络服务达到了我的期望	3.4815	0.5743		
顾客感知价值—社会价值（PV-SV）	社会化网络服务有助于我和朋友家人沟通交流	3.8333	0.6066	3.7099	0.5458
	社会化网络服务有助我与社会保持联系	3.7778	0.6344		
	社会化网络服务让我不至于脱离社会	3.8333	0.6659		
顾客感知价值—功能价值（PV-FV）	社会化网络服务可为我提供有用的信息和资料	3.8148	0.6166	3.8272	0.6236
	社会化网络服务能帮我办理日常生活事务	3.8333	0.6369		
	社会化网络服务有助于我表达自己的想法	3.8333	0.6369		
顾客感知价值—情感价值（PV-MV）	使用社会化网络服务，我会感觉时间过得很快	4.0926	0.6521	4.1235	0.6420
	使用社会化网络服务，能够让我感到快乐	4.1667	0.6659		
	我使用社会化网络服务，会感到心情愉悦	4.1111	0.6635		
满意度（ST）	我满意社会化网络服务提供的各项功能和服务	3.8333	0.6066	3.8272	0.6031
	我很喜欢使用社会化网络服务的经历	3.8148	0.6166		
	使用社会化网络服务平台，我觉得是很明智的选择	3.8333	0.6066		
感知易用性（PE）	学习使用社会化网络服务对我来说比较容易	3.6481	0.8935	4.0741	0.6333
	我能较快地掌握和使用社会化网络服务平台	3.6111	0.8560		
	总的来说社会化网络服务对我而言比较容易	3.6481	0.8722		
主观规范（SN）	家人亲戚都在使用社会化网络服务	3.8889	0.6344	3.5802	0.4810
	很多朋友都在使用社会化网络服务	3.8704	0.6456		
	很多生活功能可以通过社会化网络服务完成	3.8704	0.6456		
感知信任（PT）	在社会化网络中获取的信息是可信的	4.1481	0.6561	4.1049	0.5928
	我不担心社会化网络服务泄漏我的信息	4.0741	0.6688		
	在使用时不会感觉到有什么危害	4.0926	0.6225		
持续使用意愿（CU）	我觉得我在未来会继续使用社会化网络服务	3.9630	0.7259	3.9815	0.5510
	我觉得我在未来不会轻易放弃使用社会化网络服务	3.9630	0.6719		
	我会不断尝试社会化网络服务平台上推出的各种服务	3.9630	0.6994		

分析结果：

（1）期望确认

期望确认的题项及因素的平均数都低于 4，分值不高，但差异不大。数据结果显示：英国老年人对期望确认的认同度基本是一致的。在初次采纳社会化网络服务后，大多数英国老年人认为使用社会化网络服务的经历比预期的要好。

（2）满意度

满意度的题项及因素的平均数都低于 4，分值不高，但差异不大。数据结果显示：英国老年人对社会化网络服务的满意度的认同度基本是一致的。在初次采纳社会化网络服务后，大多数老年人满意社会化网络服务提供的各项功能和服务，但仍然还有一部分老年人持不同态度。

（3）功能价值

功能价值的题项及因素的平均数都低于 4，但差异不大。数据结果显示：英国老年人对社会化网络服务的功能价值的认同度基本是一致的。在初次采纳社会化网络服务后,有较多英国老年人认为社会化网络服务可以提供有用的信息和资料,并帮助解决生活中一些日常事务,但仍然还有许多老年人持不同态度。

（4）社会价值

社会价值的题项及因素的平均数都低于4,差异不大。数据结果显示:老年人对社会化网络服务的社会价值有较高的认同度。在初次采纳社会化网络服务后,有许多英国老年人认为社会化网络服务能帮助他们于家人朋友沟通交流,并与社会保持联系,但也有许多老年人并不赞同这种观点。

（5）情感价值

情感价值的题项及因素的平均数都高于4,且差异不大。数据结果显示:英国老年人对社会化网络服务的情感价值有较高的认同度。在初次采纳社会化网络服务后,大多数老年人在使用社会化网络服务提供的各项功能和服务后,都有较愉快的经历,对社会化网络服务有情感上的依赖。

（6）感知易用性

感知易用性的题项及因素的平均数都低于4,分值不高,但差异不大。数据结果显示:英国老年人对感知易用性的认同度基本是一致的。在初次采纳社会化网络服务后,大多数老年人认为使用和学习社会化网络服务是一个比较复杂的事情,需要花费一些精力。这种情况应该是由于老年人生理和心理的老化所造成的。

（7）主观规范

功能价值的题项及因素的平均数都低于4,差异不大。数据结果显示:老年人对社会化网络服务的主观规范认同度是一致的。在初次采纳社会化网络服务后,有许多英国老年人都认同身边关系密切的人的态度和周围环境的影响对他们继续使用社会化网络服务有很大的影响,但也有许多老年人并不赞同这种观点。

（8）感知信任

感知信任的题项平均数都高于4,分值不高,但差异不大,但是,因素的平均数高于4。数据结果显示:英国老年人对社会化网络服务的感知信任认同度基本是一致的。大多数老年人对使用社会化网络服务可能带来的风险持中立态度。

（9）持续使用意愿

持续使用的题项及因素的平均数都低于4,但分值较高,差异不大。数据结果显示:英国老年人对社会化网络服务的持续使用意愿认同度基本是一致的。在初次采纳社会化网络服务后,大多数老年人都认为他们会继续使用和不断尝试社会化网络服务平台上推出的各种服务和功能。

6.3.4 人口统计变量对各因子的影响分析

采用 T 检验或者单因子方差分析的方法来探讨外部变量对老年人持续使用社会化网络服务模型中各因子的影响程度是否具有显著差异。单因子方差分析时,显著水平若达 0.05,则进一步以 Scheffe's 法进行多重事后检验。

(1)性别与各变量的 T 检验

性别变量为两类,因此用 T 检验的方法来检验不同性别的老年人持续使用社会化网络服务的意愿是否有所差异,如表 6-39。

T 检验的分析结果显示,性别对各变量都具有显著差异。从平均数可以看出,除了感知信任变量,女性在其他各变量的平均值皆高于男性,这种结果显示,相对老年男性而言,老年女性的活跃程度更强些,对持续使用社会化网络服务影响变量的认同度更高,而老年男性对社会化网络服务的信任度更高。

表 6-39　性别与各变量的 T 检验

变量	性别				
	男（N=26），女（N=28）				
	男（平均数）	女（平均数）	T 值	P 值	显著性
期望确认（CF）	3.2179	3.7143	−3.030	0.04	显著差异
社会价值（PV-SV）	3.6026	3.8095	−1.393	0.170	无显著差异
功能价值（PV-FV）	3.5897	4.0476	−2.875	0.006	显著差异
情感价值（PV-MV）	3.8974	4.3333	−2.584	0.013	显著差异
满意度（ST）	3.5641	4.0714	−3.379	0.001	显著差异
感知易用性（PE）	3.7308	4.3929	−4.474	0.000	显著差异
主观规范（SN）	3.5641	3.5952	−0.236	0.815	无显著差异
感知信任（PT）	4.2051	4.0119	1.202	0.235	无显著差异
持续使用意愿（CU）	3.7051	4.2381	−4.036	0.000	显著差异

(2)年龄对各变量的方差分析

用单因子变异量来分析年龄对各变量是否存在差异(如表 6-40)。数据结果显示,年龄对各变量都具有显著差异。Scheffe 事后检验结果显示:

55-65 岁的老年人群对于满意度、功能价值、情感价值、感知易用性及主观规范的认同程度显著高于 65-70 岁和 70 岁以上的老年人群,且 65-70 岁老年人群对这些变量的认同度也高于和 70 岁以上的老年人群。从认同的平均数来看,年龄越小的老年人越认为社会化网络服务是比较容易使用的,而且更容易受到身边人和周围环境的影响,而且他们对社会化网络服务的满意度、功能价值和情感价值都有较高的认可。

表 6-40　年龄对变量的变异分析

变量	年龄					
	1.55-65（N=15），2.65-70（N=34），3.70 以上（N=5）					
	55-65（平均数）	65-70（平均数）	70 以上（平均数）	F 值	显著性（双尾）P 值	Scheffe 检定
期望确认（CF）	3.8889	3.3039	3.4	4.941	P=0.011** 显著差异	1>2
社会价值（PV-SV）	4.111	3.6373	3	12.216	P=0.000*** 显著差异	1>2 1>3 2>3
功能价值（PV-FV）	4.356	3.7157	3	16.283	P=0.000*** 显著差异	1>2 1>3 2>3

续表

变量	年龄					
	1.55~65（N=15），2.65~70（N=34），3.70以上（N=5）					
	55~65（平均数）	65~70（平均数）	70以上（平均数）	F值	显著性（双尾）P值	Scheffe检定
情感价值（PV-MV）	4.6	4.0196	3.4	10.544	P=0.000*** 显著差异	1>2 1>3
满意度（ST）	4.267	3.7255	3.2	9.459	P=0.000*** 显著差异	1>2 1>3
感知易用性（PE）	4.533	4.0294	3	18.72	P=0.000*** 显著差异	1>2 1>3 2>3
主观规范（SN）	3.756	3.5588	3.2	2.765	P=0.072 无显著差异	
感知信任（PT）	4	4.0784	4.6	2.095	无 P=0.133 显著差异	
持续使用意愿（CU）	4.333	3.9804	2.9333	21.439	P=0.000*** 显著差异	1>2 1>3 2>3

注：*：P<0.1；**：P<0.05；***：P<0.01

（3）教育程度对各变量的方差分析

用单因子方差分析来探讨教育程度在各变量上是否存在差异，表6-41数据结果显示：

期望确认（F=4.490，p=0.012）和功能价值（F=5.834，p=0.003）的数据结果显示教育程度在期望确认和功能价值方面有显著差异。Scheffe事后检验显示，具有大中专以上学历的老年人对于期望确认和功能价值的认同程度显著高于具有初高中学历的老年人。

感知易用性（F=4.986，p=0.008）的数据结果表明教育程度在感知易用性方面有显著差异。Scheffe事后检验显示，对于感知易用性的认同程度随学历提高而不断提高，教育程度越高的老年人越认为社会化网络服务是容易使用的。

数据结果表明教育程度在满意度、社会价值、情感价值、主观规范、感知信任和持续使用意愿方面不具有显著差异。

表6-41 教育程度对变量的方差分析

变量	教育程度			
	1. 未受高等教育（N=27），2. 受过高等教育（N=27）			
	未受高等教育（平均数）	受高等教育（平均数）	F值	显著性（双尾）
期望确认（CF）	3.3086	3.642	0.168	0.057 不显著
社会价值（PV-SV）	3.4321	3.9877	11.252	0.000 显著
功能价值（PV-FV）	3.5926	4.0617	2.228	0.005 显著
情感价值（PV-MV）	3.963	4.284	1.244	0.066 不显著
满意度（ST）	3.5679	4.0864	11.928	0.001 显著
感知易用性（PE）	3.7531	4.3951	0.271	0.000 显著
主观规范（SN）	3.5062	3.6543	1.525	0.262 不显著
感知信任（PT）	4.0494	4.1605	3.465	0.496 不显著
持续使用意愿（CU）	3.716	4.2469	0.003	0.000 显著

注：*：P<0.1；**：P<0.05；***：P<0.01

6.3.5 持续使用模型假设验证

我们采用 SmartPLS 2.0 对研究模型中各构面进行验证性因素分析，主要评估每个项目的信度、潜在变量的组成信度（CR）及 Cronbach's a、平均萃取变异量（AVE）、内容效度、收敛效度以及区别效度（Hair et al. 2010）。

（一）信度的检验部分

从表 6-42 和表 6-43 可以看出，所有测量变量的因素负荷都大于 0.5，测量变量具有良好的信度；潜在变量的 CR 值及 Cronbach's a 值介于 0.901 到 0.995，都大于 0.7，表示潜变量具有良好的内部一致性；潜在变量的 AVE 值介于 0.829 到 0.984，皆大于 0.5，表示潜变量具有良好的信度和收敛效度。因此，本研究各变量的检验值都达到了评价标准，显示模型的各变量有较好的信度。

（二）效度检验部分

从表 6-42 可以看出，研究模型的所有因素的载荷量和模型的 AVE 值都大于 0.7，表明模型具有良好的收敛效度。表 6-43 中主对角线代表各变量 AVE 的开根号值，从 0.910 到 0.992，都超过与其所在同一行或者同一列的所有非对角线元素值，显示各潜变量为明显不同，具有良好的区别效度。

表 6-42　各构面的信度与效度

变量	题项	因素负荷量	T-Value	AVE	CR	Cronbach`s a	Communality
期望确认（CF）	CF1	0.957	39.485	0.934	0.977	0.965	0.970
	CF2	0.961	39.480				
	CF3	0.982	75.837				
满意度（ST）	ST1	0.993	85.012	0.978	0.992	0.989	0.990
	ST2	0.997	296.93				
	ST3	0.992	74.450				
功能价值（PV-FV）	FV1	0.824	18.344	0.958	0.993	0.983	0.991
	FV2	0.833	20.260				
	FV3	0.822	18.780				
社会价值（PV-SV）	SV1	0.809	14.238	0.883	0.940	0.903	0.908
	SV2	0.755	10.151				
	SV3	0.747	10.207				
情感价值（PV-MV）	MV1	0.762	9.739	0.891	0.961	0.971	0.971
	MV2	0.750	10.096				
	MV3	0.773	10.301				
感知易用性（PE）	PE1	0.992	190.043	0.984	0.995	0.992	0.992
	PE2	0.992	167.932				
	PE3	0.992	144.717				
主观规范（SI）	SN1	0.971	47.158	0.959	0.986	0.979	0.994
	SN2	0.985	121.866				
	SN3	0.983	80.634				
感知信任（PT）	PC1	0.941	4.920	0.829	0.936	0.901	0.963
	PC2	0.911	4.185				
	PC3	0.879	3.788				
持续使用意愿（CU）	CU1	0.979	87.936	0.967	0.989	0.983	0.985
	CU2	0.992	231.780				
	CU3	0.979	80.060				

表 6-43 变量间的相关系数，区分效度

变量	CF	ST	FV	SV	MV	PE	SI	PT	CU
期望确认（CF）	0.966								
满意度（ST）	0.336	0.989							
功能价值（FV）	0.275	0.555	0.979						
社会价值（SV）	0.227	0.518	0.547	0.940					
情感价值（MV）	0.216	0.399	0.437	0.553	0.944				
感知易用性（PE）	0.311	0.371	0.324	0.426	0.366	0.992			
主观规范（SI）	0.105	0.196	0.383	0.333	0.194	0.342	0.979		
感知信任（PT）	−0.055	−0.043	−0.079	−0.089	−0.224	−0.105	0.056	0.910	
持续使用意愿（CU）	0.205	0.501	0.588	0.538	0.481	0.430	0.490	−0.118	0.983

综合上述，测量模型具有较好的信度和效度，可以对结构模型进行检验。

（三）感知价值变量的二阶验证性因素分析

研究模型中，感知价值为二阶变量，包括功能价值、社会价值和情感价值三个形成性因子。因此，对感知价值进行二阶验证性因素分析。感知价值变量的二阶测量模型结果显示，感知价值变量内部一致性均已达到可接受的范围。如表 6-44 和表 6-45 所示。

表 6-44 感知价值变量的二阶验证性因素分析

变量	因子	因素负载量	组成信度（CR）
感知价值 AVE=0.620 Cronbach's a=0.923	功能价值（FV）	0.812***	0.936
	社会价值（SV）	0.805***	
	情感价值（MV）	0.844***	

注：*：P<0.05；**：P<0.01；***：P<0.001

表 6-45 二阶模型的路径系数及显著性

	路径系数	T 值	p−Value
PV -> FV	0.812	18.709	P<0.001
PV -> MV	0.805	13.537	P<0.001
PV -> SV	0.844	17.070	P<0.001

6.3.6 结构模型分析

结构模型分析是对模型中每个变量之间的直接路径和间接路径进行分析，从而验证研究假设，变量之间的路径代表了两变量间的因果关系，变量关系的显著性代表了变量间因果关系的强弱。结构模型必须检验各变量间的标准化系数是否达到统计显著性，并且以内生变量的变异解释量（R^2）来判断模型的解释能力，变异解释量（R^2）数值越高，代表模型的解释能力越强。本研究采用 SmartPLS 2.0 软件进行结构模式潜在变量间的因果关系分析与检验。

（一）路径系数检验

标准化路径系数（path coefficient）是分析变量之间关系的强度与方向，经检验应当具有显著性，并且应该与模型假设所预期的方向一致，系数越大代表因果关系越强。路径系数的显著性分析，一般都采用拔靴法（Bootstrapping）连续抽样来进行分析，计算出

路径系数（β）以及 T-Value 值，本研究设定反复抽样 500 次。各变量的路径系数如图 x 和表 x 所示，数据结果显示：

（1）感知价值对持续使用意愿（路径系数为 0.403，p 值为 0.012 显著）和主观规范对持续使用意愿（路径系数为 0.279，p 值为 0.015 显著）为显著正相关，表明假设 4（感知价值对持续使用意愿有显著正向影响）和假设 8（主观规范对持续使用意愿有显著正向影响）；感知易用性、感知信任和满意度对持续使用意愿的相关性不显著，表明假设 6（感知易用性对持续使用意愿有显著正向影响）、假设 9（感知信任对持续使用意愿有显著正向影响）以及假设 7（满意度对持续使用意愿有显著正向影响）不成立；

（2）期望确认对感知价值（路径系数为 0.171，p 值为 0.208）和满意度（路径系数为 0.173，p 值为 0.170）无显著相关性，表明假设 2（期望确认对感知价值无显著正向影响）和假设 1（期望确认对满意度无显著正向影响）不成立；感知易用性与感知价值（路径系数为 0.396，p 值为 0.006）显著相关，表明假设 5（感知易用性对感知价值有显著正向影响）成立；感知价值对满意度（路径系数为 0.553，p 值为 0.000）显著正相关，表明假设 3（感知价值对满意度有显著正向影响）成立。

表 6-46　路径系数

	路径系数	T 值	p-Value	假设
期望确认 -> 感知价值（CF-> PV）	0.171	1.260	0.208	假设 2 不成立
期望确认 -> 满意度（CF -> ST）	0.173	1.374	0.170	假设 1 不成立
感知易用性 -> 持续使用意愿（PE -> CU）	0.086	0.775	0.439	假设 6 不成立
感知易用性 -> 感知价值（PE -> PV）	0.396	2.782	0.006	假设 5 成立
感知信任 -> 持续使用意愿（PT -> CU）	−0.055	0.528	0.598	假设 9 不成立
感知价值 -> 持续使用意愿（PV -> CU）	0.403	2.517	0.012	假设 4 成立
感知价值 -> 满意度（PV -> ST）	0.553	5.483	0.000	假设 3 成立
主观规范 -> 持续使用意愿（SI -> CU）	0.279	2.445	0.015	假设 8 成立
满意度 -> 持续使用意愿（ST -> CU）	0.169	0.987	0.324	假设 7 不成立

*: P<0.05；**: P<0.01；***: P<0.001

（二）模型预测力估计

研究模型对实际问题的解释能力一般都用 R^2 值来衡量，该值代表内在变量能够解释变异量的概率，R^2 的值介于 0 至 1 之间，值越大，代表模型的解释力越好。根据 Falk 和 Miller（1992）的建议，R2 值至少达到 0.1 以上。本研究模型的 R2 结果显示：持续使用意图的 R2 值为 0.529，感知价值的 R2 值为 0.228，满意度的 R2 值为 0.392。因此，研究模型具有较好的解释能力。

表 6-47 及图 6-3 中的路径系数和显著性分析结果可知：

（1）感知价值对持续使用意愿（路径系数为 0.403，p 值为 0.012 显著）的影响力最强，其次是主观规范（路径系数为 0.279，p 值为 0.015 显著），感知易用性、满意度和感知信任对持续使用意愿不具有显著的影响力；

（2）感知易用性对感知价值（路径系数为 0.396，p 值为 0.006 显著）的影响力最强，期望确认对感知价值不具有显著影响力；

（3）感知价值对满意度（路径系数为 0.553，p 值为 0.000 显著）的影响力最强，期望确认对满意度不具有影响力。

表 6-47　R2 检验

	R Square
CU	0.529
PV	0.228
ST	0.392

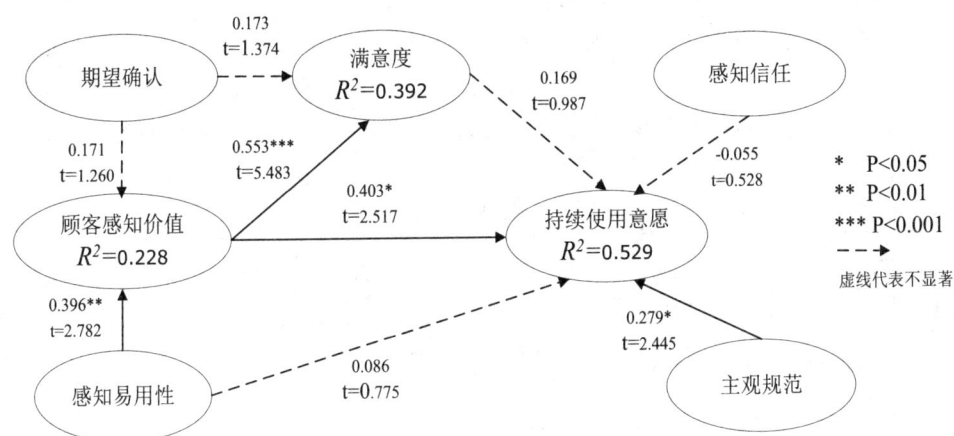

图 6-3　研究模型的路径系数及显著性

6.3.7　感知价值变量对持续使用意愿的分析

研究模型中，感知价值为二阶变量，包括功能价值、社会价值和情感价值三个形成性因子。从上述数据分析结果可以得出，感知价值对持续使用意愿具有强影响力。为了进一步了解感知价值三个维度对持续使用意愿的影响作用，我们从原模型中提取感知价值与持续使用意愿子模型，并对其进行结构化方程分析。首先对子模型进行测量模型分析，然后进行结构模型分析。

（1）感知价值变量对持续使用意愿影响的测量模型分析

在此阶段我们依然采用 SmartPLS 2.0 对子模型中感知价值的三个构面进行验证性因素分析。从表 4-68 中可以看出，该子模型的所有因素的载荷量和模型的 AVE 值都大于 0.7，表明该子模型具有良好的收敛效度。表 6-49 中主对角线代表每个变量的 AVE 开根号值，数据显示，该值从 0.915 到 0.989，都大于对应的行和列上的其他值，因此，每个潜在变量是明显不同，具有良好的区别效度。

表6-48　各构面的信度与效度

变量	题项	因素负荷量	T-Value	AVE	CR	Cronbach`s alpha	Communality
功能价值 （PV-FV）	FV1	0.995	273.033	0.979	0.993	0.989	0.991
	FV2	0.988	106.290				
	FV3	0.986	84.342				
社会价值 （PV-SV）	SV1	0.912	24.807	0.838	0.940	0.903	0.883
	SV2	0.948	58.101				
	SV3	0.886	25.294				
情感价值 （PV-MV）	MV1	0.979	79.999	0.945	0.981	0.971	0.971
	MV2	0.966	53.845				
	MV3	0.971	52.341				
持续使用意愿 （CU）	CU1	0.979	84.373	0.967	0.989	0.983	0.908
	CU2	0.991	219.162				
	CU3	0.980	90.977				

（2）感知价值变量的结构模型分析

感知价值的三个变量对持续使用意愿的路径系数如表6-50所示，数据结果显示：功能价值对持续使用意愿（路径系数为0.382，p值为0.01显著）的影响力最强，社会价值和情感价值对持续使用意愿不具有显著的影响力。该子模型的R2为0.439，说明模型具有解释力。

表6-49　变量间的相关系数，区分效度

变量	FV	SV	MV	CU
功能价值（FV）	0.989			
社会价值（SV）	0.544	0.915		
情感价值（MV）	0.482	0.550	0.972	
持续使用意愿（CU）	0.588	0.540	0.482	0.983

表6-50　路径系数

	路径系数	T值	P-Value
功能价值 -> 持续使用意愿（FV -> CU）	0.382	2.836**	显著
情感价值 -> 持续使用意愿（MV -> CU）	0.190	1.562	不显著
社会价值 -> 持续使用意愿（SV -> CU）	0.227	1.504	不显著

*：P<0.05；**：P<0.01；***：P<0.001

6.4　小结

本章节通过实证分析，探究英国老年人初次采纳和持续使用社会化网络服务的影响因素，主要目的是通过实证研究的方法，对西方老年人初次采纳和持续使用社会化网络服务的影响因素进行分析，探讨西方老年人初次采纳和持续使用社会化网络服务的影响因素，分析这些因素对老年人初次采纳和持续使用社会化网络服务的影响力，探讨老年人持续使用社会化网络服务的行为状况。

（一）从描述性统计分析结果可以看出

（1）在初次采纳阶段，大多数英国老年人都是通过家人或朋友介绍，才开始了解和使用社会化网络服务工具的，工作中接触和了解社会化网络服务的也有一些，大多数英国老年人主要使用即时通讯类服务，其次就是访问资讯和生活服务类网站，而在年轻人中较为流行的博客、论坛以及社交类网络服务，老年人使用的相对较少；使用社会化网络工具进行沟通交流分享信息以及观看新闻获取信息以及观看视频是老年人经常性的活动，游戏娱乐以及进行缴费和理财的活动相对较少；在使用社会化网络服务工具进行沟通交流方面，老年人主要还是跟家人和亲戚进行联系，其次是朋友同学和老同事，跟陌生人联系交流的老年人相对较少。

（2）英国老年人在持续使用阶段选择的主要社会化网络服务功能这与初次采纳时的数据结果类似，依然是使用即时通讯服务的老年人居多，使用社会化网络工具进行沟通交流分享信息以及观看视频、新闻获取信息是英国老年人经常性的活动，其次是玩游戏、缴费和理财。在使用社会化网络服务工具进行沟通交流方面，英国老年人主要是跟家人和亲戚以及朋友同学和老同事进行沟通交流，跟陌生人交流的老年人非常少。

与初次采纳阶段的数据进行比较可以看出，老年人在社会化网络服务持续使用阶段，选择的主要社会化网络服务功能和与人沟通交流的情况等都与初次采纳时的数据结果类似，并无太大变化。

性别、年龄和教育程度三个人口统计变量对社会化网络服务使用状况的相关性分析结果显示，不同性别和不同年龄段的老年人在社会化网络服务初次采纳和持续使用方面差异性还是比较大的。

（二）结构化方程分析得出

（1）初次采纳阶段。感知有用性对采纳意愿、感知信任对采纳意愿和便利条件对采纳意愿为显著正相关，表明假设 1、假设 4 和假设 5 成立；感知易用性和社会影响对采纳意愿不显著，表明假设 2 和假设 3 不成立。研究模型内生变量的方差解释量 R2 值等于 0.510，显示模型的解释力良好。分析结果显示，感知有用性对采纳意愿的影响力最强，其次为感知信任以及便利条件，而感知有用性和社会影响没有显著的影响力。

（2）在持续使用阶段。感知价值对持续使用意愿和主观规范对持续使用意愿为显著正相关，表明假设 4 和假设 8；感知易用性、感知信任和满意度对持续使用意愿的相关性不显著，表明假设 6、假设 9 以及假设 7 不成立。研究模型的 R2 值为 0.529，表明研究模型具有较好的解释能力。分析结果显示，感知价值对持续使用意愿的影响力最强，其次是主观规范。感知易用性、满意度和感知信任对持续使用意愿不具有显著的影响力。

7 比较分析及总结

本研究的目的是探讨老年人社会化网络服务初次采纳及持续使用的行为。通过大量的文献分析，从老年人的生理和心理特征着手，分析老年人的信息需求，并在信息技术采纳模型的基础上构建老年用户社会化网络服务初次采纳及持续使用模型，采用深入访谈和问卷调查的实证研究方法分析和探讨老年人社会化网络服务初次采纳和持续使用的行为特征，并通过比较中西方老年人社会化网络服务初次采纳和持续使用行为的差别，更加深入地了解我国老年人社会化网络服务初次采纳和持续使用行为的特征。本部分将对老年人社会化网络服务初次采纳和持续使用行为以及中英两国老年人社会化网络服务初次采纳和持续使用行为进行分析，给出相应的建议，最后阐述本研究的创新点及局限性。

7.1 社会化网络服务初次采纳和持续使用比较分析

老年人社会化网络服务初次采纳只是他们接触和了解社会化网络服务的第一阶段，真正对社会化网络服务有深入的使用则需要老年人进一步持续使用社会化网络服务，按照 Rogers 的创新采纳过程模型，不同使用阶段的用户行为特征是不一样的，产生这些行为特征的影响因素也是各不相同的，因此对初次采纳和持续使用行为特征进行比较分析，可以进一步了解老年人使用社会化网络服务的本质特征。

7.1.1 社会化网络服务使用情况比较分析

（1）使用社会化网络服务时采用的主要工具

表 7-1　使用社会化网络服务时采用的主要工具

类别	初次采纳（%）	持续使用（%）
智能手机	61.5	51%
平板	25.8	26%
电脑	13.7	17%

表 7-1 数据显示，老年人在初次采纳和持续使用社会化网络服务时所采用的工具基本上都是一样的，都是以智能手机为主要的工具。

（2）您主要使用哪种类型的社会化网络服务，频次如何？

表 7-2　使用社会化网络服务的类型和频次

分类	类别	初次采纳（%）	持续使用（%）
即时通讯服务（如微信、QQ 等）	经常	58.7	60.2
	偶尔	41.3	39.8
	从不	0	0

分类	类别	初次采纳（%）	持续使用（%）
老年人社交类网站（如老龄网等）	经常	4.8	14
	偶尔	21.4	18.3
	从不	73.8	67.7
博客、评论类网络服务（如新浪微博等）	经常	5.6	7.5
	偶尔	20.6	32.3
	从不	73.8	60.2
资讯及生活服务类网站（如网络购物，股票理财，新闻资讯，视频等）	经常	14.3	19.4
	偶尔	65.1	63.4
	从不	20.6	17.2

表 7-2 数据显示，老年人在持续使用社会化网络服务阶段时所使用的社会化网络服务类型的频次要高于老年人在初次采纳社会化网络服务阶段的频次。这显然是老年人在持续使用社会化网络服务后，对社会化网络服务有了更加熟悉，因此也就会更多的使用社会化网络服务的各种功能。

（3）您使用社会化网络服务时经常做哪些事情？

表7-3　使用社会化网络服务的主要目的和频次

分类	类别	初次采纳（%）	持续使用（%）
沟通交流，分享信息和照片	经常	46.8	53.8
	偶尔	31.7	44.1
	从不	21.4	2.2
玩游戏等娱乐活动	经常	46.8	32.3
	偶尔	34.1	39.8
	从不	19.0	28
缴费、理财等	经常	16.7	12.9
	偶尔	60.3	65.6
	从不	23.0	21.5
观看视频、新闻等获取信息	经常	31.7	34.4
	偶尔	48.4	52.7
	从不	19.8	12.9

表 7-3 显示，老年人在初次采纳和持续使用社会化网络服务的两阶段过程中，游戏娱乐和缴费理财的活动频次基本上保持不变，而使用社会化网络服务进行沟通交流、分享信息以及观看视频、新闻获取信息的活动频次在老年人持续使用社会化网络服务阶段是不断增多的。这显然也是老年人在持续使用社会化网络服务后，对社会化网络服务更加熟悉，因此也就会更多的使用社会化网络服务的各种功能。

（4）您在使用微信等即时通信工具的时候主要跟谁联系？

表7-4　通过即时通信工具联系不同对象的频次

分类	类别	初次采纳（%）	持续使用（%）
家人和亲戚	经常	46.8	53.8
	偶尔	53.2	46.2
	从不	0	0
朋友和同事	经常	45.2	49.5
	偶尔	51.6	50.5
	从不	3.2	0
陌生人	经常	0	6.5
	偶尔	8.7	53.8
	从不	91.3	46.2

从表7-4可以看出，老年人在初次采纳和持续使用社会化网络服务的两阶段过程中，使用社会化网络服务工具进行沟通交流的对象主要还是家人和亲戚，其次是朋友同学和老同事，而与陌生人交流的频次在持续使用阶段略有增加。

从上述描述性统计分析结果可以看出，大多数老年人在持续使用社会化网络服务阶段使用各种服务的频次都有所增加。在两个阶段中，大多数老年人主要还是使用"微信"等即时通讯类服务，使用的频率相对较大，其次就是访问资讯和生活服务类网站，而在年轻人中较为流行的博客、论坛以及社交类网络服务，老年人则不太使用。分析结果显示，使用社会化网络服务进行沟通交流，保持一定的社会交往是老年人使用社会化网络服务的主要目的。

7.1.3 人口统计变量对社会化网络服务使用情况的比较分析

（1）性别与社会化网络服务使用状况的相关性分析

表7-5 使用不同类型社会化网络服务的频次

分类	初次采纳	持续使用
即时通讯服务	0.000 显著	0.082 不显著
老年人社交类网站	0.263 不显著	0.408 不显著
博客、评论类网络服务	0.137 不显著	0.379 不显著
资讯及生活服务类网站	0.584 不显著	0.036 显著

表7-6 使用不同社会化网络服务功能的频次

分类	初次采纳	持续使用
沟通交流，分享信息和照片	0.000 显著	0.000 显著
游戏娱乐	0.027 显著	0.013 显著
缴费、理财等	0.07 不显著	0.241 不显著
观看视频、新闻等获取信息	0.020 显著	0.002 显著

表7-7 通过社会化网络服务与亲戚朋友等联系的频次

分类	初次采纳	持续使用
家人和亲戚	0.000 显著	0.944 不显著
朋友和同事	0.026 显著	0.054 不显著
陌生人	0.000 显著	0.066 不显著

分析：表7-5-表7-7是老年人初次采纳社会化网络服务和持续使用社会化网络服务两阶段的性别与社会化网络服务使用状况的卡方检验分析，数据显示：①在使用不同类型社会化网络服务的频次方面，在初次采纳阶段老年女性比老年男性更多的使用即时通讯服务，但在持续使用阶段，这种差别就不存在了。在持续使用阶段老年男性使用资讯和生活服务类网站的频次要高于老年女性，而在初次使用阶段则没有显著差别；②在使用不同社会化网络服务功能的频次方面没有明显的变化；③在持续使用阶段，性别在通过社会化网络服务进行社会联系方面没有显著差异，但在初次采纳阶段则全部具有显著相关性。

（2）年龄与社会化网络服务使用状况的相关性分析

表7-8 使用不同类型社会化网络服务的频次

分类	初次采纳	持续使用
即时通讯服务	0.027 显著	0.191 不显著
老年人社交类网站	0.000 显著	0.000 显著
博客、评论类网络服务	0.000 显著	0.000 显著
资讯及生活服务类网站	0.000 显著	0.000 显著

表7-9 使用不同社会化网络服务功能的频次

分类	初次采纳	持续使用
沟通交流，分享信息和照片	0.001 显著	0.002 显著
游戏娱乐	0.011 显著	0.042 显著
缴费、理财等	0.000 显著	0.003 显著
观看视频、新闻等获取信息	0.021 显著	0.000 显著

表7-10 通过社会化网络服务与亲戚朋友等联系的频次

分类	初次采纳	持续使用
家人和亲戚	0.724 不显著	0.070 不显著
朋友和同事	0.000 显著	0.000 显著
陌生人	0.006 显著	0.328 不显著

分析：表7-8- 表7-10是年龄与社会化网络服务使用状况的卡方检验分析，数据显示：①在老年人初次采纳社会化网络服务阶段，年龄与使用即时通讯服务的频次是显著相关的，年纪越轻的老年人使用即时通讯服务的频次越多，但在持续使用阶段则不具有显著相关性；②年龄与使用不同社会化网络服务功能的频次方面，两阶段的数据结果没有显著变化；③在初次使用阶段，年龄与陌生人联系的频次具有显著性，但在持续使用阶段则不具有显著性。

（3）教育程度与社会化网络服务使用状况的相关性分析

表7-11 使用不同类型社会化网络服务的频次

分类	初次采纳	持续使用
即时通讯服务	0.071 不显著	0.072 不显著
老年人社交类网站	0.000 显著	0.320 不显著
博客、评论类网络服务	0.000 显著	0.093 不显著
资讯及生活服务类网站	0.002 显著	0.449 不显著

表7-12 使用不同社会化网络服务功能的频次

分类	初次采纳	持续使用
沟通交流，分享信息和照片	0.126 不显著	0.579 不显著
游戏娱乐	0.70 不显著	0.044 显著
缴费、理财等	0.065 不显著	0.170 不显著
观看视频、新闻等获取信息	0.061 不显著	0.852 不显著

表7-13 通过社会化网络服务与亲戚朋友等联系的频次

分类	初次采纳	持续使用
家人和亲戚	0.550 不显著	0.931 不显著
朋友和同事	0.000 显著	0.373 不显著
陌生人	0.136 显著	0.403 不显著

分析：表7-11- 表7-13是教育程度与社会化网络服务使用状况的卡方检验分析，数据结果显示：在持续使用阶段，教育程度与社会化网络服务使用状况的卡方检验基本上

都不具有显著性,而在初次采纳阶段,①教育程度与使用即时通讯服务的频次是不显著相关的,而在使用博客、评论类服务以及资讯生活服务类网站是显著相关的,从上表可以看出受教育程度越高,使用的频次也就越高;②教育程度与使用不同社会化网络服务功能的频次方面都不具有显著相关性;③教育程度与家人亲戚联系的频次具有显著相关性,而通过社会化网络服务与朋友同事以及陌生人联系的频次不具有显著相关性。

（4）职业与社会化网络服务使用状况的相关性分析

表7-14　使用不同类型社会化网络服务的频次

分类	初次采纳	持续使用
即时通讯服务	0.0701 不显著	0.142 不显著
老年人社交类网站	0.525 不显著	0.213 不显著
博客、评论类网络服务	0.494 不显著	0.012 显著
资讯及生活服务类网站	0.138 不显著	0.350 显著

表7-15　使用不同社会化网络服务功能的频次

分类	初次采纳	持续使用
沟通交流,分享信息和照片	0.126 不显著	0.201 显著
游戏娱乐	0.111 不显著	0.072 不显著
缴费、理财等	0.16 不显著	0.001 显著
观看视频、新闻等获取信息	0.805 不显著	0.361 显著

表7-16　通过社会化网络服务与亲戚朋友等联系的频次

分类	初次采纳	持续使用
家人和亲戚	0.155 不显著	0.340 不显著
朋友和同事	0.059 不显著	0.138 不显著
陌生人	0.215 不显著	0.000 显著

分析:表7-14-表7-16是职业经历与社会化网络服务使用状况的卡方检验分析,数据结果显示:①在持续使用阶段,不同职业经历在使用博客类社会化网络服务方面有显著相关性,而在初次使用阶段则不具有显著相关性;②在持续使用阶段,不同职业经历的老年人在使用缴费理财类社会化网络服务功能频次有显著相关性,使用其他社会化网络服务功能频次方面没有显著差异,而在初次采纳阶段,不同职业经历的老年人使用不同社会化网络服务功能的频次都不具有显著相关性;③在持续使用阶段,不同职业经历老年人通过社会化网络服务与陌生人联系频次有显著差异,而职业经历与其他通过社会化网络服务与社会关系联系频次的卡方检验都不具有显著性。而在初次采纳阶段,不同职业经历老年人通过社会化网络服务与家人亲戚等联系的频次均无显著差异。

（5）居住状态与社会化网络服务使用状况的相关性分析

表7-17　使用不同类型社会化网络服务的频次

分类	初次采纳	持续使用
即时通讯服务	0.017 显著	0.141 不显著
老年人社交类网站	0.263 显著	0.073 不显著
博客、评论类网络服务	0.0156 显著	0.695 不显著
资讯及生活服务类网站	0.000 显著	0.002 显著

表7-18　使用不同社会化网络服务功能的频次

分类	初次采纳	持续使用
沟通交流，分享信息和照片	0.051 不显著	0.016 显著
游戏娱乐	0.462 不显著	0.005 不显著
缴费、理财等	0.681 不显著	0.019 显著
观看视频、新闻等获取信息	0.128 不显著	0.002 显著

表7-19　通过社会化网络服务与亲戚朋友等联系的频次

分类	初次采纳	持续使用
家人和亲戚	0.621 不显著	0.641 不显著
朋友和同事	0.300 不显著	0.596 不显著
陌生人	0.220 不显著	0.000 显著

分析：表7-17-表7-19是居住状态与社会化网络服务使用状况的卡方检验分析，数据结果显示：①在持续使用阶段，居住状态在老年人使用即时通讯类服务、访问社交网站以及使用博客类服务方面没有显著差别，而在使用资讯类社会化网络服务频次方面有显著差异，但在初次采纳阶段，则都不具有显著相关性；②在持续使用阶段，住居状态与沟通交流，分享信息和照片、缴费理财及观看视频新闻获取信息方面的相关性均为显著，而在初次采纳阶段则不具有显著相关性；③在两阶段中，不同居住状态的老年人在通过社会化网络服务与陌生人联系的频次方面有变化，而在其他方面的相关性则没有改变。

（6）生活形态与社会化网络服务使用状况的相关性分析

表7-20　使用不同类型社会化网络服务的频次

分类	初次采纳	持续使用
即时通讯服务	0.0223 显著	0.090 不显著
老年人社交类网站	0.000 显著	0.808 不显著
博客、评论类网络服务	0.565 不显著	0.007 显著
资讯及生活服务类网站	0.050 显著	0.038 显著

分析：表7-20-表7-22是生活形态与社会化网络服务使用状况的卡方检验分析，数据结果显示：①在持续使用阶段，生活形态与即时通讯服务以及社交类网站使用状况的相关性不具有显著性，而在初次使用阶段则具有显著性，博客等评论类网络服务在持续使用阶段为显著相关，而在初次使用阶段为不显著相关；②在初次采纳和持续使用阶段，不同生活形态的老年人使用主要社会化网络服务功能频次的相关性没有明显的变化；③不同生活状态的老年人通过社会化网络服务与家人亲戚联系频次的相关性没有发生改变，而与朋友同事和陌生人联系的频次，在初次采纳阶段是显著相关，但在持续使用阶段则不相关。

表7-21　使用不同社会化网络服务功能的频次

分类	初次采纳	持续使用
沟通交流，分享信息和照片	0.003 显著	0.002 显著
游戏娱乐	0.095 不显著	0.074 不显著
缴费、理财等	0.751 不显著	0.153 不显著
观看视频、新闻等获取信息	0.055 不显著	0.307 不显著

表7-22　通过社会化网络服务与亲戚朋友等联系的频次

分类	初次采纳	持续使用
家人和亲戚	0.928 不显著	0.002 不显著
朋友和同事	0.000 显著	0.001 不显著
陌生人	0.019 显著	0.001 不显著

综合人口统计变量对社会化网络服务使用情况的比较分析结果可以看出：

老年人在初次采纳和持续使用社会化网络服务阶段的行为还是有明显变化的，这些变化的主要原因应该是，随着老年人持续使用社会化网络服务，他们对的社会化网络服务的了解程度不断加深，逐渐熟悉了社会化网络服务的各项功能，在情感上也开始能够接受社会化网络服务了。例如，人口统计变量与使用即时通信工具的相关性，在初次采纳阶段大多是具有显著相关性的，也就是说，年龄、性别、教育程度、工作经历等差异都会影响老年人初次采纳即时通讯这种社会化网络服务，但在持续使用阶段，相关性则大多为不显著，也就是说在老年人持续使用了社会化网络服务后，年龄、性别等人口统计变量的差异性对使用社会化网络服务的影响就不大了。

7.2　中英老年人社会化网络服务初次采纳行为比较分析

对西方发达国家老年人社会化网络服务使用状况以及影响因素进行分析，可以进一步了解在社会化网络环境下老年人的信息行为。同时，通过比较两个不同发展阶段国家老年人使用社会化网络服务的行为，也能为中国在构建面向老年人的网络信息服务建设方面提供借鉴。

7.2.1　社会化网络服务使用情况比较分析

（1）了解和接触社会化网络服务的途径

表7-23　了解和接触社会化网络服务的途径

分类	中国（%）	英国（%）
家人或朋友	54.8	50.8
工作过程中	32.5	31.7
社会机构（老年大学或图书馆）	12.7	17.5

表7-23显示，中英两国的老年人初次了解和采纳社会化网络服务的途径基本上是相同的，从数据中的百分比可以知道，大多数老年人都是通过家人或朋友的介绍才开始接触社会化网络服务的。

（2）使用社会化网络服务的主要工具?

表7-24　使用社会化网络服务的主要工具

类别	中国（%）	英国（%）
智能手机	61.5	20
平板	25.8	32
电脑	13.7	48

表7-24显示，中英两国的老年人初次采纳社会化网络服务的工具有明显的区别，中国老年人大多是使用智能手机，而英国老年人使用智能手机、平板和电脑的人数比例基本相当。

（3）您主要使用哪种类型的社会化网络服务，频次如何？

在使用社会化网络服务类型方面，表7-25数据显示：中国大多数老年人主要使用即时通讯类服务，而且使用的频率也较大，其次就是访问资讯和生活服务类网站；而英国老年人使用社交类网站、博客论坛以及资讯和生活服务类网站相对较多，而即时通讯类服务相对较少。

表7-25　使用社会化网络服务的类型和频次

分类	类别	中国（%）	英国（%）
即时通讯服务	经常	58.7	46
	偶尔	41.3	49.2
	从不	0	4.8
老年人社交类网站	经常	4.8	0
	偶尔	21.4	41.3
	从不	73.8	58.7
博客、评论类网络服务	经常	5.6	12.7
	偶尔	20.6	57.1
	从不	73.8	30.2
资讯及生活服务类网站	经常	14.3	38.1
	偶尔	65.1	57.1
	从不	20.6	4.8

（4）您使用社会化网络服务时经常做哪些事情？

表7-26　使用社会化网络服务的主要目的和频次

分类	类别	中国（%）	英国（%）
沟通交流，分享信息和照片	经常	46.8	38.1
	偶尔	31.7	47.6
	从不	21.4	14.3
玩游戏等娱乐活动	经常	46.8	17.5
	偶尔	34.1	38.1
	从不	19.0	44.4
缴费、理财等	经常	16.7	12.7
	偶尔	60.3	66.7
	从不	23.0	20.6
观看视频、新闻等获取信息	经常	31.7	46
	偶尔	48.4	47.6
	从不	19.8	6.3

表7-26数据显示，中国老年人在游戏娱乐活动方面使用的频次相对较多，而在使用其他社会化网络服务的主要目的和频次方面差别并不突出。

（5）您在使用即时通信工具的时候主要跟谁联系？

表7-27　通过即时通信工具联系不同对象的频次

分类	类别	中国（%）	英国（%）
家人和亲戚	经常	46.8	52.4
	偶尔	53.2	44.4
	从不	0	3.2
朋友和同事	经常	45.2	25.4
	偶尔	51.6	66.7
	从不	3.2	7.9
陌生人	经常	0	1.6
	偶尔	8.7	11.1
	从不	91.3	87.3

从表 7-27 可以看出,在使用社会化网络服务工具进行沟通交流方面,中英老年人主要都是跟家人和亲戚进行交流,其次是朋友同学和老同事,跟陌生人交流的老年人非常少。

从上述描述性统计分析结果可以看出,中英双方老年人大多是通过家人以及亲戚朋友的介绍,才开始了解和使用社会化网络服务的,这也反映了"社会影响"因素对老年人采纳社会化网络服务的影响作用。这个结果和相关的研究文献以及深度访谈的结果是一致的;在社会化网络服务选择方面,中国老年人使用即时通讯类服务的频率相对较大,而英国老年人使用博客、论坛以及社交类网络服务的频次相对较多;使用即时通讯服务与家人亲戚沟通交流是两国老年人的经常性活动,保持一定的社会交往也是两国老年人使用社会化网络服务的主要目的。

7.2.2 人口统计变量与使用情况相关性的比较分析

卡方检验是一种量化资料的假设检验方法,属于非参数检验,主要是对两个分类变量的关联性进行分析,如果卡方值具有显著性,说明这两个分类变量具有相关性。

(1)性别与社会化网络服务使用状况的相关性

表 7-28　使用不同社会化网络服务的频次

分类	中国(P 值、显著性)	英国(P 值、显著性)
即时通讯服务	0.000 显著	0.818 不显著
老年人社交类网站	0.263 不显著	0.208 不显著
博客、评论类网络服务	0.137 不显著	0.009 显著
资讯及生活服务类网站	0.584 不显著	0.694 不显著

表 7-29　使用不同社会化网络服务功能的频次

分类	中国(P 值、显著性)	英国(P 值、显著性)
沟通交流,分享信息和照片	0.000 显著	0.763 不显著
游戏娱乐	0.027 显著	0.738 不显著
缴费、理财等	0.07 不显著	0.132 不显著
观看视频、新闻等获取信息	0.020 显著	0.714 不显著

表 7-30　通过社会化网络服务与亲戚朋友等联系的频次

分类	中国(P 值、显著性)	英国(P 值、显著性)
家人和亲戚	0.000 显著	0.397 不显著
朋友和同事	0.026 显著	0.112 不显著
陌生人	0.000 显著	0.394 不显著

表 7-28- 表 7-30 显示:在性别与社会化网络服务使用状况的卡方检验方面,英国老年人在使用不同类型社会化网络服务的频次方面,性别只是在使用博客、评论类网络服务有显著差异的,不同性别在使用不同社会化网络服务功能的频次方面不具有显著相关性,在通过社会化网络服务与亲戚朋友等联系的频次方面也不具有显著相关性;而中国老年人在使用不同类型社会化网络服务的频次方面,性别在使用社交类网站、博客评论类以及生活资讯类服务网站方面不具有显著相关性,在其他方面都具有显著相关性。

(2)年龄与社会化网络服务使用状况的相关性

表 7-31　使用不同类型社会化网络服务的频次

分类	中国（P 值、显著性）	英国（P 值、显著性）
即时通讯服务	0.027 显著	0.000 显著
老年人社交类网站	0.000 显著	0.011 显著
博客、评论类网络服务	0.000 显著	0.05 显著
资讯及生活服务类网站	0.000 显著	0.000 显著

表 7-32　使用不同社会化网络服务功能的频次

分类	中国（P 值、显著性）	英国（P 值、显著性）
沟通交流，分享信息和照片	0.001 显著	0.000 显著
游戏娱乐	0.011 显著	0.008 显著
缴费、理财等	0.000 显著	0.000 显著
观看视频、新闻等获取信息	0.021 显著	0.000 显著

表 7-33　通过社会化网络服务与亲戚朋友等联系的频次

分类	中国（P 值、显著性）	英国（P 值、显著性）
家人和亲戚	0.724 不显著	0.000 显著
朋友和同事	0.000 显著	0.000 显著
陌生人	0.006 显著	0.119 不显著

表 7-31- 表 7-33 显示：中英双方在年龄与社会化网络服务使用状况的卡方检验方面并无太大差别，随着年龄的不断增长，两国老年人使用社会化网络服务的意愿逐渐降低。

（3）教育程度与社会化网络服务使用状况的相关性

表 7-34　使用不同类型社会化网络服务的频次

分类	中国（P 值、显著性）	英国（P 值、显著性）
即时通讯服务	0.071 不显著	0.160 不显著
老年人社交类网站	0.000 显著	0.083 不显著
博客、评论类网络服务	0.000 显著	0.000 显著
资讯及生活服务类网站	0.002 显著	0.045 显著

表 7-35 使用不同社会化网络服务功能的频次

分类	中国（%）	英国（%）
沟通交流，分享信息和照片	0.126 不显著	0.032 显著
游戏娱乐	0.70 不显著	0.580 不显著
缴费、理财等	0.065 不显著	0.020 显著
观看视频、新闻等获取信息	0.061 不显著	0.032 显著

表 7-36　通过社会化网络服务与亲戚朋友等联系的频次

分类	中国（%）	英国（%）
家人和亲戚	0.550 不显著	0.107 不显著
朋友和同事	0.000 显著	0.115 不显著
陌生人	0.136 显著	0.449 不显著

表 7-34- 表 7-36 显示，中英老年人在教育程度与社会化网络服务使用状况的卡方检验方面有较明显不同：①教育程度与使用不同类型社会化网络服务的频次方面，英国老年人教育程度与使用即时通讯服务和老年人网站是不显著相关的，而在使用博客、评论类服务以及资讯生活服务类网站是显著相关的，中国老年人教育程度与使用即时通讯服务不显著相关，而在其他方面是显著相关的；②教育程度与使用不同社会化网络服务功能的频次方面，除游戏娱乐外，英国老年人教育程度与沟通交流分享信息的活动、缴费理

财以及观看视频、新闻等获取信息有显著相关性，而中国老年人教育程度与各个方面都不具有相关性；③英国老年人教育程度与通过社会化网络服务与亲戚朋友等联系的频次方面都不具有显著相关性，而中国老年人教育程度与通过社会化网络服务与朋友同事和陌生人联系的频次方面具有显著相关性。

7.2.3 模型变量的描述性统计结果比较

各变量的描述统计可以分析样本数据的集中趋势和离散趋势，反映样本数据在研究变量上的一般水平。表 7-37 数据显示，中英两国老年人初次采纳社会化网络服务模型变量的集中趋势和离散趋势基本相似，并无太大差别。

表 7-37　各变量描述性统计

因子	测度项	中国		英国	
		平均数	标准差	平均数	标准差
感知有用性（PU）	我觉得 SNSs 对我获取信息是有用的	4.349	0.555	4.10	0.55
	我觉得 SNSs 提高了我与外界交流以及娱乐活动的便利性	4.349	0.555	4.10	0.56
	我觉得 SNSs 对我日常的生活有很大的帮助	4.325	0.562	4.10	0.56
感知易用性（PE）	我觉得 SNSs 的操作对我来说并不复杂	3.437	0.612	3.16	0.57
	我觉得学习使用 SNSs 对我来说比较容易	3.444	0.626	3.16	0.54
	我能较熟练使用 SNSs	3.373	0.665	3.16	0.57
社会影响（SI）	我的同事同学都认为我应该使用 SNSs	4.230	0.508	3.32	0.53
	社会环境促使我应该使用 SNSs	4.206	0.510	3.32	0.53
	我的亲戚好友都鼓励我使用 SNSs	4.230	0.492	3.32	0.53
便利条件（FC）	我具备使用 SNSs 的软件和硬件资源	3.675	0.533	3.75	0.44
	在使用时遇到困难和疑惑时能寻求到帮助	3.619	0.533	3.75	0.44
	在遇到困难时能较快的寻求到帮助	3.643	0.542	3.75	0.44
感知信任（PT）	对在社会化网络中获取的信息是可信的	3.405	0.492	3.75	0.44
	我不担心社会化网络服务泄漏我的个人信息	3.357	0.480	3.75	0.44
	在使用时不会感觉到有什么危害	3.325	0.469	3.75	0.44
用户采纳意愿（UA）	我愿意推荐朋友使用社会化网络服务	4.286	0.503	4.08	0.60
	我非常乐意使用社会化网络服务	4.278	0.483	4.10	0.59
	我不会轻易放弃使用社会化网络服务	4.286	0.503	4.10	

7.2.4 性别、教育程度及年龄人口统计变量对各因子的影响分析

采用以 T 检验或者单因子方差分析的方法来探讨不同人口统计变量下老年人初次采纳社会化网络服务的意愿是否有显著差异。

表 7-38　性别、教育程度及年龄对各变量方差分析

分类	中国			英国		
	性别	教育程度	年龄	性别	教育程度	年龄
感知有用性（PU）	无显著差异	显著	显著	无显著差异	无显著差异	显著
感知易用性（PE）	显著差异	显著	显著	无显著差异	显著差异	显著
社会影响（SI）	无显著差异	显著	显著	无显著差异	无显著差异	显著
便利条件（FC）	无显著差异	显著	显著	无显著差异	无显著差异	显著
感知信任（PT）	无显著差异	显著	显著	无显著差异	无显著差异	显著
采纳意愿（UA）	无显著差异	显著	显著	无显著差异	无显著差异	显著

表 7-38 显示：除了感知易用性，中英两国老年人初次采纳社会化网络服务阶段，性

别对各变量的方差分析结果基本是一致的；教育程度对各变量的方差分析结果确有较大的差异，中国老年人的教育程度对各变量的方差分析结果均为显著，而英国老年人的教育程度只有对感知易用性变量的方差分析为显著，对其他变量的方差分析均为不显著；年龄对各变量的方差分析结果基本是一致的，都具有显著差异。

7.2.5 路径系数和模型预测力比较

（1）预测模型的路径系数比较

表7-39 各变量路径系数和研究假设结果

假设	中国			英国		
	路径系数	显著性	假设	路径系数	显著性	假设
感知有用性（PU）-> 采纳意愿（UA）	0.328	显著	假设1成立	0.328	显著	假设1成立
感知易用性（PE）-> 采纳意愿（UA）	0.085	不显著	假设2不成立	0.085	不显著	假设2不成立
社会影响（SI）-> 采纳意愿（UA）	0.328	显著	假设3成立	0.328	不显著	假设3不成立
便利条件（FC）> 采纳意愿（UA）	0.236	显著	假设4成立	0.236	显著	假设4成立
感知信任（PT）-> 采纳意愿（UA）	0.282	不显著	假设5不成立	0.282	显著	假设5成立

表7-39数据显示，中国老年人的研究模型中，社会影响对采纳意愿具有显著的正向影响，即假设3成立，而英国老年人的研究模型中社会影响对采纳意愿不具有显著的正向影响，即假设3不成立。这或许是因为中国是家社会，老年人更多的喜欢群体生活，而英国等西方国家的老年人晚年相对更加孤独，社会交往圈也比中国老年人小很多；中国老年人的研究模型中，感知信任对采纳意愿不具有显著的正向影响，即假设5成立，而英国老年人的研究模型中感知信任对采纳意愿具有显著的正向影响，即假设5成立。这或许是由于文化差异所造成的，英国等西方老年人比中国老年人更加注重个人隐私。

（2）模型的解释力比较

表7-40 研究模型的解释力比较

	中国	英国
模型解释力 R^2 值	0.480	0.510

从表7-40可以看出，两国老年人初次采纳社会化网络服务的预测模型解释力基本相当，差异不大。

模型变量对采纳意愿的影响力结果显示，在中国老年人当中，社会影响对初次采纳意愿的影响力最强，其次为感知有用性以及便利条件，感知有用性和感知信任没有影响力；而在英国老年人当中，感知有用性对初次采纳意愿的影响力最强，其次为感知信任以及便利条件，而感知有用性和社会影响没有显著的影响力。综上所述，影响变量对中英两国老年人的初次采纳意愿的影响力是不一样的。

7.3 中英老年人社会化网络服务持续采纳行为比较分析

7.3.1 社会化网络服务使用情况描述性分析

（1）您主要使用哪种类型的社会化网络服务，频次如何？

表 7-41　使用社会化网络服务的类型和频次

分类	类别	中国	英国
即时通讯服务	经常	60.2	53.7
	偶尔	39.8	31.5
	从不	0	14.8
老年人社交类网站	经常	14	27.8
	偶尔	18.3	31.5
	从不	67.7	40.7
博客、评论类网络服务	经常	7.5	22.2
	偶尔	32.3	38.9
	从不	60.2	38.9
资讯及生活服务类网站	经常	19.4	24.1
	偶尔	63.4	42.6
	从不	17.2	33.3

在持续使用社会化网络服务类型及频次方面，表 7-41 数据显示，中国大多数老年人主要使用即时通讯类服务，而且使用的频率也较大，其次就是访问资讯和生活服务类网站，而英国老年人持续使用社交类网站、博客论坛以及资讯和生活服务类网站相对较多，而使用即时通讯类服务相对较少。持续使用社会化网络服务类型及频次的比较结果与中英两国老年人初次采纳社会化网络服务类型及频次的比较结果基本一致。

（2）您使用社会化网络服务时经常做哪些事情？

表 7-42　使用社会化网络服务的主要目的和频次

分类	类别	中国（%）	英国（%）
沟通交流，分享信息和照片	经常	53.8	38.9
	偶尔	44.1	44.4
	从不	2.2	16.7
玩游戏等娱乐活动	经常	32.3	31.5
	偶尔	39.8	35.2
	从不	28	33.3
缴费、理财等	经常	12.9	16.7
	偶尔	65.6	48.1
	从不	21.5	35.2
观看视频、新闻等获取信息	经常	34.4	33.3
	偶尔	52.7	51.9
	从不	12.9	14.8

表 7-42 数据显示，在使用社会化网络服务的目的和频次方面，中国老年人比英国老年人更多的进行沟通交流、分享信息以及缴费理财的活动，而在观看视频、获取新闻信息方面的活动基本一致，变化不大。

（3）您在使用即时通信工具的时候主要跟谁联系？

表7-43　通过即时通信工具联系不同对象的频次

分类	类别	中国（%）	英国（%）
家人和亲戚	经常	53.8	48.1
	偶尔	46.2	44.4
	从不	0	7.4
朋友和同事	经常	49.5	44.4
	偶尔	50.5	44.4
	从不	0	11.1
陌生人	经常	6.5	11.1
	偶尔	23.7	13.0
	从不	69.9	75.9

表7-43显示，在使用即时通信工具进行沟通交流方面，中国老年人跟家人和亲戚进行交流的频次比英国老年人略多，两国老年人在与朋友和同事联系的频次方面基本一致，而英国老年人跟陌生人沟通交流的频次比中国老年人要高许多。

从上述描述性统计分析结果可以看出，中国老年人使用社会化网络服务中的即时通讯类服务与家人亲戚联系交流的频次要高于英国老年人，而英国老年人更多的是使用社会化网络服务中的资讯和生活服务类以及视频、新闻信息等网络服务。分析结果显示，进行沟通交流，保持一定的社会交往是两国老年人使用社会化网络服务的主要目的。

7.3.2　人口统计变量与使用情况相关性的比较分析

卡方检验是一种量化资料的假设检验方法，属于非参数检验，主要是对两个分类变量的关联性进行分析，如果卡方值具有显著性，说明这两个分类变量具有相关性。

（1）性别与社会化网络服务使用状况的相关性分析

表7-44　性别与社会化网络服务使用状况的卡方检验

分类	中国（P值，显著性）	英国（P值，显著性）
即时通讯服务	0.082 不显著	0.783 不显著
老年人社交类网站	0.408 不显著	0.703 不显著
博客、评论类网络服务	0.379 不显著	0.124 不显著
资讯及生活服务类网站	0.036 显著	0.387 不显著

表7-45　使用不同社会化网络服务功能的频次

分类	中国（P值，显著性）	英国（P值，显著性）
沟通交流，分享信息和照片	0.000 显著	0.219 不显著
游戏娱乐	0.013 显著	0.026 显著
缴费、理财等	0.241 不显著	0.239 不显著
观看视频、新闻等获取信息	0.002 显著	0.102 不显著

表7-46　通过社会化网络服务与亲戚朋友等联系的频次

分类	中国（P值，显著性）	英国（P值，显著性）
家人和亲戚	0.944 不显著	0.916 不显著
朋友和同事	0.054 不显著	0.026 显著
陌生人	0.066 不显著	0.954 不显著

表7-44至表7-46显示：在性别与社会化网络服务使用状况的卡方检验方面，英国老年人在使用不同类型社会化网络服务的频次方面，性别都不具有显著相关性，而中国老年人性别也只是在使用资讯及生活服务类网络服务有显著差异；不同性别在使用不同

社会化网络服务功能的频次方面，中国老年人性别在使用理财缴费服务方面不具有显著性，在其他功能服务方面则具有显著相关性，英国老年人性别在使用游戏娱乐方面具有显著性，在使用其他功能服务方面都不具有显著性；通过社会化网络服务与亲戚朋友等联系的频次方面，中国老年人性别都不具有显著相关性，英国老年人性别在使用社会化网络服务与朋友同事联系的频次方面具有显著性，性别在与家人亲戚和陌生人方面不具有显著相关性。

（2）年龄与社会化网络服务使用状况的相关性分析

表7-47 使用不同类型社会化网络服务的频次

分类	中国（P值，显著性）	英国（P值，显著性）
即时通讯服务	0.191 不显著	0.024 显著
老年人社交类网站	0.000 显著	0.379 不显著
博客、评论类网络服务	0.000 显著	0.000 显著
资讯及生活服务类网站	0.000 显著	0.000 显著

表7-48 使用不同社会化网络服务功能的频次

分类	中国（P值，显著性）	英国（P值，显著性）
沟通交流，分享信息和照片	0.002 显著	0.001 显著
游戏娱乐	0.042 显著	0.020 显著
缴费、理财等	0.003 显著	0.022 显著
观看视频、新闻等获取信息	0.000 显著	0.009 显著

表7-49 通过社会化网络服务与亲戚朋友等联系的频次

分类	中国（P值，显著性）	英国（P值，显著性）
家人和亲戚	0.070 显著	0.013 显著
朋友和同事	0.000 显著	0.000 显著
陌生人	0.328 不显著	0.001 显著

表7-47至表7-49显示，在年龄与社会化网络服务使用状况的相关性分析方面：中国老年人的年龄与使用即时通讯服务的频次不具有相关性，而与其他服务频次不具有显著相关性；英国老年人的年龄与老年人社交类网络服务的频次不具有相关性，而与其他服务具有相关性；两国老年人的年龄与使用不同社会化网络服务功能的频次都具有显著相关性，随着年龄的不断增长，老年人使用这些网络服务的意愿逐渐降低；英国老年人的年龄与联系朋友同事等的频次都具有显著相关性，而中国老年人的年龄与联系陌生人的频次不具有显著性。

（3）教育程度与社会化网络服务使用状况的相关性分析

表7-50 使用不同类型社会化网络服务的频次

分类	中国（P值，显著性）	英国（P值，显著性）
即时通讯服务	0.072 不显著	0.648 不显著
老年人社交类网站	0.320 不显著	0.015 显著
博客、评论类网络服务	0.093 不显著	0.003 显著
资讯及生活服务类网站	0.449 不显著	0.008 显著

表 7-51　使用不同社会化网络服务功能的频次

分类	中国（P 值，显著性）	英国（P 值，显著性）
沟通交流，分享信息和照片	0.579 不显著	0.020 显著
游戏娱乐	0.044 显著	0.110 不显著
缴费、理财等	0.170 不显著	0.691 不显著
观看视频、新闻等获取信息	0.852 不显著	0.465 不显著

表 7-52　通过社会化网络服务与亲戚朋友等联系的频次

分类	中国（P 值，显著性）	英国（P 值，显著性）
家人和亲戚	0.931 不显著	0.852 不显著
朋友和同事	0.373 不显著	0.016 显著
陌生人	0.403 不显著	0.920 不显著

表 7-50- 表 7-52 显示，中英老年人的教育程度与社会化网络服务使用状况的卡方检验方面有较明显不同：①教育程度与使用不同类型社会化网络服务的频次方面，英国老年人的教育程度与使用即时通讯服务不显著相关，在使用老年人社交网站、博客评论类服务以及资讯生活服务类网站是显著相关的，而中国老年人教育程度与使用即时通讯等服务都不具有显著相关性；②教育程度与使用不同社会化网络服务功能的频次方面，除沟通交流、分享信息和照片外，英国老年人教育程度与游戏娱乐、缴费理财以及观看视频、新闻等获取信息不具有显著相关性，而中国老年人教育程度与游戏娱乐的频次具有相关性，与其他方面都不具有相关性；英国老年人教育程度与通过社会化网络服务与朋友同事联系的频次具有显著相关性，而中国老年人的教育程度与通过社会化网络服务与亲戚家人、朋友同事和陌生人联系的频次方面不具显著相关性。

7.3.3　各变量的描述性统计

各变量的描述统计可以分析样本数据的集中趋势和离散趋势，反映样本数据在研究变量上的一般水平。表 7-53 数据显示，中英两国老年人持续使用社会化网络服务模型变量的集中趋势和离散趋势基本相似，并无太大差别。

表7-53　各变量的描述性分析结果

因子	测度项	中国		英国	
		平均数	标准差	平均数	标准差
期望确认 （CF）	使用社会化网络服务的经历比我预期的要好	3.4839	0.716	3.5000	0.6369
	社会化网络服务平台提供的服务比我预期要好	3.4731	0.68511	3.5000	0.6066
	总而言之，大多社会化网络服务达到了我的期望	3.4409	0.72924	3.4815	0.5743
满意度 （ST）	我满意社会化网络服务提供的各项功能和服务	3.8602	0.63574	3.8333	0.6066
	我很喜欢使用社会化网络服务的经历	3.8495	0.64177	3.7778	0.6344
	使用社会化网络服务平台，我觉得是很明智的选择	3.8602	0.63574	3.8333	0.6659
顾客感知价值— 功能价值 （PV-FV）	社会化网络服务可为我提供有用的信息和资料	3.8387	0.63057	3.8148	0.6166
	社会化网络服务能帮我办理日常生活事务	3.8602	0.63574	3.8333	0.6369
	社会化网络服务有助于我表达自己的想法	3.8602	0.61840	3.8333	0.6369
顾客感知价值— 社会价值 （PV-SV）	社会化网络服务有助于我和朋友家人沟通交流	4.1505	0.60696	4.0926	0.6521
	社会化网络服务有助我与社会保持联系	4.1290	0.61194	4.1667	0.6659
	社会化网络服务让我不至于脱离社会	4.1505	0.62461	4.1111	0.6635
顾客感知价值— 情感价值 （PV-MV）	使用社会化网络服务，我会感觉时间过得很快	4.2151	0.60522	3.8333	0.6066
	使用社会化网络服务，能够让我感到快乐	4.2151	0.58699	3.8148	0.6166
	我使用社会化网络服务，会感到心情愉悦	4.1828	0.58878	3.8333	0.6066
感知易用性 （PE）	学习使用社会化网络服务对我来说比较容易	3.7849	0.64013	3.6481	0.8935
	我能较快地掌握和使用社会化网络服务平台	3.7634	0.66591	3.6111	0.8560
	总的来说社会化网络服务对我而言比较容易	3.8065	0.69561	3.6481	0.8722
主观规范 （SN）	家人亲戚都在使用社会化网络服务	4.1613	0.66415	3.8889	0.6344
	很多朋友都在使用社会化网络服务	4.1075	0.68306	3.8704	0.6456
	很多生活功能可以通过社会化网络服务完成	4.0753	0.64667	3.8704	0.6456
感知信任 （PT）	在社会化网络中获取的信息是可信的	3.6344	0.48421	4.1481	0.6561
	我不担心社会化网络服务泄漏我的信息	3.6344	0.50616	4.0741	0.6688
	在使用时不会感觉到有什么危害	3.6237	0.52985	4.0926	0.6225
持续使用意愿 （CU）	我觉得我在未来会继续使用社会化网络服务	4.1183	0.60522	3.9630	0.7259
	我觉得我在未来不会轻易放弃使用社会化网络服务	4.1183	0.60522	3.9630	0.6719
	我会向朋友推荐社会化网络服务	4.1183	0.62292	3.9630	

7.3.4 人口统计变量对各因子的影响分析

采用以 T 检验或者单因子方差分析的方法来探讨不同人口统计变量下老年人持续使用社会化网络服务的意愿是否有显著差异。

表 7-54 性别、教育程度及年龄对各变量方差分析

分类	中国			英国		
	性别	教育程度	年龄	性别	教育程度	年龄
期望确认（CF）	显著差异	显著	显著	显著差异	无显著差异	显著
社会价值（PV-SV）	显著差异	显著	显著	无显著差异	显著差异	显著
功能价值（PV-FV）	显著差异	无显著差异	显著	显著差异	显著差异	显著
情感价值（PV-MV）	显著差异	无显著差异	显著	显著差异	无显著差异	显著
满意度（ST）	显著差异	无显著差异	显著	显著差异	显著差异	显著
感知易用性（PE）	显著差异	显著	显著	显著差异	显著	显著
主观规范（SN）	显著差异	无显著差异	显著	无显著差异	无显著差异	无显著差异
感知信任（PT）	显著差异	无显著差异	显著	无显著差异	显著差异	显著
持续使用意愿（CU）	显著差异	无显著差异	显著	显著差异	显著	显著

表 7-54 显示：在老年人持续使用社会化网络服务阶段，中国老年人的性别对各变量的方差分析结果都是显著差异，而英国老年人的性别对社会价值、主观规范和感知信任变量的方差分析结果为无显著差异；教育程度对各变量的方差分析结果有较大的差异，差异主要反映在期望确认、功能价值、满意度和持续使用意愿变量，中国老年人的年龄各变量的方差分析结果均为显著，而除了主观规范变量，英国老年人的年龄对变量的方差分析也均为显著。

7.3.5 路径系数和模型预测力比较

（1）路径系数比较

表 7-55 各变量路径系数和研究假设结果

	中国			英国		
	路径系数	显著性	假设	路径系数	显著性	假设
期望确认 -> 感知价值	0.176	显著	假设 2 成立	0.171	不显著	假设 2 不成立
期望确认 -> 满意度	0.211	显著	假设 1 成立	0.173	不显著	假设 1 不成立
感知易用性 -> 持续使用意愿	0.133	不显著	假设 6 不成立	0.086	不显著	假设 6 不成立
感知易用性 -> 感知价值	0.623	显著	假设 5 成立	0.396	显著	假设 5 成立
感知信任 -> 持续使用意愿	-0.065	不显著	假设 9 不成立	-0.055	不显著	假设 9 不成立
感知价值 -> 持续使用意愿	0.333	显著	假设 4 成立	0.403	显著	假设 4 成立
感知价值 -> 满意度	0.591	显著	假设 3 成立	0.553	显著	假设 3 成立
主观规范 -> 持续使用意愿	0.219	显著	假设 8 成立	0.279	显著	假设 8 成立
满意度 -> 持续使用意愿	0.186	显著	假设 7 成立	0.169	不显著	假设 7 不成立

*：$P<0.05$；**：$P<0.01$；***：$P<0.001$

表 7-55 数据显示，中国老年人持续使用社会化网络服务的研究模型中，期望确认对感知价值、期望确认对满意度以及满意度对持续使用意愿具有显著的正向影响，即假设

1、假设 2 和假设 7 成立；而英国老年人持续使用社会化网络服务的研究模型中，期望确认对感知价值、期望确认对满意度以及满意度都不具有显著的正向影响，即假设 1、假设 2 和假设 7 不成立。

（2）模型的解释力比较

表 7-56　研究模型的解释力比较

	中国（R^2值）	英国（R^2值）
CU	0.482	0.529
PV	0.451	0.228
ST	0.460	0.392

从表 7-56 可以看出，研究模型对英国老年人持续使用社会化网络服务意愿的解释力高于对中国老年人持续使用社会化网络服务意愿的解释力；而模型对中国老年人持续采纳社会化网络服务满意度和感知价值的解释力整体高于对英国老年人持续采纳社会化网络服务满意度和感知价值的解释力。

比较分析结果显示，中国老年人持续使用社会化网络模型中，感知价值对持续使用意愿的影响力最强，其次是主观规范和满意度。感知易用性和感知信任对持续使用意愿不具有显著的影响力；而英国老年人持续使用社会化网络模型中，感知价值对持续使用意愿的影响力最强，其次是主观规范。感知易用性、满意度和感知信任对持续使用意愿不具有显著的影响力。

在中国老年人感知价值模型中，三个变量对持续使用意愿影响的路径系数结果显示：社会价值对持续使用意愿的影响力最强，其次是情感价值。功能价值对持续使用意愿不具有显著的影响力，该子模型的 R2 为 0.375，说明模型具有解释力；而英国老年人感知价值模型中，三个变量对持续使用意愿的路径系数结果显示。功能价值对持续使用意愿的影响力最强，社会价值和情感价值对持续使用意愿不具有显著的影响力，该子模型的 R2 为 0.439，说明模型具有解释力。

从两国老年人感知价值模型的分析比较结果中可以看出，中国老年人使用社会化网络服务更多的是出于社会交往的目的，因此，中国老年人更多使用即时通信工具也就不足为奇了，相对而言，英国老年人更多的是使用社会化网络服务的各项功能，比如 Facebook、YouTube、亚马逊等网络服务。

7.4　研究的主要观点

（一）社会化网络服务给老年人带来的好处。

（1）降低老年人的孤独感以及减轻老年人退休后在人际交往和社会融入方面的困惑；

（2）可以使得老年人被更多地关注和关怀，亲戚朋友或者社区服务人员可以通过即时通信等社会化网络服务与老年人保持实时沟通交流，时刻掌握老人们的行为动态和思想状况；

（3）社会化网络服务的许多功能可以使得老年人相对独立自主，老年人借助使用社会化网络服务能够自我照顾或者自行解决生活中的许多问题；

（4）使用社会化网络服务可以让老年人在一定程度上参与社会服务，增加他们的成就感和归属感。

（二）老年人使用社会化网络服务的状况。

（1）统计分析的数据显示，虽然目前网络信息技术以及社会化网络服务的主要群体仍然是年轻人，但越来越多的老年人已经开始拥抱社会化网络服务，而且已经从社会化网络服务中受益；

（2）老年人，特别是中国老年人更多的是使用智能手机来接入社会化网络服务的，使用频次较高的服务是即时通信工具，主要的目的是获取信息、观看视频以及生活服务等，相对而言，评论类以及游戏类的网络服务使用并不多；

（3）大多数老年人把使用社会化网络服务作为与家人和社会联系的工具，绝大多数老年人都是跟熟人朋友沟通交流，而与陌生人联系的比例非常低；

（4）相对于性别、教育程度、工作经历等人口统计变量，年龄对老年人使用社会化网络服务的影响最大，年龄与采纳和使用意愿是成反向影响关系，年龄越大，使用意愿越弱。性别具有一定影响作用，女性在使用社会化网络服务的某些功能上，活跃度要高于男性；

（5）老年人在初次采纳和持续使用社会化网络服务过程中，在某些环节上的行为还是有明显变化的，这些变化产生的主要原因应该是：随着老年人持续使用社会化网络服务，他们对的社会化网络服务的了解程度不断加深，逐渐熟悉了社会化网络服务的各项功能，在情感上也开始能够接受社会化网络服务了。

（三）老年人使用社会化网络服务的影响因素方面。

（1）在对中国老年人的研究中，亲朋好友等社会影响对初次采纳和持续使用意愿都有显著的正向影响，而英国老年人的研究中，这种影响作用并不大。这种结果或许是因为中国是家社会，老年人更多的喜欢群体生活，而英国等西方国家的老年人晚年相对更加孤独，社会交往圈也比中国老年人小很多；中国老年人的研究中，感知信任对行为的影响作用不大，而英国老年人的研究中，感知信任具有显著影响。这种结果或许是由于文化差异所造成的，英国等西方老年人比中国老年人更加注重个人隐私；

（2）感知易用性对老年人使用社会化网络服务行为不具有重要影响作用，这种结果与其他应用情境的研究结果有些出入，产生这种结果的原因或许是因为对于老年人而言，大多数的技术都存在一定的难度，当他们在其他因素影响下采纳和使用社会化网络服务后，是否容易使用就不是他们重点关注的了；

（3）社会化网络服务的社会价值对中国老年人持续使用意愿的影响力最强，而功能价值对英国老年人持续使用意愿的影响力最强。这种结果表明，中国老年人使用社会化网络服务更多的是出于社会交往的目的，因此，中国老年人更多使用即时通信工具也就不足为奇了，相对而言，英国老年人更多的是使用社会化网络服务的各项功能，比如facebook、youtube、亚马逊等网络服务。

（三）主要建议

（1）在宣传或政策上，国家和社会应该多鼓励年轻人支持和帮助父母亲采纳和持续使用社会化网络服务；老年大学等社会培训机构可以开设相关网络信息课程，给予一些积极的老年人更多的帮助；社区在为老服务的时候也可以针对性的鼓励老年人多使用社会化网络服务，例如可以构建本社区老年人服务平台或交流群；

（2）直接教育老年人使用社会化网络服务，还不如督促子女们引导和帮助老年人多使用社会化网络服务。事实上，即便有的老年人曾经接触或经常性使用网络和信息技术，但当他们迈入老年人行列时，面对日新月异的创新型技术和服务，他们依然是手足无措，仍然会希望获得帮助；

（3）政府相关部门可以有针对性的搭建一些面向老年人的系统，发布政策信息，提供医疗、生活服务咨询等服务，鼓励老年人多使用这些系统进行日常生活的管理和自我照顾；

（4）对于商家而言，在现有的社会化网络服务平台或功能模块上，开发更多适应老年人生理和心理特征的网络应该服务。比如，将社会化网络服务与物联网、智能穿戴以及定位系统结合；

（5）面向老年人的社会化网络服务无论是在系统界面、操作流程以及功能规划上都应该与普通的系统有所区别。面向老年人的社会化网络服务无须过于复杂的系统，不宜集成过多的功能，系统界面宜简单明了，操作不宜太复杂，链接不宜太多。

7.5　特色与创新之处

（1）构建了老年人社会化网络服务初次采纳和持续使用模型。从大量的影响因素中发现关键的影响变量，研究各种关键因素对老年人群使用社会化网络服务意向的影响机理及其作用程度；

（2）结合老年人群的生理和心理特征以及信息需求，分析老年人社会化网络服务采纳的影响因素，并构建了老年人群社会化网络服务初次采纳和持续使用的两阶段模型；

（3）对中西方老年人初次采纳和持续使用社会化网络服务的行为特征以及影响因素进行比较分析，从而更加深入了解老年人社会化网络服务使用的影响因素和使用意愿。

7.6 研究报告不足之处

本研究分析了社会化网络环境下老年人群的信息需求以及行为特征,通过大量文献分析,在经典的信息技术采纳模型基础上构建老年人社会化网络服务初次采纳及持续使用模型,并采用实证研究的方法,通过深入访谈和问卷调查,分析和探讨老年人社会化网络服务初次采纳和持续使用的行为特征以及影响因素。研究研究有一定的理论和实践意义,但也存在着一些局限性:

(1)样本数据的局限性问题

随着移动互联网以及社会化网络服务的不断发展以及对各行业的渗透。越来越多的老年人也成了新技术的使用者,这种扩大的趋势不仅仅是在发达的大城市,在二三线的中小城市甚至是乡村居住地老年人也开始接触和使用互联网新技术和服务。但由于受时间和条件限制,本研究收集的样本数量从统计学意义上来看,满足了统计分析的要求。但我国人多地广,更大的样本容量以及更广的地域覆盖,显然能对研究结果的精确度有更大的提升,但本研究样本对象基本上来自中国的东部地区的一二线城市,尽管在数据收集的时候,我们做了一些针对性地选择,比如,尽可能收集不同教育背景、家庭状况以及工作经历的老年人,但这些样本数据的局限性都可能会导致研究结果出现偏差。

(2)模型变量问题

本研究是参考了经典技术采纳模型,综合考虑老年人的生理和心理特征的基础上构建的老年人初次采纳和持续使用社会化网络服务模型。但针对老年人的技术采纳研究相对较少,特别是针对老年人采纳和持续使用网络信息技术的研究更加少,而老年人作为一个特殊的群体,他们的行为特征、信息需求以及心理和生理的状况都跟其他群体有显著的不同。用户初次采纳和持续使用信息技术的影响因素有很多,不同的应用情景中,它们的影响力也不尽相同。因此,本研究构建的老年人社会化网络服务初次采纳和持续使用模型中的影响因素可能还不全面,比如人口统计变量中只考虑了样本的性别、年龄、学历等,而没有考虑收入等因素。影响因素中,有些文献中较常出现的影响变量也没有进行考虑,比如情绪、使用习惯等。适当增加不同的影响因子,选择更合适的采纳模型是我们进一步完善老年人社会化网络服务采纳研究的重要工作。

附 录

老年人社会化网络服务初次采纳行为问卷调查表

编号：

尊敬的女士/先生：

您好！

非常感谢您在百忙之中抽出时间填写"老年人社会化网络服务初次采纳行为研究"调查问卷！社会化网络服务是指专指在帮助人们建立社会性网络的互联网应用服务，包括了即时通讯服务、生活服务及资讯类服务、老年人社交类网站及博客、评论类网络服务。本次问卷调查是国家社会科学基金项目《老年人社会化网络服务初次采纳及持续使用行为研究》的重要数据来源，旨在了解影响老年人群使用社会化网络服务的影响因素，如何才能让老年人长久持续的使用社会化网络服务。本问卷纯属学术研究目的，所获的信息也不会用于任何商业目的，请您放心客观的回答。

您的参与对于我们的研究非常重要，万分感谢您的支持！

江西财经大学信息管理学院信息资源管理研究所

刘炜 博士 副教授

通讯地址：江西省南昌市江西财经大学信息管理学院

邮政编码：330013

电话：13007201001

EMAIL：lw0519@126.com

问卷说明：

1、本调查问卷共分三部分，第一部分是有关您的基本情况，第二部分涉及您初次采纳社会化网络服务的情况，第三部分是您初次采纳社会化网络服务的态度。

2、请您在适当的字母或数字上用"√"选择一个最符合您在一般情形下最直接的想法、感觉或行为的选项。如果您做的是电子版，请将相应字母或数字的颜色改成红色即可。

第一部分：个人背景资料

1. 您的性别：（　）

　　A、男 B、女

2. 您的年龄：（　）

　　A、55-65 岁 B、65-70 岁 C、70 岁以上

3. 您曾经的职业：（　）

　　A、机关事业单位 B、企业单位 C、个体从业者

4. 您的学历层次：（　）

　　A、高中及以下 B、大中专毕业　　C、研究生以上

5. 您现在居住情况：（　）

　　A、与子女同住 B、夫妻同住 C、独居

6. 您属于哪种生活形态：（　）

　　A、家庭居住型 B、积极活跃型 C、孤立保守型

第二部分：社会化网络服务的使用情况

7. 通过什么途径了解和接触到社会化网络服务？（　）

　　A、家人或朋友 B、工作过程中 C、社会机构（培训机构或图书馆）

8. 您使用社会化网络服务时主要用什么工具：（　）

　　A、智能手机 B、平板 C、电脑

9. 您使用以下类型社会化网络服务的频次？

①即时通讯服务（如微信、QQ 等）的频次：（　）

　　A、经常　　　　　B、偶尔　　　　　C、从不

②老年人社交类网站（如老龄网等）的频次：（　）

　　A、经常　　　　　B、偶尔　　　　　C、从不

③博客、评论类网络服务（如新浪微博等）的频次：（　）

　　A、经常　　　　　B、偶尔　　　　　C、从不

④资讯及生活服务类网站（如淘宝,理财,新闻,视频等）的频次：（　）

　　A、经常　　　　　B、偶尔　　　　　C、从不

10. 您使用社会化网络服务时做以下事情的频次？

①沟通交流,分享信息和照片的频次：（　）

　　A、经常　　　　　B、偶尔　　　　　C、从不

②游戏娱乐的频次：（　）

　　A、经常　　　　　B、偶尔　　　　　C、从不

③缴费理财的频次：（　）

　　A、经常　　　　　B、偶尔　　　　　C、从不

④观看新闻、视频及获取信息的频次：( )

　　A、经常　　　　　B、偶尔　　　　　C、从不

11.您使用即时通信工具联系不同对象的频次？

①家人亲戚的频次：( )

　　A、经常　　　　　B、偶尔　　　　　C、从不

②朋友和同事的频次：( )

　　A、经常　　　　　B、偶尔　　　　　C、从不

③陌生人的频次：( )

　　A、经常　　　　　B、偶尔　　　　　C、从不

第三部分：研究问卷

选择标准：分值 1—5 表示您对题项中所描述的内容和观点与您实际情况的认同程度，请您在适合的地方打"√"。1－完全不同意；2－不同意；3－中立；4－同意；5－完全同意。

编号	问题	完全不同意→完全同意				
一	感知有用性 (PU)：老年用户感知社会化网络服务提升他们工作和生活收益（好处）的程度					
1	SNSs 对我获取信息是有用的	1	2	3	4	5
2	SNSs 提高了我与外界交流的便利性	1	2	3	4	5
3	SNSs 对我的日常生活是有帮助的	1	2	3	4	5
二	感知易用性 (PE)：老年用户认为他们使用社会化网络服务的难易程度					
1	SNSs 的操作对我来说并不复杂	1	2	3	4	5
2	学习使用 SNSs 对我来说比较容易	1	2	3	4	5
3	能比较快地掌握如何使用社会化网络服务	1	2	3	4	5
三	社会影响 (SI)：亲朋好友以及社会环境对老年用户决定使用社会化网络服务的影响程度					
1	信息化社会的大环境促使我使用社会化网络服务	1	2	3	4	5
2	同事朋友介绍并鼓励我使用社会化网络服务	1	2	3	4	5
3	家人亲戚介绍并鼓励我使用社会化网络服务	1	2	3	4	5
四	便利条件 (FC)：老年用户在使用社会化网络服务过程中，当遇到困难时所能得到帮助的程度					
1	我具备使用社会化网络服务的软件和硬件资源	1	2	3	4	5
2	使用中遇到困难和疑惑时能寻求到帮助	1	2	3	4	5
3	遇到困难时能够较快地寻求到帮助	1	2	3	4	5
五	感知信任 (PT)：老年用户对社会化网络服务的信任程度					
1	在社会化网络中获取的信息是可信的	1	2	3	4	5
2	我不担心社会化网络服务泄漏我的信息	1	2	3	4	5
3	在使用时不会感觉到有什么危害	1	2	3	4	5
六	用户采纳意愿 (UA)：老年用户使用社会化网络服务各项功能的意愿					
1	我愿意推荐朋友使用社会化网络服务	1	2	3	4	5
2	我非常乐意使用社会化网络服务	1	2	3	4	5
3	我不会轻易放弃使用社会化网络服务	1	2	3	4	5

　　如果填写问卷耽误了您宝贵的时间，我深表歉意，再次感谢您的热心参与和积极合作！如果您对我们的研究结果感兴趣，可以留下您的 Email 或通讯地址，以便我们将本研究最终的结论反馈给您。

老年人社会化网络服务持续使用行为问卷调查表

编号：

尊敬的女士/先生：

您好！

非常感谢您在百忙之中抽出时间填写"老年人社会化网络服务初次采纳行为研究"调查问卷！社会化网络服务是指专指在帮助人们建立社会性网络的互联网应用服务，包括了即时通讯服务、生活服务及资讯类服务、老年人社交类网站及博客、评论类网络服务。本次问卷调查是国家社会科学基金项目《老年人社会化网络服务初次采纳及持续使用行为研究》的重要数据来源，旨在了解老年人使用社会化网络服务的影响因素，如何才能让老年人长久持续的使用社会化网络服务。本问卷纯属学术研究目的，所有信息不会用于任何商业目的，请您放心客观的回答。

您的参与对于我们的研究非常重要，万分感谢您的支持！

江西财经大学信息管理学院信息资源管理研究所

刘炜 博士 副教授

通讯地址：江西省南昌市江西财经大学信息管理学院

邮政编码：330013

电话：13007201001

EMAIL：lw0519@126.com

问卷说明：

1、本调查问卷共分三个部分，第一部分是有关您的基本情况，第二部分是您使用社会化网络服务的情况，第三部分是您持续使用社会化网络服务的态度。

2、请您在适当的字母或数字上用"√"选择一个最符合您在一般情形下最直接的想法、感觉或行为的选项。如果您做的是电子版，请将相应字母或数字的颜色改成红色即可。

第一部分个人背景资料

1. 您的性别：（ ）

　A、男　B、女

2. 您的年龄：（ ）

　A、55-65 岁 B、65-70 岁 C、70 岁以上

3. 您曾经的职业：（ ）

　A、机关事业单位 B、企业单位 C、个体从业者

4. 您的学历层次：（ ）

　A、高中及以下 B、大中专毕业　　C、研究生以上

5. 您现在居住情况：（ ）

    A、与子女同住 B、夫妻同住 C、独居

6. 您属于哪种生活形态：（ ）

    A、家庭居住型 B、积极活跃型 C、孤立保守型

第二部分 社会化网络服务的使用情况

7. 您使用社会化网络服务大概多久？（ ）

    A、1-2 年 B、2-3 年 C、3 年以上

8. 您使用社会化网络服务时主要用什么工具：（ ）

    A、智能手机 B、平板 C、电脑

9. 您使用以下类型社会化网络服务的频次？

①即时通讯服务（如微信、QQ 等）的频次：（ ）

    A、经常   B、偶尔   C、从不

②老年人社交类网站（如老龄网等）的频次：（ ）

    A、经常   B、偶尔   C、从不

③博客、评论类网络服务（如新浪微博等）的频次：（ ）

    A、经常   B、偶尔   C、从不

④资讯及生活服务类网站（如淘宝,理财,新闻,视频等）的频次：（ ）

    A、经常   B、偶尔   C、从不

10. 您使用社会化网络服务时做以下事情的频次？

①沟通交流,分享信息和照片的频次：（ ）

    A、经常   B、偶尔   C、从不

②游戏娱乐的频次：（ ）

    A、经常   B、偶尔   C、从不

③缴费理财的频次：（ ）

    A、经常   B、偶尔   C、从不

④观看新闻、视频及获取信息的频次：（ ）

    A、经常   B、偶尔   C、从不

11. 您使用即时通信工具联系不同对象的频次？

①家人亲戚的频次：（ ）

    A、经常   B、偶尔   C、从不

②朋友和同事的频次：（ ）

    A、经常   B、偶尔   C、从不

③陌生人的频次：（ ）

    A、经常   B、偶尔   C、从不

第三部分：研究问卷

选择标准：分值 1~5 表示您对题项中所描述的内容和观点与您实际情况的认同程度，请您在适合的地方打"√"。1－完全不同意；2－不同意；3－中立；4－同意；5－完全同意。

编号	问题	完全不同意→完全同意				
一	期望确认 (CF)：采纳社会化网络服务后的综合评价及其与自身期望的距离					
1	使用社会化网络服务的经历比我预期的要好	1	2	3	4	5
2	社会化网络服务平台提供的服务比我预期要好	1	2	3	4	5
3	总而言之，大多社会化网络服务达到了我的期望	1	2	3	4	5
二	满意度 (ST)：老年人在持续使用一段时间后对社会化网络服务的综合评价					
1	我满意社会化网络服务提供的各项功能和服务	1	2	3	4	5
2	我很喜欢使用社会化网络服务的经历	1	2	3	4	5
3	使用社会化网络服务平台，我觉得是很明智的选择	1	2	3	4	5
三	功能价值 (FV)：从产品的功能、效用和实体属性所感受到的价值					
1	社会化网络服务有助于我和朋友家人沟通交流	1	2	3	4	5
2	社会化网络服务有助我与社会保持联系	1	2	3	4	5
3	社会化网络服务让我不至于脱离社会	1	2	3	4	5
四	顾客感知价值—社会价值 (SV)：通过产品与一个或多个群体发生联系时的价值					
1	社会化网络服务有助于我和朋友家人沟通交流	1	2	3	4	5
2	社会化网络服务有助我与社会保持联系	1	2	3	4	5
3	社会化网络服务让我不至于脱离社会	1	2	3	4	5
五	顾客感知价值—情感价值 (MV)：产品使用过程中所激发的消费者情感和情绪的效用					
1	使用社会化网络服务，我会感觉时间过得很快	1	2	3	4	5
2	使用社会化网络服务，能够让我感到快乐	1	2	3	4	5
3	我使用社会化网络服务，会感到心情愉悦	1	2	3	4	5
六	感知易用性 (PE)：老年人所感觉到的学习掌握和操作使用社会化网络服务的难易程度					
1	学习使用社会化网络服务对我来说比较容易	1	2	3	4	5
2	我能较快地掌握和使用社会化网络服务平台	1	2	3	4	5
3	总的来说社会化网络服务对我而言比较容易	1	2	3	4	5
七	主观规范 (SN)：外界环境和亲戚朋友等对老年人持续使用社会化网络服务活动的影响力					
1	家人亲戚都在使用社会化网络服务	1	2	3	4	5
2	很多朋友都在使用社会化网络服务	1	2	3	4	5
3	很多生活功能可以通过社会化网络服务完成	1	2	3	4	5
八	感知信任 (PT)：老年人对社会化网络服务平台、交流对象的信任程度					
1	在社会化网络中获取的信息是可信的	1	2	3	4	5
2	我不担心社会化网络服务泄漏我的信息	1	2	3	4	5
3	在使用时不会感觉到有什么危害	1	2	3	4	5
九	持续使用意愿 (CA)：老年人想要继续使用相关社会化网络服务的意愿					
1	我愿意推荐朋友使用社会化网络服务	1	2	3	4	5
2	我非常乐意使用社会化网络服务	1	2	3	4	5
3	我不会轻易放弃使用社会化网络服务	1	2	3	4	5

如果填写问卷耽误了您宝贵的时间，我深表歉意，再次感谢您的热心参与和积极合作！如果您对我们的研究结果感兴趣，可以留下您的 Email 或通讯地址，以便我们将本研究最终的结论反馈给您。

Questionnaire of the old adults' adoption toward social networking services

Thank you for taking time to fill in the Questionnaire of the old adults' adoption and continued behavior toward social networking services which supported by the National Social Science Foundation of China under Grant 13BTQ059. The findings from this paper may therefore help bridge the existing research gap between acceptance and continuance usage of the older adults. The results of this work are expected to give practitioners an increased understanding of older adult's continuance intention, which can then be used as a guideline to devise more appropriate SNSs products for older adults. This questionnaire is purely academic research purpose, and the information obtained will not be used for any commercial purpose. Your participation is very important for our research. Thank you very much for your support.

The first part: Personal background information

1. Your gender: ( )

   A, Male   B, Female

2. Your age: ( )

   A, 55 to 65   B, 65-70   C, 65 years of age or older

3. Have you received higher education: ( )

   A, No   B, Yes

4. How do you learn about social networking services? ( )

   A, Family and Friends   B, At work   C, Social Institution

5. Do you often use the following social networking services? ( )

   A, Instant messenger (Twitter) B, Social networking for older people(Silversurfers)

   C, Blogger(Facebook)   D, Public information and life service websites(Amazon)

6. What tools do you often use to access the social networking services? ( )

   A, Smart Phone   B, IPad   C, Computers

7. Do you often do the following things through the social networking services?

① Communication or sharing information and photos. ( )

   A, Often B, Occasionally C, Hardly ever

② Recreational activities ( )

   A, Often B, Occasionally C, Hardly ever

③ Pay the fees or manage your money ( )

   A, Often B, Occasionally C, Hardly ever

④ Get information or watch video ( )

   A, Often B, Occasionally C, Hardly ever

8. Who do you mainly contact when you use the instant messenger?

① Family （ ）

    A, Often B, Occasionally C, Hardly ever

② Friends （ ）

    A, Often B, Occasionally C, Hardly ever

③ Stranger （ ）

    A, Often B, Occasionally C, Hardly ever

The second part: The research questionnaire

Selection criteria: the score 1–5 said you to the item described in the content and the degree of identity of views with your actual situation, in a suitable place to play, please tick. 1: completely disagree; 2: very disagree; 3: a little disagree; 4: don't know whether I agree; 5: somewhat agree; 6: very agree; 7: totally agree.

SN	Questions	Disagree				agree
I	Perceived usefulness (PU)					
1	Using SNSs to get information is useful for me	1	2	3	4	5
2	Using SNSs can improve my communicating and entertaining convenience	1	2	3	4	5
3	I find SNSs to be useful to me	1	2	3	4	5
II	Perceived ease of use(PE)					
1	It is easy for me to operate the SNSs system	1	2	3	4	5
2	It is easy for me to learn to operate the SNSs	1	2	3	4	5
3	It is easy for me to become skillful at using SNSs	1	2	3	4	5
III	Social Influence(SI)					
1	People who influence me think that I should use SNSs	1	2	3	4	5
2	The social environment prompts me to use SNSs	1	2	3	4	5
3	People whose opinions I value prefer that I should use SNSs	1	2	3	4	5
IV	Facilitating Condition(FC)					
1	I have the resources necessary to use SNSs	1	2	3	4	5
2	A specific person (or group) is available for assistance with difficulties using SNSs	1	2	3	4	5
3	I would get assistance quickly while having difficulties in using SNSs	1	2	3	4	5
V	Perceived Trust(PT)					
1	SNSs provides reliable information	1	2	3	4	5
2	I don't worry about information leakage while using SNSs	1	2	3	4	5
3	I feel safe when using SNSs	1	2	3	4	5
VI	User Adoption(UA)					
1	I'm willing to recommend my friends to use SNSs	1	2	3	4	5
2	I'm strongly willing to use SNSs	1	2	3	4	5
3	I will never give up using SNSs easily	1	2	3	4	5

I apologize for delaying your precious time. Thank you again for your enthusiastic participation and active cooperation!

institute of information management of jiang xi university of finance and economics

                              Dr. Liu Wei

Questionnaire of the old adults' continued behavior toward social networking services

Thank you for taking time to fill in the Questionnaire of the old adults' adoption and continued behavior toward social networking services which supported by the National Social Science Foundation of China under Grant 13BTQ059. The findings from this paper may therefore help bridge the existing research gap between acceptance and continuance usage of the older adults. The results of this work are expected to give practitioners an increased understanding of older adult's continuance intention, which can then be used as a guideline to devise more appropriate SNSs products for older adults. This questionnaire is purely academic research purpose, and the information obtained will not be used for any commercial purpose. Your participation is very important for our research. Thank you very much for your support.

The first part: Personal background information

1. Your gender: ( )

A, Male   B, Female

2. Your age: ( )

A, 55 to 65   B, 65-70   C, 65 years of age or older

3. Have you received higher education: ( )

A, No   B, Yes

4. How do you learn about social networking services? ( )

A, Family and Friends   B, At work   C, Social Institution

5. Do you often use the following social networking services? ( )

A, Instant messenger(Twitter) B, Social networking for older people(Silversurfers)

C, Blogger(Facebook)   D, Public information and life service websites(Amazon)

6. What tools do you often use to access the social networking services? ( )

A, Smart Phone B, IPad   C, Computers

7. Do you often do the following things through the social networking services?

① Communication or share information and photos. ( )

A, Often B, Occasionally C, Hardly ever

② Recreational activities ( )

A, Often B, Occasionally C, Hardly ever

③ Pay the fees or manage your money ( )

A, Often B, Occasionally C, Hardly ever

④ Get information or watch video ( )

A, Often B, Occasionally C, Hardly ever

8. Who do you mainly contact when you use the instant messenger?

① Family ( )

A, Often B, Occasionally C, Hardly ever

② Friends ( )

A, Often B, Occasionally C, Hardly ever

③ Stranger（ ）

    A，Often B，Occasionally C，Hardly ever

The second part：The research questionnaire

Selection criteria： the score 1–5 said you to the item described in the content and the degree of identity of views with your actual situation， in a suitable place to play， please tick. 1： completely disagree；2： very disagree；3： a little disagree；4： don't know whether I agree；5： somewhat agree；6： very agree；7： totally agree.

SN	Questions	Disagree				agree
I	Confirmation（CF）					
1	My experience with using SNSs was better than I expected	1	2	3	4	5
2	The service level provided by SNSs was better than I expected	1	2	3	4	5
3	SNSs can meet demands in excess of what I required for the service	1	2	3	4	5
II	Perceived Value—Social value（PV–SV）					
1	SNSs is helpful for my communication	1	2	3	4	5
2	SNSs is helpful for my social contact	1	2	3	4	5
3	SNSs keeps me away from losing touch with society	1	2	3	4	5
III	Perceived Value—functional value（PV–FV）					
1	SNSs provides valuable information for me	1	2	3	4	5
2	SNSs helps me with normal life affairs	1	2	3	4	5
3	SNSs helps me express my ideas	1	2	3	4	5
IV	Perceived Value—Emotional value（PV–MV）					
1	I feel that time passes quickly when using SNSs	1	2	3	4	5
2	I feel happy when using SNSs	1	2	3	4	5
3	Using SNSs makes me in a good mood	1	2	3	4	5
V	Satisfaction（ST）					
1	I am satisfied with the performance of SNSs	1	2	3	4	5
2	I am pleased with the experience of using SNSs	1	2	3	4	5
3	My decision to use SNSs was a wise one	1	2	3	4	5
VI	Perceived ease of use（PE）					
1	Learning to operate SNSs is easy for me	1	2	3	4	5
2	I can quickly learn to using SNSs	1	2	3	4	5
3	Overall， the SNSs is easy to use	1	2	3	4	5
VII	Subjective Norm（SN）					
1	My family and relatives are using SNSs	1	2	3	4	5
2	My friends are using SNSs	1	2	3	4	5
3	SNSs meets my diverse life needs	1	2	3	4	5
VIII	Perceived Trust（PT）					
1	SNSs provides reliable information	1	2	3	4	5
2	I don't worry about SNSs leaking my information	1	2	3	4	5
3	I feel safe when using SNSs	1	2	3	4	5
VIIII	Continuance Intention（CU）					
1	I will continue using SNSs	1	2	3	4	5
2	I will never give up using SNSs	1	2	3	4	5
3	I will trying the various services on SNSs	1	2	3	4	5

I apologize for delaying your precious time. Thank you again for your enthusiastic participation and active cooperation!

institute of information management of Jiang xi university of finance and economics

Dr. Liu Wei

参 考 文 献

董克用 (2016). 中国人口老龄化及其经济、社会影响. 中国 - 欧盟社会保障改革项目.
http：//www.euchinasprp.eu/images/documents/Component1Cn/AGINGDKYCN.pdf

Ongeri，Steve. Older People and Social Networking. 1st ed. London：Housing Learning & Improvement Network c/o EAC，2016. Web：

http：//www.housinglin.org.uk/_library/Resources/Housing/Support_materials/ Viewpoints/Viewpoint29_SocialMedia.pdf 20 May 2016.

Yong GuJi (2010). "Older Adults in an Aging Society and Social Computing：A Research Agenda，" INTL. Journal of human-computer interaction，Vol. 26(11-12)，pp. 1122-1146.

Braun，M T (2013). Obstacles to social networking website use among older adults. Computers in Human Behavior，29，673-680.

Lenhart，A. (2009). Adults and social network websites. Pew Internet and American Life Project.

Mary Madden，(2010) Older Adults and Social Media. Social Networking Use Among Those Ages 50 and Older Nearly Doubled Over the Past Year. Available at：

http：//www.pewinternet.org/files/old-media/Files/Reports/2010/Pew%20Internet%20 -%20Older%20Adults%20and%20Social%20Media.pdf Viewed 14 August 2016

Nicole Wagner，Khaled Hassanein，Milena Head (2010). Computer use by older adults： A multi-disciplinary review. Computers in Human Behavior，26，870-882.

Zhang，F.，& Kaufman，D. (2015). Social and emotional impacts of Internet use on older adults. European Scientific Journal，11(17)，1-15.

Allison H. Findlay(2017). Understanding social networking use for social connectedness among rural older adults. Healthy Aging Research，6(12),1-6.

Chan EangTeng，Tang MuiJoo. Analyzing the Usage of Social Media：A Study on Elderly in Malaysia. International Journal of Humanities and Social Sciences，11(3)，2017.

NTFU，(2015) Social Network for Elderly. Available at：

https：//www.idi.ntnu.no/~anderpe/publications/I2CS_01.pdf

Finn，Kate (2010) Social Media Use by Older Adults. Available at：

http：//wiserusability.com/wpfs/wp-content/uploads/2015/07/Social-Media-Use-by-Older-Adults.pdf

田雪原. 人口老龄化与养老保险体制创新 [J]. 人口学刊, 2014, Vol.36, 5-15

Taylor, S., & Todd, P. A. (1995). Assessing IT usage: The role of prior experience. MIS Quarterly, 19(4), 561-570.

左美云, 刘勍勍. 老年人信息需求模型的构建与应用 [J]. 管理评论, 2009, 21(10), 89-101.

刘满成, 左美云. 基于需求层次理论的中美为老服务网站对比分析. 现代图书情报技术, 2011, 10(25), 63-67

Rajarshi Chakraborty. Privacy Preserving Actions of Older Adults on Social Media: Exploring the Behavior of Opting out of Information Sharing. Decision Support Systems (2013accepted)

Cornejo R, Favela J, Tentori M. Ambient Displays for Integrating Older Adults into Social Networking Sites[J]. Collaboration and Technology, 2010, 62(57), 101-132

郑志刚, 陆杰华. 面向老年人的社会化网络服务平台研究 [J]. 计算机工程与科学, 2012, 34(5),31-34

刘人境. 综合类 SNS 社交网络个人用户持续使用行为的影响因素研究 [J]. 知识管理论坛, 2013, 66(5), 25-37

2016 年中国社交应用用户行为研究报告. 2017, 12

http: //www.cnnic.net.cn/hlwfzyj/hlwxzbg/sqbg/201712/P020180103485975797840.pdf

第 41 次《中国互联网络发展状况统计报告》,2018.3

http: //www.cnnic.net.cn/hlwfzyj/hlwxzbg/hlwtjbg/201803/P020180305409870339136. pdf

Bhattacherjee, A. (2001). Understanding information systems continuance. An expectation confirmation model. MIS Quarterly, 25(3), 351-370.

Danah m. boyd (2008), Nicole B. Ellison. Social Network Sites: Definition, History, and Scholarship. Journal of Computer-Mediated Communication, 13, 210–230.

社会化网络服务定义.

https: //baike.baidu.com/item/%E7%A4%BE%E4%BC%9A%E5%8C%96%E7%BD%9 1%E7%BB%9C%E6%9C%8D%E5%8A%A1/10699892?fr=aladdin

Chin WW (1998). The Partial Least Squares Approach for Structural Equation Modeling. In GA Macrolides (ed.), Modern Methods for Business Research, pp. 295-36. Lawrence Erlbaum Associates, London.

Ryan and Gross (1950). Acceptance and Diffusion of Hybrid Corn Seed in Two Iowa Communities. Research Bulletin 372, 663-705.

Rogers, E. M. (1995). The diffusion of innovations (3rd ed.). New York: The Free Press.

Ajzen, I.. The theory of planned behavior (1991). Organizational Behavior and Human

Decision Processes, 50(2), 179-211.

Davis, F.D.(1989), "Perceived usefulness, acceptance of information technology", Misperceived ease of use, and uses Quarterly Sep., pp.319-340.

成颖, 柯青. TAM 模型研究进展 - 模型演化孙建军; 情报学报. 2017, 25(8), 1121-1127.

刘炜. 基于 TTF 和 UTAT 模型的老年用户社会化网络服务采纳行为研究 [J]. 情报科学, 2(34), 115-119.

刘炜. 基于扩展 TTF 和 UTAT 模型的老年用户社会化网络服务采纳行为研究, 软科学, 2016, 29(3), 120-124

Liu wei (2015). A hybride model for Explaining older adults' continuance intention toward SNSs, International Journal of Smart Home, 9(1), 93-102

Liu wei (2014). Explaining and predicting older adults' continuance intention toward SNS-An extension of the expectation–confirmation model. Lecture of information theory, 3(2), 43-47

Venkatesh, V., Morris, M. G., Davis, G. B., & Davis, F. D. (2003). User acceptance of information technology: Toward a unified view. MIS Quarterly, 27(3), 425–478.

Tao Zhou (2013). An empirical examination of continuance intention of mobile payment services. Decision Support Systems, 54, 1085-1091.

刘鲁川, 孙凯, 王菲, 等. 移动搜索用户持续使用行为实证研究 [J]. 中国图书馆学报, 2011, 37(6), 50-57

刘人境; 柴婧; 张莉莉. 综合类 SNS 社交网络个人用户持续使用行为的影响因素研究.《知识管理论坛》, 2013

Oliver, R. L. (1980). A cognitive model of the antecedents and consequences of satisfaction decisions. Journal of Marketing Research, 17, 460-469.

Lee M, Turban E. (2001) A Trust model for consumer internet shopping[J]. International Journal of Electronic Commerce, 6(1): 75-91.

Lean O K, Zailani S, Ramayah T, et al.(2009). Factors influencing intention to use e-government services among citizens in Malaysia [J]. International Journal of Information Management, 29(6): 458-475

Limayem M, Hirt S G (2003). Force of habit and is usage: Theory and initial validation [J]. Journal of the Association for Information Systems, 4(1): 65-95.

Shaw & Manwani (2011).Post-acceptance of electronic medical records: evidence from a longitudinal field study. Thirty Third International Conferences on Information Systems, Orlando 2012, 1-19.

Barnes & Böhringer (2011). Modeling use continuance behavior in microblogging services: The case of Twitter. Journal of Computer Information Systems, 51(4), 57-78.

Yoojung Kim, Dongyoung Sohn, Sejung Marina Choi (2011).Cultural difference in motivations for using social network sites: A comparative study of American and Korean college students. Computers in Human Behavior, 5(3), 42-60.

Hu, T., and Kettinger, W. J. (2008). "Why People Continue to Use Social Networking Services: Developing a Comprehensive Model," ICIS Proceedings.

Hirschman (1980). Innovativeness, Novelty Seeking, and Consumer Creativity. Journal of Consumer Research, 7(3), 283-95.

Kotler, Philip (2003), Marketing Management, 12th ed., Pearson Education Asia: Singapore, pp. 236.

Engel, J. F., Kollat, D. T., & Blackwell, R D., (1993). Consumer Behavior, Chicago, MI: The Dryden Press.

Zeithaml, V. (1988). Consumer perceptions of price, quality, and value: a means-end model and synthesis of the evidence, Journal of Marketing, 52: 12-40.

Oliver, R.L (1999). Value as excellence in the consumption experience, in M..B.Handbook (Ed,), Consumer value: a framer work for analysis and research, New York Roueledge.

Gale, B. T., (1994).Manage Customer Value, New York: Free Press.

Woodruff, R.B. (1997), Customer value: The Next Source for Competitive Advantage. Journal of the Academy of Marketing Science, 25(2), 139-153

Woodruff, R. B. & Gardial, S.F (1996). Know Your Customer: New Approaches to Understanding Customer Value and satisfaction. Cambridge, MA: Black well Business.

顾客价值理论

http://wiki.mbalib.com/wiki/%E9%A1%BE%E5%AE%A2%E4%BB%B7%E5%80%BC

Sinha I..(1998). An Integrated Approach Tower the Spatial Modeling of Perceived Customer Value, Journal of Marketing Research, 35(2),236-249

Grewal, Dhuruv, Kent B. Monroe & R. Krishnan (1998).The Effects of Price-Comparison Advertising on Buyers Perceptions of Acquisition Value, Transaction Value, and Behavioral Intentions. Journal of Marketing ,62(1),46-59

Morgan, R. M., & Hunt, S. D. (1994). The commitment-trust theory of relationship marketing. Journal of Marketing, 58(1), 20–38.

Chaudhuri, A., & Holbrook, M. B. (2001). The chain of effects from brand trust and brand affect to brand performance: The role of brand loyalty. Journal of Marketing, 65(2), 81–93.

Sabol, B., Singh, J., & Sir deshmukh, D. (2002). Consumer trust, value, and loyalty in relational exchanges. Journal of Marketing, 66(1), 15–37.

Dinev, T., Hu, Q., & Yayla, A. (2008). Is there an online advertisers' dilemma? A study of click fraud in the pay-per-click model. International Journal of Electronic Commerce, 13(2), 29–59.

Singh, J., & Sir deshmukh, D. (2000). Agency and trust mechanisms in consumer satisfaction and loyalty judgments. Journal of the Academy of Marketing Science, 28(1), 150–167.

Murphy, G. B., & Blessinger, A. A. (2003). Perceptions of no-name recognition business to consumer e-commerce trustworthiness: The effectiveness of potential influence tactics. Journal of High Technology Management Research, 14(1), 71–92.

姜向群, 刘妮娜. 老年人长期照料模式选择的影响因素研究 [J]. 人口学刊, 2014, Vol. 36, 16-23.

Battle and Associates, M. (1977), Evaluation of Information and Referral Services for the Elderly. Washington, DC: Government Printing Office.

Moore, A. and Young. S. (1985), Clarifying the blurred imagine: Estimating the inter-rater reliability of performance assessments, ERIC Document Reproduction Service.

Lucas, R. (1980), Equilibrium in a pure Currency Economy, Economic Inquiry18, pp.203-220.

Bandura, A. (1982). Self-Efficacy Mechanism in Human Agency. American Psychologist, 37(2), 122-147.

Bandura, A. and Jourden, F.J. (1991).Self-Regulatory Mechanisms Governing the Impact of Social Comparison on Complex Decision Making. Journal of Personality and Social Psychology. 60(6), 941-951.

Taylor, S., and Todd, P. A. "Assessing IT Usage: The Role of Prior Experience," MIS Quarterly 19(2), 1995a, pp. 561-570.

Venkatesh, V., and Davis, F. D. (2000) "A Theoretical Extension of the Technology Acceptance Model: Four Longitudinal Field Studies," Management Science (45: 2), pp. 186-204.

Kim, G. S., Park, S.B., & Oh, J. (2008). An examination of factors influencing consumer adoption of short message service (SMS). Psychology & Marketing, 25(8), 769–786.

Churchill Jr, G A paradigm for developing better constructs. Journal of Marketing Research, 1979, XVI, measures of marketing64-73.

Fornell, C., Bookstein, F. L. Two structural equation models: Lisrel and pls applied to consumer exit-voice theory. Journal of Marketing Research, 1982, 19(4), 440-452.

Nunnally, J. C., Bernstein, I. H. (1994). Psychometric theory (3rd ed.). New York: McGraw-Hill.

吴明隆. SPSS 统计应用实务：问卷分析与应用统计 [M]. 重庆出版社,2010.

Hair, Jr., Black, W.C. et.al. (2006). Multivariate data analysis, (6th ed.), Prentice Hall, Upper Saddle River, NJ.

Davis, F. D., Bagozzi, R. P., & Warshaw, P. R. (1992). Extrinsic and intrinsic motivation to user computers in the workplace. Journal of Applied Social Psychology, 22(14), 1111-1132.

Falk, R.F., & Miller, N.B. (1992). A primer for soft modeling. Akron, Ohio: The University of Akron Press.

Campbell, S.W. and T.C. Russo (2003). The Social Construction of Mobile Telephony: An Application of the Social Influence Model to Perceptions and Uses of Mobile Phones within Personal Communication Networks, Communication Monographs 70(4): 317-34.

刘震宇；陈超辉. 手机银行持续使用影响因素整合模型研究—基于 ECM 和 TAM 的视角.《现代管理科学》, 2014(9)：63-65.

Parasuraman and Grewal (2000). The Impact of Technology on the Quality-Value-Loyalty Chain: A Research Agenda. Journal of the Academy of Marketing Science, 28(1), 168-174.

影响中国_韩国和美国的老年人接受信息科技的因素. 博士论文,2010 年

Lionberger, Herbert F. (1960). Adoption of new ideas and practices. Ames: Iowa State University Press.

Byoungsoo Kim, (2010). An empirical investigation of mobile data service continuance: Incorporating the theory of planned behavior into the expectation-confirmation model, Expert Systems with Applications, 37, 7033-7039.